発達支援 ―ゆたかな保育実践にむけて―

武藤安子／上原貴夫 編著

岩城衆子／岡田 智／瑞穂 優／矢吹芙美子

ななみ書房

まえがき

　21世紀は共生の時代だといわれています。多くの人々が，生涯を通じて多様なライフサイクルを送るようになってきた現代では，一人ひとりの在り方が尊重されながら，ともにかかわりあって生活する共生社会への方向性は明らかです。したがって，発達支援の概念も幅広く用いられるようになり，支援の活動や実践の基盤となる考え方や方策も，それぞれのニーズに応じて多様さをきわめ，しかも急速に進展しているといえるでしょう。

　そこで本書は，子どもの発達の障害とその支援の方法に関して，できるだけ時代や社会の要請に応えられる内容となるよう留意しました。特別支援保育・教育，心理臨床，社会福祉などを学んでいる学生，あるいはそれらの領域で実際に実践していたり，ボランティアなど市民活動にかかわっている人々に本書を活用していただき，ともに発達支援の新しいかたちを創っていきたいと願っています。

　本書を読むにあたり，次のことについて了解を得たいと思います。まず，本書の「障害」ということばの用い方に関しては，第1章❷（p.16）に述べておきました。また，全章を通じて記載されている事例は，匿名性の保持のため本質を損なわない程度に変更が加えれています。

　本書の執筆者は，いづれも豊富な発達支援の実践経験をバックに教育・研究活動も続けているメンバーです。本書はそうした実践的な経験に裏打ちされているところに特色があります。

　各章の見出しとともに掲載されているダイナミックで暖かさに満ちた絵は，富岡遙時さんからご提供いただきました。心より感謝いたします。

　最後に，ななみ書房の長渡晃氏には，本書の趣旨をご理解いただき，多大な編集の労をとっていただいたことに感謝いたします。

2007年9月
武藤安子（著者を代表して）

もくじ

まえがき

第1章　発達支援の基盤

❶ 発達理解の現代的視点 …………………………………………… 7
　① 発達の捉え方の変容　7
　② 発達過程の力動的把握　10
　③ 生涯発達と多様なライフサイクル　13

❷ 発達支援の総合的な視点 ………………………………………… 16
　① 「障害」の捉え方の転換　16
　② 「発達障害」への社会的支援　17
　③ 「特別な教育的ニーズ」への教育的支援　17
　④ 発達支援のモデルと実践の多様性－本書の構成　19

第2章　発達の障害

❶ 発達の障害の理解 ………………………………………………… 21
　① 障害とは　21
　② 発達の障害とは　22
　③ 発達の障害の原因　23

❷ 発達の障害の支援 ………………………………………………… 24
　① 発達支援の領域　24
　② 知的障害の理解と支援　25
　③ 広汎性発達障害の理解と支援　26
　④ 注意欠陥多動性障害の理解と支援　28
　⑤ 学習障害の理解と支援　30
　⑥ 言語障害の理解と支援　31
　⑦ 視覚障害と聴覚障害の理解と支援　33
　⑧ 肢体不自由や病弱・虚弱（内部疾患）等への理解と支援　34
　⑨ 情緒や行動の障害の理解と支援　36

第3章　発達臨床アプローチ

❶ 子どもの心理臨床的諸問題の理解 ……………………………… 41
　① 乳幼児期における心理臨床的問題　41
　② 乳幼児期の問題を捉えていくときの留意点　42

❷ 発達臨床アセスメント ……………………………………………… 43
　① 「アセスメント」の基本的考え方　43
　② アセスメントの方法　45
　③ 発達を支援するアセスメントの実際　47
❸ 発達臨床法 …………………………………………………………… 50
　① 発達臨床法の基本的考え方　50
　② 発達臨床の技法　52
　③ 発達臨床の実際－関係状況療法的アプローチの実践例から　54
❹ 「子ども虐待」へのアプローチ …………………………………… 57
　① 子どもの「虐待」とは　57
　② 虐待に対する取り組みと児童虐待防止法　58
　③ 虐待の実態　60
　④ 「子ども虐待」への心理的援助　63

第4章　関係を育む発達支援

❶ 幼稚園・保育所における発達課題 ………………………………… 67
　① 自己の育ち－関係的存在としての経験　67
　② 人間関係力が育つこと－共感と葛藤から　69
　③ 物への興味関心が育つこと　70
　④ 「自己・人・物」の三者関係の育ち－生活関係状況の構築　71
❷ 個と集団の関係を育む発達支援 …………………………………… 73
　① 響きあい，つながりあう関係　73
　② 三者関係的かかわり　75
　③ 集団と個の関係　78
❸ 親・家庭への支援 …………………………………………………… 83
　① 「問題」を受け止める時期からみた親と園との関係の問題　83
　② 子どもを取り巻く課題を共有し連携して育む　85

第5章　発達支援のネットワーク

❶ 保育・教育における発達支援 ……………………………………… 89
　① 障害を取り巻く考え方の動向　89
　② 保育における支援システム　91
　③ 教育における支援システム（特別支援教育）　92
　④ SSTにおける発達支援の実際　96
❷ 支援のネットワーク ………………………………………………… 103
　① 地域のネットワークによるコラボレーション　103

② 子育て支援カウンセラーによる支援　106
　　　③ スクールカウンセラーによる支援　111

第6章　地域をつなぐ発達支援

❶ 地域社会と発達支援 …………………………………………………… 115
　　　① 人間の発達と人々のかかわりの必要性　115
　　　② 発達支援の現代的問題　116
❷ 発達支援の考え方 ……………………………………………………… 122
　　　① 支援についての考え方　122
❸ 現代の支援 ……………………………………………………………… 125
　　　① 行政と支援　125
　　　② 行政と地域住民の協働による支援　127
　　　③ ボランティアや地域住民の活動による支援　128
❹ 発達支援の実際 ………………………………………………………… 130
　　　① 若者が支援する不登校対策事業　130

第7章　保育実践のための事例研究

事例研究❶　生活基盤の変化により著しい不安がみられた子どもとの心理面接
　　　　　　…………………………………………………………………… 136
事例研究❷　障害のある子どもの親相談　………………………………… 141
事例研究❸　就学前のグループ指導プログラム　………………………… 150
事例研究❹　特別支援教育における発達支援　…………………………… 153

引用・参考文献　157
さくいん　160

　　　執筆分担　（執筆順）

第1章　［瑞穂優］［武藤安子］
第2章　［岡田智］
第3章　［岩城衆子］
第4章　［矢吹芙美子］　❶-④［瑞穂優］
第5章　❶［岡田智］　❷［岩城衆子］
第6章　［上原貴夫］
第7章　事例研究❶［岩城衆子］　事例研究❷［武藤安子］　事例研究❸❹［岡田智］

第1章　発達支援の基盤

みんなで演奏会

1　発達理解の現代的視点

1　発達の捉え方の変容

❶ 関係的な発達観

　人間にはどの世でも共通の成長的事実がある。人類の過去と同じだけ古いこの事実を「発達」とよび，乳幼児期に始まる人間の心身の育ちの道すじに改めて関心を抱き，独立した科学として体系化され，発展してきた歴史はそう古いことではない。それとともに，「発達とはなにか」「発達をどうみるか」という発達の捉え方－発達観それ自体も変容してきた。発達科学の進展につれて，そこから得られた知見に影響を受けながら，発達支援の考え方や実践の方法も大きく転換してきている。本章では，発達に関する知見の詳細なスペースは設けないが，発達支援の実践に関連が深いと考えられる事項について素描的に触れながら，発達支援の基盤について考えていきたい。

　まず，20世紀半ばになると，何が人の発達を促すのかという，発達を規定する要因について，「生得説」も「環境説」のどちらも単一要因説であり，発達を十分に説明しえないということが明らかになり，より発達をダイナミックに捉える考え方として「相互作用説」が有力なものとなってきた。

生得説：生得的要因を重視

環境説：環境的要因を重視

「相互作用説」とは，人間は，環境からの働きかけに対して単に受動的に反応するの存在ではなく（受動的発達観），生物学的な制約を受けながらも，環境に働きかけることで応答的反応を環境から引き出してそれに対して反応するという，子どもは自らの力を発揮しつつ発達を遂げていく存在である（能動的発達観）という発達の捉え方である。この相互関係的な発達観について，三宅（2006）は次の図1－1を引用しながら「個体と環境との双方向とも可変的であり，それぞれが発達において能動的な役割をもっている」と説明している。

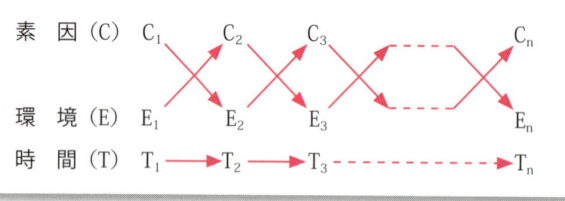

図1－1
発達の相互作用モデル
（サメロフとチャンドラー，1975）

（三宅和夫，内田伸子『発達心理学』日本放送出版会 2006 p.17）

1960年代以降，活発に行われるようになってきた乳児研究の知見により，乳児が，人的・もの的環境と働きかけあう豊かな能力を持っていることが明らかにされるにつれて，発達早期からの，子どもと母親など養育者とのいわゆる「母子相互作用」が重視されることになった。三宅は，子どもの「気質」という行動特徴の研究の中で，図1－2に示すように，親からの働きかけと子どもが親に及ぼす影響の双方向の影響が時間の経過の中で互いに作用し合っていく姿を明らかにしていく必要があると述べている。もちろん，現在では，この「母」という語は「主たる養育者」に，「母性的」養育は「養護性豊かな」養育に置き換えて用い得る概念である。したがって「母子相互作用」と

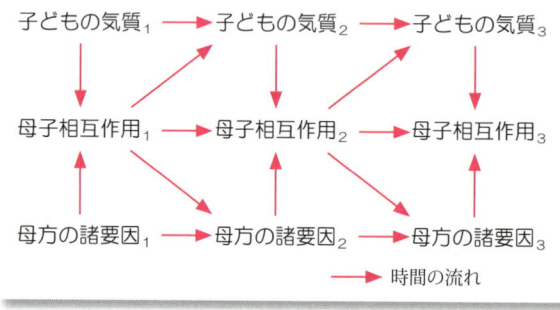

図1－2
母子相互作用の時間的な流れ

（三宅和夫，内田伸子『発達心理学』日本放送出版会 2006 p.20）

関係の質：「関係」の理論は，本書の第4章に詳しく述べられている。

は，子どもと養育者とが働きかけあう「関係の質」にほかならない。働きかけあう双方の特徴と，その間にどのような「関係の質」が顕在化しているのか，あるいはこの「関係の質」が子どもの発達的変化にしたがってどのように変容していくのか，このことが現代の発達研究において最も求められている課題である。

❷ 関係におけるコンフリクトの意味

子どもの発達を支える基盤として，養育者との親密な関係は欠くことのできないものである。しかし，たとえ良好な関係を築いている親子であっても，必ずしもいつも肯定的な関係であるとは限らない。むしろ，親子の間のコンフリクトは発達にとって重要な意味があるのではないかという示唆が明らかになりつつある。例えば，母親が子どもに対してもつ否定的感情は，子どもの成長や母親の適応に悪影響を及ぼすだけなのだろうか。

子どものもつ特性と母親の否定的な愛着感の関係を調べた菅原ら（1999）の研究によれば，攻撃性・反抗性・注意欠陥性といった子どもの「問題行動」

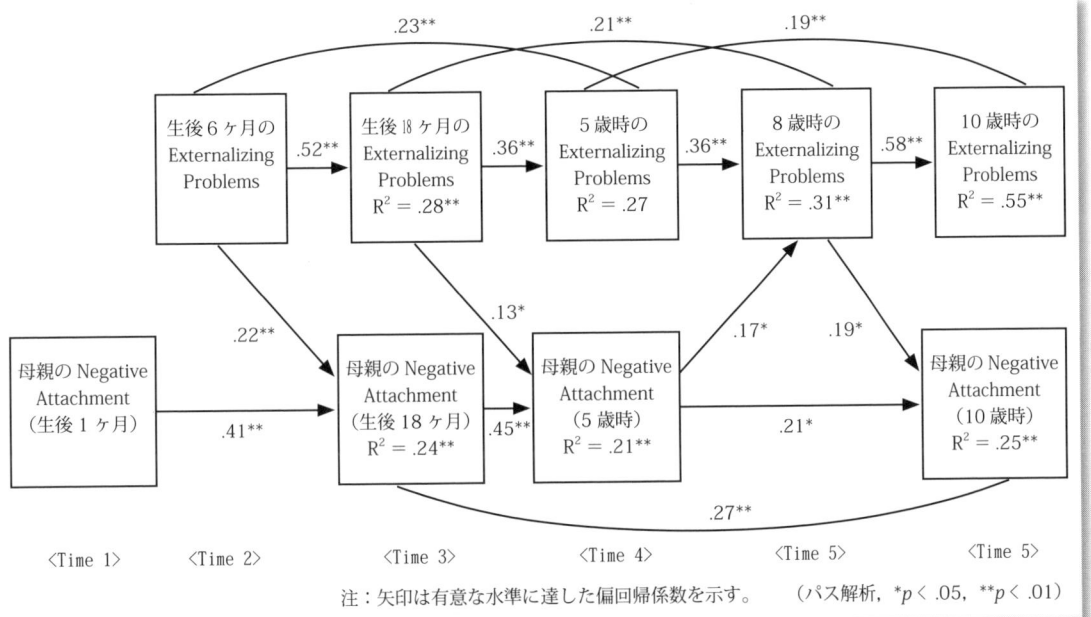

図1-3
Externalizing な問題行動の発達プロセス（母親の否定的愛着感との時系列的関連）

は発達の早期から持続性が高いことを示した上で，一貫して母親の否定的愛着感に影響を及ぼすことが確認された。しかしながら，子どもが5歳までは母親の否定的な愛着感が子どもの「問題行動」に影響を及ぼすという関係は認められない。だが，子どもが5歳を過ぎると，母親の否定的な愛着感が子どもの「問題行動」に影響を与えるという悪循環が示されている（図1-3）。

また菅野（2001）は，母親の子どもに対する不快感情について調査し，母親は不快感情を契機に子どもの育ちや自らのかかわり方を振り返り，その安定や修正が図られていることを明らかにしている。現代では，育児不安や子ども虐待などの子育て支援に際しても，このような関係におけるコンフリクトを容認し，あるがままの関係状況のどこにどのように働きかけていくと望ましい方向に関係が変化していくのかという関係力動的な支援のあり方が必要である。

以上のような発達の捉え方の変容は，発達支援の考え方や方法に大きな転換をもたらし，1980年代あたりから子どもの障害や問題の早期発見，早期治療を加速させることとなった。それまでは，子どもの障害や問題への対応は，医療や教育などの専門家の手に委ねることが最良とされていたのが，発達早期から，子どもと養育者との相互関係的な発達環境を基盤にして，そこに専門家が介入していく，あるいは子どもと養育者と専門家の三者が協働していく方向に大きく転換していったのである。

2 発達過程の力動的把握

❶ 発達のみちすじ

　人が発達していく過程は，単なる変化ではなくて，一定の方向性をもち，しかも連続的である。その一方で，常に一定のペースで直線的に進んでいく課程ではない。加速されることもあれば，停滞期間もある。また，一度獲得した行動や能力が後戻りすることもある。20世紀を通じて，このような発達の過程について，なだらかな直線をなすように連続的・直線的に進むというより，ある時期に急激に質的な変化をとげるという「発達段階説」がより影響力をもって進んできた。人の個体の発達的変化に着目すると，あるまとまりをなして構造的，機能的に質的な違いがみられ，それを節目として発達は段階的に生ずるようにみえる。

　私たちは，これまで一つの体系的原理として発達段階の概念を便利に用いてきた。その際，生涯にわたる発達過程の段階的変化を扱う場合もあるが，比較的短期間の発達的変化に問題を限って，それを細かく段階区分する場合もある。いずれにしても，こうしたアプローチによって，ある人生段階での発達のさまざまな側面を考えたり，ある段階から続く次の，あるいはそれ以前の段階の相互関係について推測することが可能になり，それぞれの段階には独特の経験があり，それらの経験がその後の発達にどのように影響するのかを考えるのに有効なものとして役立たせてきた。

　しかしながら，近年，人の発達過程をどのようにみるかということについて多くの課題があることを述べておきたい。発達過程の段階的変化に関して，20世紀前半までは，運動・知覚・認知・情動・社会性といった諸側面が，それぞれ他とは関係なく独立に発達していくものとして扱われていた。しかし，発達の節目が，いつ，どんな形で現れるかは，心身の構造または機能のどこに注目するかによって異なり，発達段階の区分の設定は，発達のどの領域，たとえば身体的な変化か，認知機能の質的変化かなど，それぞれの発達理論によってきわめて多様である。ある子どもは運動技能の発達は顕著であるが，言語技能の発達は遅れているというように，発達の諸機能はまったく等質な基礎のもとで作用していくのではない。しかも，ある段階にいるというだけで，その他の段階の機能がまったく発揮できないということにはならないし，ある段階をぬけ出したとしても，その段階と無関係にはならない。したがって，1960年代前後からは，それぞれが相互に関連あるものとする発達のダイナミックスを明らかにしようとする動きが活発である。

　身近な例を挙げてみよう。子どもの社会的遊びの発達について，パーテンは，自由遊び場面における相互交渉を分析して，傍観 ➡ ひとり遊び ➡ 平行遊び ➡ 連合遊び ➡ 協同遊びの段階を経て発達すると提唱し，2,3歳児で

ひとり遊びが多く，それ以後は漸少することを示した。この考え方は幼児の遊びの発達段階として大いに活用され，大きくなっても傍観していたり一人で遊ぶ子どもは，社会的相互交渉の力が弱く，したがって社会的発達の遅れを心配する見方にとかく結びつきやすかった。しかし，「ひとり遊び」は，はたして仲間との社会的遊びの前段階・準備段階に過ぎないのかという「ひとり遊び」のとらえ直しの研究は活発である。年長児でも，ブロック遊びや読書など目標志向的活動では「ひとり遊び」が多く見られ，一人で遊ぶか，仲間と遊ぶかは発達的な差としてのみ捉えるのではなく，むしろその子どもが今ある状況における生き方の選択あるいは意図に基づいた適応的活動であるという余白を認める捉え方こそ大切であり，図式としての発達段階の捉え方は適切でないとの示唆は多い。

しかしながら，全領域にまたがる発達段階というものはないとしても，発達における「転換点」を捉える眼，「発達的移行」を見通す構えが，行当りばったりでない系統的な発達支援に必要なことであろう。

❷ 発達支援におけるピアジェ理論の意義

ピアジェ（Piajet, J.）は，先に述べた発達観（相互作用説）の確立に貢献した著名な研究者である。彼の実証的研究により明らかにされた認知発達段階論は，1980年代前後からの乳幼児療育における発達評価と実践方法にいくつかの理由で大きな影響を与えている。つまり，それまでのような大人のリハビリテーションの系譜で，「障害」を克服するための「訓練」を強いるのは有効ではないこと，発達の出発点を子ども主体の自発的な諸活動に求め，とりわけすべての乳幼児期の主導的活動である感覚−運動的活動を療育の主流に据えること，その活動ないし操作による自らの構成的構造化により次の段階へと発達的移行が実現するという仮説は現在でも活きている。参考までに，守屋（2004）により整理された表1−1を載せる。

ピアジェの適応的発達理論はその後さまざまな側面から検討もなされている。鯨岡（2006）は，「ピアジェの発達論は全望的で明るく力強い」（それが故に発達支援において支持されてきた）が，そのようなイメージで捉えきれない「危うさ」を抱え込んで育つ子どもの現実も射程に取り組む観点の再吟味も必要だと述べている。

表1－1　ピアジェによる知能の定義と発達段階

知能の定義

　知能（intelligence）とは，一つの適応つまり知的な適応であり，すべての認知機能が至る均衡化の一形態ないしは諸形態である。均衡化とは，活動することによって外部的な混乱を補償することであり，そうした補償は可逆的な操作を特徴としている。したがって，知能の諸段階についての研究は，何よりも先ず，操作的な構造の形成について研究することである。段階とは，まとまりのある構造であり，各段階は，その前の段階によって準備され，その次の段階に統合されていく可能性を持っている。知能の発達は以下の4つの段階もしくは時期に分けることができる。

第Ⅰ段階　感覚運動期　（the sensorimotor period：0～2歳）

　言語が発達する以前にも知能と呼ぶことができる行動があり，それを感覚運動的知能（sensorimotor intelligence）と呼ぶ。感覚運動的知能は，知覚や運動にもっぱら頼った行為する知能であって，反省する知能ではない。この段階には次の6つの下位段階がある。

<u>第1段階：反射の使用（生後0～1か月）</u>…生得的な反射がもっぱら使用される。

<u>第2段階：最初の適応の獲得と第一次循環反応（1～4か月）</u>…たとえば親指しゃぶりのように，自分の身体に関係した行動が反復され，最初の習慣が形成される。ちなみに，第一次循環反応（primary circular reaction）とは，自分の身体に関係した再生的同化（reproductive assimilation）を意味する。

<u>第3段階：第二次循環反応と興味深い光景の持続化（4～8か月）</u>…目と手の協応が可能となり，たとえば天井から釣り下げられているおもちゃのガラガラの紐をつかんで何度も振ってみるように，外部の対象に関係した行動が意図的に反復される。ちなみに，第二次循環反応（secondary circular reaction）とは，外部の対象に関係した再生的同化を意味する。

<u>第4段階：二次的シェマの協調と新しい場面へのそれらの適用（8～12か月）</u>…第二次循環反応で作り上げられたシェマ（schemes）が相互に協調し合うことによって，その適用範囲が拡大し，柔軟性が増大する。手段と目標の関係が分化し，既知の手段を新奇な場面にあてはめる。

<u>第5段階：第三次循環反応と能動的な実験による新たな手段の発見（12～18か月）</u>…たとえば物が落下することが分かるといろいろなやり方で落としてみるように，いろいろなやり方を新しい場面に試みて新しい手段を発見する。ちなみに，第三次循環反応（tertiary circular reaction）とは，分化した意図的な調節（accommodation）を伴った再生的同化のことである。

<u>第6段階：心的結合による新しい手段の発明（18～24か月）</u>…たとえば初めて棒に接した子どもが棒と目標物との可能な関係をすぐに見抜くように，発明的行為が突然に自発的に現れる。行動が内面化されて一種の心像（image）による表象が可能となり，延滞模倣（delayed imitation）と最も単純な形態の象徴あそび（symbolic play）ができるようになる。感覚運動的知能が完成する。

第Ⅱ段階　前操作期　（the pre-operational period：2～7歳）

　この段階は，象徴的および前概念的思考（symbolic and pre-conceptual thought）の段階と直観的思考（intuitive thought）の段階に分けることができる。

<u>象徴的および前概念的思考の段階（2～4歳）</u>では，子どもは能記（significants：意味するもの）と所記（significates：意味されるもの）を区別するようになり，象徴（個人的能記の体系）が形成され，言語（集団的記号の体系）が習得される。こうした象徴機能の出現によって表象が可能となり，目の前に存在しない時間的ならびに空間的に離れた対象を考えることができるようになる。この段階の特徴は，思考が概念よりも知覚に支配されており，知覚面が変化すると事物の同一性を保存（conservation）できないことである。たとえば，この段階の子どもは，一方の容器から他方の容器に液体が注がれる場合，その液体の高さや幅が変化すると，液体の量が変化したと判断してしまう。もう一つの特徴は，子ども自身の特殊な状態とか観点に思考が中心化（自己中心性）されていて，他者の立場から物事を考えることができないことである。

<u>直観的思考の段階（4～7歳）</u>は，具体的操作期への準備期であり，より複雑な思考が可能となる。しかし，思考は前論理的であり，知覚上から判断される直観的な推論がなされ，依然としてまだ中心化されており，非可逆的であり，同一性の保存が不可能である。

第Ⅲ段階　具体的操作期　（the period of concrete operations：7～12歳）

　この段階の証しは，真に可逆的な操作が獲得されることである。子どもはこの段階で脱中心化し，保存が可能となり，同一性の概念を理解し始める。また，包摂（inclusion）のような全体と部分の関係や配列（seriation）のような相対的関係を扱うことができるようになり，数の概念が構成される。ただし，保存や配列の問題も，具体的な事物が与えられずに言葉だけで表現されると，適切に答えることができない。具体的操作という名称の所以である。

第Ⅳ段階　命題的または形式的操作期　（the period of propositional or formal operations：12歳～）

　この段階の特徴は，具体的な場面や出来事に頼らずに抽象的に推論できることにある。たとえば「エディスはスーザンよりも髪の色が白く，エディスはリリーよりも髪の色が黒い。誰の髪が一番黒いか。」という問題を，この段階以前の子どもは解くことができないが，この段階の青年は，適切に答えることができる。この段階の青年たちは，仮説演繹的な思考が可能であり，命題の形での操作が可能である。

（注）Piaget（1947，1952a，1962，1970a）の記述から作成。（守屋，1995b, p. 32）

（守屋国光『生涯発達論』風間書房　2004　p.62）

3　生涯発達と多様なライフサイクル

❶　生涯発達の観点

　20世紀後半にかけて高齢化など変容する社会状況の中で解決を迫られる問題に直面し，発達研究の領域では大きな変化をみた。発達を時間軸に沿って主として年齢に依存する質的な変化として扱ってきたこれまでの考え方においては，発達とは「生物的完態」に向かう変化と考えられていた。そのため，発達研究は乳幼児から成人するまでがほとんどであった。しかし，高齢社会の急速な進展に伴い，中年期や老年期などを含む人間の一生の変化過程を扱う全生涯を視野におき，発達を人間が胎児期から死ぬまでの生涯を通じて変化し続ける現象に着目する発達観に変化してきた。

　発達とは，まさに人間の死をも含む生物学的変容の過程であると同時に個々人の生活の一生の歴史にほかならない。それぞれの人生段階には身体的，知的，社会的，情緒的な変化があり，乗り越えるべき発達課題がある。この視点からは，発達支援とは，このように生涯発達の過程に起こる発達的課題を解決していこうとするものであり，したがって，長い時間経過，場合によっては世代間の連鎖，文化社会的視点も含む多様な生活状況，多種類の経験の累積的影響など輻輳する要因をも考慮されなければならない。下山(2001)は，生涯発達研究の特色を「その人にとっての固有な人生のストーリーにおける『意味』を明らかにしていくこと」であると述べている。

　図1－4は，発達を規定する諸要因の比重が年齢段階によってどのように変化するかを概念化したものである。

　このことについて，ある高校生の事例を紹介したい。18歳になる発達に自閉的な傾向のある青年が，何年も下校後の数時間を過ごす彼のお気に入りの「居場所」となっていたコンビニエンスストアーが閉店することになるという張り紙をみてショックを受けた。彼は，レジの女性に泣きながら「どうしてですか」と訊ねる。女性からは「残念ねー」などの返事を受けるという繰り返しを毎日，何週間も続けていたという。そもそもコンビニは，社会的に没個性，没交渉を利とする現実感の不確実な世界であると思うのだが，レジの女性は毎日泣いて話しかけてくるその青年によくつきあってくれていたらしい。彼はこれまで，その障害固有な特徴といわれている，変わらない「もの」（この場合コンビニ）との関係を自分の心的世界の中心に据えて生きてきた。これは彼の青年期におけるアイデンティティを支えていた特性であるが，「もの」が崩れそうになったとき「人」（レジの女性）との関係を支えに「自己」をもちこたえる体験をしていたことが彼のト

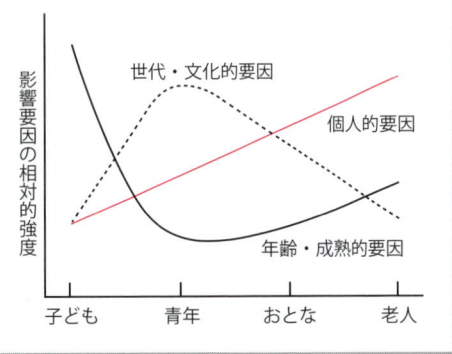

図1－4
発達に影響を及ぼす要因の強度の変化
(Baltes et al., 1980)

(東洋『発達心理学ハンドブック』福村出版　2006 p.5)

ータルな発達の節目をつくったのか，その後，それまで関心のなかった仲間のマラソンの応援に自分から出かけるなど交友関係に変化があらわれたという。なお，すばらしいことには，彼の母親が別のコンビニで働いていたのだが，「レジのおばさんも嬉しかったのではないですか」と言ったことである。かかわりあう人々が，社会においてそれぞれの世代のライフサイクルを生きながらともに変化していくことが窺われるエピソードである。

人間の生涯の発達過程という時間軸で臨床的な問題をとらえたのは**エリクソン**（Erikson, E.H.）が最初だと言われている。彼は精神分析家として臨床活動をする一方で，文化人類学者との調査研究，子どもの遊び研究などの実証的研究を通して，人間を精神・身体的（psycho-somatic），集団・人間関係的（interpersonal），社会・文化的（socio-historical）な多次元的存在と

表1－2
エリクソンの発達段階

(10Erikson,eh.The life cycle completed:a review.New York:W.W.Norton&Co.1982
守屋国光『生涯発達論』風間書房 2004 p.70)

発達段階	心理社会的危機	重要な対人関係	特徴
第1段階 （乳児前期） 0～1歳	基本的信頼 対 基本的不信	母親やその代わりとなる人物	基本的信頼とは，子どもが自分が困ったときには母親が必ず助けてくれるだろうという信頼感を獲得すること。不信とは信頼できないことへの不安を予期することである。
第2段階 （乳児後期） 1～3歳	自律性 対 恥，疑惑	両親	自律性とは，意志の力で自己を統制すること。一方で，自分の意志を通そうとすると，親の意思（しつけ）とぶつかる。このしつけが過度に行われると子どもは恥や自己疑惑を感じる。
第3段階 （幼児期） 3～6歳	自主性（自発性） 対 罪悪感	基本的家族	自主性とは，自分で活動を開始し，目的を持つこと。しかし，積極的に動くことは，同じような他者の積極的な動きと衝突し競争になる。このとき衝突しすぎると罪悪感を感じる。
第4段階 （学童期） 6～12歳	勤勉性 対 劣等感	近隣社会や学校	勤勉性とは，身体的，社会的，知的技能における能力を培い，学ぶ喜びをもって，困難な仕事に取り組み問題を解決していくこと。一方，能力において自分に失望すると劣等感を感じる。
第5段階 （青年期）	同一性 対 同一性の混乱	仲間集団と外集団 リーダーシップのモデル	同一性とは，自分とは何者かという問いに歴史的，社会的な定義を与えていくこと。自分の過去との連続性を断とうとすると自己意識が曖昧になる。また，他者との心理的距離のとり方に困難さを感じることでも同一性が混乱する。
第6段階 （成人前期）	親密性 対 孤立	友情，性愛，競争，協力の関係におけるパートナー	親密性とは，他者と性的，もしくは心的に親密な関係になること。親密な関係になるほど，自己が失われるような感じがするが，それでもそういった経験に身を投じて関係を作ること。一方，そのような経験を回避しようとすると孤独感を感じる。
第7段階 （成人後期）	生成継承性 対 停滞性	役割を分担する労働と家庭内での役割分担	生成継承性は，次世代を育て，世話するという仕事を遂行すること。一方，次世代や社会と関わりのないところで自己満足のための行動は停滞や退廃を生んでいく。
第8段階 （老年期）	統合 対 絶望	人類	統合とは，自分の唯一の人生を，あるべき人生だったとして受け入れていくこと。それは，自分の残すものを引き継ぐ次世代を深く信頼することでもある。一方，自己の人生が受け入れられないと，死への恐怖や絶望を感じる。

しての統合的かつ発達段階的に捉える見地を確立した。表1－3は，各発達段階には特有な発達上の課題と心理社会的危機があり，成功的な解決と不成功的な解決が示されている。それまでの精神分析理論では，発達初期の経験がそれ以後の人生を決定してしまうかのような主張をしたのに対して，エリクソンは人間の誕生から死に至る人生の8つの段階（ライフサイクル）を考えることで，発達を全生涯にわたるものとしてとらえた。特に，これまでほとんど重要視されていなかった青年期以降の成人の発達を理論化し，生涯にわたってパーソナリティの発達が続くという視点はより楽観的，希望的人生観を提供したことに大きな意味がある。

　現代は，このように人間が生涯を通じて変化し続ける現象に着目する発達観に変化してきた。さらに一般に発達というときには，獲得という側面ばかりに注目が集まってきたが，純粋な獲得過程というものはあり得ない。近年では，発達には必ず獲得と喪失の両過程が含まれるものであり，従来の発達理論では強調されなかった衰えることの価値をも含めた生涯にわたる変化の過程を発達と捉えるようにもなってきている。従来の一元的，標準的モデルを前提として進んできた発達や発達過程のとらえかた，発達支援のありかたを見直す動向が急速に進んできている。

❷　多様なライフサイクルの容認

　日本の発達支援の方向は，アメリカ合衆国において相次いで法制化された3つのプラン，一人一人の教育的ニーズに応じて支援する個別教育計画（IEP：Individualized Education Program），学校卒業後のスムーズな就労やコミューニティへの参加を支援する個別移行計画（ITP：Individualized Transition plan），あるいは教育期以前の発達期における子どもとその家族を支援する個別家族サービスプラン（IFSP：Individualized Family Service Plan）の影響が少なからずある。多文化国家のアメリカにおいてこれらのプランが導入された背景には，人がどのような生活を営み，どのように生きるかということについての個人化，個別化が著しく進み，従来のような標準的な段階をふんですすむ単一ライフサイクル・モデルは失われ，多くの人々が，生涯を通して多様なライフスタイルを送るようになってきた社会状況がある。上記のような支援のプランは，「障害」の有無や，「子どもと大人」の関係，「女性と男性」の関係，「世代間」関係，「文化の異なる人々」の関係などに横たわる障壁を超えて，個人あるいは家族の生き方の多様性，多岐性を社会が容認し，しかも全生涯にわたるライフサイクルの過程を視野におさめ，そこで予測されるさまざまな生活上の危機モデルに対して，きめ細かなサポートシステムを政策として実現していこうという社会の姿勢の一環として位置づけることができよう。

以上，発達理解の現代的視点について述べてきたが，強調されるようになってきていることをまとめて挙げておきたい。

① 人の発達過程は，加齢による変化だけではなく個人差による変化が大きいこと，② 発達初期だけではなく生涯にわたるさまざまな経験が，発達の質的な変換をもたらすこと，③ 発達段階の移行期に発達的危機は起こりやすいが，さまざまな対処によって柔軟に変わる可逆性があること，④ 生活する社会や文化のもつ価値性の影響を受けて発達するので多様なライフサイクルが認められるようになったこと。

2 発達支援の総合的な視点

1 「障害」の捉え方の転換

さて，本書で用いている「**障害**」という用語がもつ概念を整理しておく必要がある。

「障害」という用語自体は，1900年代半ばから，わが国においては強烈な人権思想に裏付けられて一般的に用いられるようになったという経緯がある。本書では，その背景は今なお褪せてはいないとの思いから「障害」という用語を用いている。しかし，慣用化していくうちにその概念は偏見を帯びたニュアンスをもち固定化されてきている側面も見逃せない。しかも，英語においては多彩な意味あいを持つ同義語，同類語が，日本では，「障害」という単一概念の中にきわめてあいまいに使用されてきてもいる。現在では，「障碍」「障がい」「しょうがい」などさまざまな表現もあり，その時代に新しく用いられるようになってきた用語の背景には，人々の意識や社会のありようの変動と，既成の内容が問われ直す過程があることを記しておきたい。

障害の捉え方については，1981年，国際障害者年の10年間のスタート年の行動計画に，WHO（世界保健機関）は，次のような障害の3つの異なったレベル（階層構造）による国際障害分類を提唱した。

すなわち，病気の結果として生ずる機能の損傷としての障害（Impairment）と，それによって引き起こされる日常生活動作の能力制限としての障害（Disability）と，それらの結果として生ずる社会生活上の不利益（Handicap）との間には区別があるというものである。3つのレベルは別々のものではなく，相互関連的に規定しあいながら階層をなしているのだから，それまでの病名だけで類別されていた障害の一面的，固定的偏見を打破し，生活の質の不平等など社会的条件をよりみつめなければならないことを強調して世界に広まった。しかし，この障害の捉え方の見直しもなされている。障害を一般にも適用可能な環境や生活の仕方の違いに焦点を当てた分類にしていく

こと，さらに個人が選べる生活の質（**QOL**：Quority Of Life）や満足感をも重視する対策へという方向性がめざされている。このことについては，第2章①に詳述されているので参照されたい。

2　「発達障害」への社会的支援

「発達の障害」とは語義的にもきわめて多軸的であり，現在では広範囲にわたる子どもの発達の状況を包括的に捉える概念として用いられている。「発達の障害」と並んでよく用いられる用語に「発達障害」がある。そもそも発達障害という語が公式に登場したのはアメリカの公法上であるという。発達障害という用語は，1970年に「発達障害法」（Developmental disabilities Act of 1970）においてはじめて定義づけられ，1975年，1978年の改変を経ている。その基本的特徴として，次の2点があげられる。第1の特徴は，それが従来用いられてきたような障害種別を示さない包括的用語であること。障害というものはきわめて多様であり，重複している場合もあるので，当人にとって実際に有効なサービスという点から見るとき，その人がどんな障害種別かということより，むしろどんなサービスを必要とするかを判定する方が意味があること。第2の特徴は，単にその障害が発達期に生じたということを示すだけではなく，障害を発達においてみる，つまり障害は発達過程においてダイナミックに変化するものであるという観点をその用語が示していること。つまり，発達障害という概念は，常態化＝ノーマライゼーション（normalization），あるいは主流化＝メインストリーミング（mainstreaming）などと呼ばれる当時の新しい社会福祉の理念に応えるかたちで登場したという実際的な背景をもつ用語であったことがわかる。発達障害という用語を用いることにより，障害の種類を云々するといった硬直した考え方を脱し，狭い意味での治療やリハビリテーションという枠からぬけ出て，生涯にわたる発達を支援するという観点でのアプローチや対策が考えられるようになってきたといえよう。しかし現在では，「発達障害」を広義にとらえた場合には，「発達の障害」と同様の包括的な概念として捉えられているが，より狭義の捉え方を支持する場合もある。詳しくは，これも第2章①を参照されたい。

3　「特別な教育的ニーズ」への教育的支援

ノーマライゼーションの理念とその実現は，現在では国際的な潮流となっており，それを受けて世界の国々の教育の枠組みは，大きく転換してきているといわれている。

イギリスでは，1987年に提出された通称「ウオノック・レポート」の勧告を受けて，1981年に制定された教育法（Education Act 1981）によって，

障害児教育の基本概念が大きく変わり，従来の障害種別のカテゴリーを廃して，その代わりに**「特別な教育的ニーズ」**（special educational needs）という言葉を採用した。ある意味では，一人一人の子どもの教育的ニーズは「特別」なのであり，その子どもに特有なものであるとして，教育法では"「特別な教育的ニーズ」をもつ子どもとは，彼のためにとられるべき特別な教育的措置を必要とするような学習上の困難をもつ子どもである。"と定義されている。このベースには，「特別な教育的ニーズ」は，子どものもつ発達特性と，子どもをとりまく環境の特性との相互性の結果として認識されなければならないという原則がおかれていて，連続したニードという言葉で記述され，いわゆる障害をもった子どもたちと，学習や適応において広範な難しさを経験している子どもとの間をはっきりと分けていない。したがってこの概念の中には，たとえば「学習不振」「社会的不適応」「『情緒』障害」「家族の問題に関連したストレス（児童虐待や性的虐待）を経験している子ども」なども含まれるとされている。

　「特別な教育的ニーズ」をもつ子どもの教育は，「特別なニーズ教育」（educational with special needs）とよばれ，可能な限り通常の学校で行われるべきであるという「統合教育（インテグレーション）」や，特別な教育的ニーズのアセスメントや教育編成に，両親の参加を含めあらゆる領域の専門家が関与する「多面的援助」，子どもの誕生に始まり社会的自立に至るまでの「継続教育」などの支援の観点が提唱され，実現化がはかられている。わが国において，2007年より始まった「特別支援教育」はこの流れを受けているものである。現在は，「特別な教育的ニーズ」の理念はすでに世界の潮流となっているが，インテグレーションのゆっくりした進展状況への批判から，障害の有る無しにかかわらず，一人一人の子どもへの「特別なニーズ」への適切な対応の重要性を強調する「インクルージョン（inclusion）」という概念も提起されている。インクルージョンの最終的にめざすところは，「コミュニティ　インクルージョン（community inclusion）」である。つまり，あらゆる人が，その生涯を通じて地域で当たり前のように包み込まれてそれぞれのニーズに応じたサポートが得られて，共に生活を続けることができる社会の実現である。

　なお，ノーマライゼーション，インテグレーション，インクルージョンの概念とその発展については，本書の随所に触れられているが，第1章①，第6章①に詳しく述べられている。

4　発達支援のモデルと実践の多様性－本書の構成

　さて，本章ではこれまで，発達支援が，現実的なシステムとして有効に機能する基盤には，人間の発達をどのようにとらえて支援していくか，障害をどう捉えるか，そこで用いられる方法はどのような状況における人間のあり方をめざしているのかなどという，それらを支える概念が問われなければならないということを強調してきたつもりである。しかし，急速に進展している不測の社会状況に則して概念もまた変容を遂げていく。21世紀は共生の時代だといわれている。これまでの概念の変遷からも理解されるように，一人一人のあり方が尊重されて，ともにかかわりあいながら生活する共生社会への方向性は明らかであるが，現実的な施策，システム，方法は多様である。したがって発達支援のモデルと実践もまた多様である。このことは日本国内に限らず，視点を世界に転じれば，その多様性は，文化差，地域差により一層鮮明である。しかし，多様なものが何の関係もなくバラバラにあるわけではない。それらは体系化して捉えることによって，それぞれがそのどこかに位置づき，しかも相互の関連性が理解されるような全体性をもつことが可能である。従来はその体系が，発達段階別にであったり，依って立つ理論別であったり，あるいは，障害児教育，心理臨床，社会福祉などの分野別に偏っていたりしていることが多かった。どんなに体系化したモデルを作っても不充分であろうが，本書は，次のような体系のもとに構成することで発達支援の多様さについて理解を深めていきたいと考えている。

　1　主として乳幼児期から児童期にかけての子ども期を時間軸に沿って見渡し，その過程において生じやすい発達の障害とその支援の方法について記述されている。しかし，子どもは関係的存在であり，子どもとかかわる親など養育者，保育・教育者などのライフサイクル，さらに家族のライフサイクル，集団の発展段階も視野に入れて論じるよう配慮がなされている。

　2　子どもの生活の仕方－生活関係状況を構造化して捉えてと支援の方法の特質を明らかにしていく。

　　①　子どもの生活関係状況は，子どもの生活の「個」を中心とする状況，「集団」を中心とする状況，「社会」を中心とする状況の三層のレベルにおいて捉えることができる。これらは固定的に層をなしているわけではなく，「個」の変容が「集団」を変えることもあれば，また「社会」の変革が，「集団」や「個」に影響を及ぼすなど，力動的，循環的なつながりをもっている。

　　②　子どもの生活関係状況は，そこに成立している「自己」との関係，「人」との関係，「もの」との関係に規定されるが，同時にその関係の

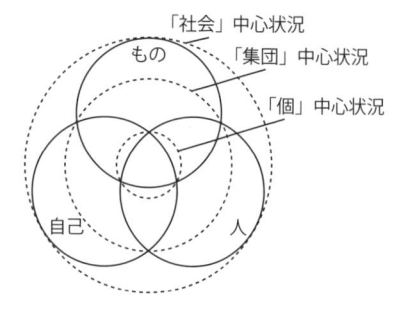

図1-5
子どもの生活環境状況の構造

あり方を規定しその関係を変化させていくことで発展していく。

上記3つのレベルと3つに関係を組み合わせると図1-5のような関係構造図としてあらわすことができる。各章は，この体系を示すように構成されている。

まず，**第1章**，**第2章**は，本書では，基本的にはどの子どもにも必要な発達支援の方法であるという立場で述べられているが，学ぶに当たって知識として必要な発達とその障害の考え方について記述されている。**第3章**は，「個」を中心とする状況において有効な発達支援について，発達臨床の立場から述べられている。**第4章**では，「集団」を中心とする状況－保育に焦点が当てられて，有効な発達支援の方法となるための基本的な考え方が述べられている。**第5章**は，「社会」を中心とする状況において，地域のさまざまな資源を活用したコミュニティレベルにおける発達支援の実際について述べられている。

第1章から第5章までは，発達支援の対象を主として，「子どもの発達とその障害」に焦点をあてて記述されているが，第6章は，現代的な視野のもとに総括的に述べられており，第6章から読み始めることもおすすめしたい。

3 各章には，発達支援を支える基盤的理念や留意すべき事項を裏付ける実践事例が多く記載されているが，特に**第7章**に「保育実践のための事例研究」を設けた。

本書の発達支援における理論が学ぶ，人々の考え方と行為の「枠組み」として役に立ち，新しい実践を創り上げていくことを期待している。

（瑞穂）（武藤）

第2章　発達の障害

ウォータープール

1　発達の障害の理解

1　障害とは

　近年，いわゆる「**軽度発達障害**」といった10年前にはあまり診断されることはなかった発達障害が注目を浴びるようになった。これらの障害は，知的遅れが伴わなかったり，一見その困難さが気づきにくかったりするので，以前の障害のイメージとはまったく異なるかもしれない。障害の種類をとっても，実に多様になってきており，どのように障害を考えるかは一般的には混乱が生じやすい状況といえる。障害の概念を理解する際に，世界保健機構（World Health Organization：**WHO**）が出している**生活機能分類**（International Classification of Functioning, Disability and Health：**ICF**）の考えは役に立つ。WHOは，**国際疾病分類**（International Classification of Impairments, Disabilities and Handicaps：**ICIDH**）からICFの考えに改定し，「**心身機能・身体構造**」「**活動**」「**参加**」という考えを採用した（表2-1参照）。ICFは図2-1で示すように，人の健康状態を把握する際に，障害だけにとらわれるのではなく，「できていることは何か」「どのような活動はうまくやれているか」などといった肯定的な側面や，その人を取り巻く環境的側面についても

国際疾病分類（ICIDH）：ICIDHでは，障害は，欠如していたり器質的に欠陥があったりとする機能（構造）障害（impairment），能力が低かったり，できないことが多かったりといった能力障害（disability），社会生活を送るのに支障が出ている社会的不利（handicap）の3つに分類されていた。

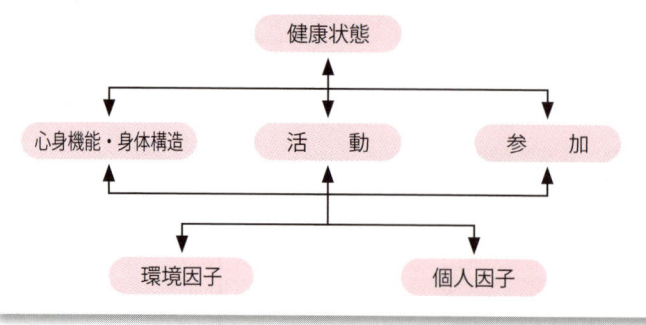

図2−1
ICFのモデル

心身機能・身体構造	心身機能とは，運動機能や知的機能など心身系の生理的機能のこと。身体構造とは，視覚や聴覚器官，手や足，脳の構造など器官器官・肢体とその構成部分などの身体の解剖学的部分のことを指す。このレベルの問題を『機能障害（構造障害）』という。
活　動	活動とは，課題や行為の個人による遂行のことである。学習能力や運動能力を発揮すること，対人関係のスキルを用いることなどがこの次元に当る。このレベルの問題を『活動制限』という。
参　加	参加とは，生活・人生場面への関わりのことである。対人関係を営むことや集団や授業に参加すること，仕事に就き働くことなどがこの次元にあたる。このレベルの問題を『参加制約』という。

表2−1
ICFの概念

2　発達の障害とは

発達の障害にはどのようなものがあるか，医学的な区分で見てみると，国際的な診断基準である**国際疾病分類第10版**（International Statistical Classification of Diseases and Related Health Problems：**ICD-10**では「精神遅滞」「心理的発達の障害」「小児期および青年期に通常発症する行動および情緒の障害発達障害」がこれに当たる。つまり，**精神遅滞**，**学習障害**（Learning Disorders：**LD**）や**注意欠陥多動性障害**（Attention-Deficit / Hyperactive Disorder：ADHD），**広汎性発達障害**（Pervasive Developmental Disorders：PDD）などがある。2005年に施行された発達障害支援法によると，「発達障害は，**自閉症，アスペルガー症候群**その他の広汎性発達障害，学習障害，注意欠陥多動性障害，その他これに類する脳機能の障害であってその症状が通常低年齢において発現するもの」としている。しかし，宮本（1983）は「聴覚障害や視覚障害などがあっても，それだけでは発達障害とはいわないが，それらがあることによって，子どもの発達上の妨げになる事態があるとすれば，広く種々の心身の障害を含めて，"発達の障害"の問題として考えるべきではないか」と提案している。本稿においても，発達支援の対象となりうる子どもは，いわゆる"発達障害"にとどめないで，聴覚や視覚などの感覚障害，**愛着形成**の遅れや不登校などの情緒障害などを含めて考える。そして，「発達上においてさまざまなつまずきや困難さのために，何らかの手だてを必要としている状態を「**発達の障害**」という包括的な概念」（高山，2001）

ICD-10：日本の児童精神医学や小児神経医学の領域で頻繁に用いられる診断基準は，ICD-10の他にも，アメリカ精神医学会が定めるDSM-IV（Diagnostic and Statistical Manual of Mental Disorders）がある。

学習障害（Learning Disorders：LD）：学習障害（LD）は教育の分野ではLearning Disabilitiesの用語を用いる。医学的な診断では，Learning Disordersとして位置づけ，LDを教育定義よりも狭く捉えている。詳しくは，30ページ参照。

表2-2
発達の障害の種類

知的障害 (精神遅滞)	知能が平均よりも明らかに低く、それに伴い日常生活に適応するために必要な能力に障害があり、それらの問題が18歳未満に表れるもの。知能検査でIQ（知能指数）がおよそ70以下となる。
広汎性発達障害 (自閉症等)	略してPDD。自閉症（高機能自閉症）やアスペルガー症候群、レット症候群、小児崩壊性障害等のこと。社会的相互交渉、言語やコミュニケーション、こだわりなど3つの困難が中心症状である。
LD (学習障害)	知的能力に遅れがないのに、読む、書く、算数など基礎的学習能力に部分的な困難があり、それが中枢神経系の機能障害によるもの教育定義では、「聞く」「話す」の口頭言語の困難も含める。
ADHD (注意欠陥多動性障害)	不注意、衝動性、多動性といった行動の自己コントロールの困難に関する障害。LDやPDD、軽度知的障害などにも随伴する場合が多く、その異同が問題になる。
言語障害	言語発達の遅れ（言語発達遅滞）や吃音、構音障害などのことである。言語発達の遅れでも、特異的言語障害に関しては、全般的な知的発達の遅れやPDDがないことが前提となる。
視覚障害	まったく見えず視覚以外の感覚を外界認識に活用している「盲」、多少見えるが視覚には不自由がある「弱視」の2つに分類される。
聴覚障害	補聴器を使っても話し声が理解できない程度を「ろう（聾）」、困難はあるが補聴器を使えばなんとか理解できる程度なら「難聴」。
肢体不自由	筋肉、骨、神経などが損傷しているために、身体の運動や動作の機能が永続的に低下したり働かなくなったりする障害のこと。脳性まひ、筋ジストロフィー、先天性の四肢障害などがある。
病弱・虚弱 (内部疾患)	「病弱」「虚弱」とは、慢性の疾患があったり、病気に対する抵抗力が低かったり、医療や生活規制を必要とする状態のこと。気管支喘息、腎炎、ネフローゼ、心疾患、進行性筋ジストロフィーなど。
その他の情緒や 行動の障害	選択性緘目、愛着障害、母子分離不安、心身症、暴力や破壊行為、窃盗などの情緒と行動の問題。情緒と行動とは関連し合っており、養育環境、園や学校での不適応、発達障害などから二次的に起きる。

として捉えていく。発達の障害の種類は、一般的には表2-2のように分類される。

3 発達の障害の原因

発達の障害の原因はさまざまで、大部分は原因が不明とされている。ダウン症候群などの染色体異常や頭部外傷による脳へのダメージなど原因が特定しやすいものもあるが、いまだ原因が明らかになっていない障害は多い。いくつかの要因が絡み合っていることも珍しくない。また、障害に関係する時期も出生前、周産期、出生後とさまざまである。表2-3には発達の障害の原因となりうるものを示した。

周産期：周産期とは、妊娠22週から生後1週までの期間のこと。この間は、合併症、新生児仮死など、母体・子どもの生命やその後の発達障害に関わる事態が発生しやすい。

表2-3
発達の障害をもたらす主な原因

（高山、2001を修正）

時期	原因
出生前	・遺伝的素因、遺伝性疾患（フェニールケトン尿症、結節性硬化症など） ・染色体異常（ダウン症候群、ターナー症候群など） ・感染症（風疹、トキソプラズマ症、サイトメガロ感染症など） ・中毒（アルコール、ニコチン、鉛、有機水銀化合物など） ・放射線照射、妊娠中毒症
周産期	・低出生体重（未熟児）（注）、新生児仮死、核黄疸 ・頭部外傷
出生後	・頭部外傷、てんかん、感染症（脳炎、髄膜炎など） ・中毒、栄養障害 ・心理社会的要因（虐待、PTSD、養育環境など）

知的障害は，脳炎や頭部外傷，染色体異常，脳の奇形などが原因となることが知られている。自閉症などの広汎性発達障害については，脆弱X症候群，結節性硬化症，先天性風疹感染症，フェニールケトン尿症，単純ヘルペスウイルス脳炎，神経線維腫症などが広汎性発達障害を合併することが知られているが，ほとんど原因は特定されていない。LDやADHD，言語障害については，頭部外傷や遺伝的素因，低体重出生などが指摘されているが，他の発達障害と同様に原因は明らかになっていない。軽度の知的障害，高機能タイプの広汎性発達障害，LD，ADHDなどの軽度の発達障害は，原因が特定できないことがほとんどであるが，近親者に同じような障害や特性のある人がいたり，兄弟姉妹で合併率が高かったりと，遺伝的素因や家族集積性などのリスクも指摘されている。しかし，そのことで不安になったり，心を痛めたりしている当事者がいるので，偏見やステレオタイプ的な見方をしないように注意すべきであろう。また，低体重出生についても発達の障害のリスクが高いことが報告されている。

養育環境，つまり心理社会的要因も発達の障害と関連する場合がある。いわゆる"発達障害"，つまり知的障害や広汎性発達障害，LDやADHDなどは心理社会的要因が直接の原因とはならないが，心理社会的要因が情緒や行動の問題を2次的に引き起こすことがある。また，長期にわたる虐待やいじめなどで受けるストレスについても，認知（知能），情緒，行動，人格形成に重大な影響を及ぼす。

2 発達の障害の支援

1 発達支援の領域

発達の障害への対応は，基本的には治療や訓練ではなく，子どもの成長・発達を支える「発達支援」である。まず，支援の際に重要になるのが，子ども理解であろう。子どもの障害特性や環境的側面，発達ニーズなどを把握することは，子どもの特性や置かれた状況などにそった支援をしていくために必要なことである。支援や指導はアセスメントからはじまるといえる。特に障害によってつまずきや支援のポイントが異なることが多いので，それぞれの発達の障害の特性については知っておかなければならないことである。また，子どもは成長の過程にあり，日々変化があり，それぞれの年齢で子どもの成長発達に必要な刺激や支援が異なる。子どもの発達段階や発達課題についても十分知っておかなければならないだろう。

発達の障害がある子どもへの支援内容は子どもの障害特

低出生体重：かつては未熟児とも言われたが，1995年ころからこの名称が使われるようになった。在胎期間にかかわりなく，出生体重が2500g未満の新生児のこと。1500g未満を極低出生体重児，1000g未満を超低出生体重児と分類する。周産期医療の進歩により，出生体重が1000g以上であれば成熟児と生存率はほぼ差がなくなってきている。

虐待：虐待には，身体的虐待，ネグレクト，心理的虐待，性的虐待の4つがある。

アセスメント：査定，評価を意味する。子どもの状態を把握すること。子どもの特性や実態に合わせた保育・教育をおこなうために重要である。第3章で詳しくふれる。

表2－4
発達支援の領域

（高山，2001を修正）

健康管理，事故防止
基本的生活習慣の形成
情緒的安定（親子関係の支援も含む）
集団参加や基本的学習態勢の形成
認知・言語・感覚・運動発達の促進
対人関係や社会的スキルの発達の促進

性や発達段階，支援の場所，支援者の役割によってさまざまなものがある。表2－4は発達支援の内容についての一覧である。子どもは発達途上の存在であるので，さまざまな内容が対象となる。家庭，保育所や幼稚園では，事故防止なども重要なポイントとなるが，やはり，子どもの発達を促していくことが最大の目的である。専門家による特別な支援だけでなく，家庭や保育所，幼稚園，地域などの日常の生活場面でのさまざまな刺激をうけることも重要といえる。そのためには，日常を適応的に生活できるように子どもを支えることも必要となる。

障害特性によっても，かかわり方や配慮の方法が異なる。例えば，多動のある自閉症の子どもならば，日常の事故防止に焦点を当てることや，言語やコミュニケーションの専門的訓練も受けることが必要になるであろう。養育者と分離ができない子どもには，情緒的安定を図りながら，徐々に集団参加できるように促し，一方で親子関係の支援もしていく。以後，障害の特性に応じた理解と支援について具体的に述べていく。

2 知的障害の理解と支援

❶ 知的障害の理解

知的障害は，医学診断基準として用いられるDSM－Ⅳやアメリカ精神遅滞学会などによれば，「知的機能が平均以下であること」「社会への適応機能が年齢に対して期待される水準よりも低いこと」「18歳未満で発生すること」の3つの条件がそろったときに判断される。つまり，**知的能力**が低く，それが要因となり不適応がある場合に知的障害とみなされる。知的機能が平均以下であるということは，具体的には標準化されている知能検査において，知能指数がおよそ70から75以下であることを意味している。ただ，知的能力のみでは判断せずに，社会で適応できているかという視点も必要となる。つまり，知的能力が低くても支援なしに社会的に適応していれば，知的障害とは言わないのである。知的障害は，医学的には知能指数の水準により区分することもできる（表2－5）。知的障害の診断カテゴリーには厳密には入らないが，知的能力が境界線にいるものを**境界知能（境界線知能）**といい，理解の問題や学習困難が生じやすく，臨床的関与の対象となりやすい。

知的障害の子どもは，集団行動や作業，勉強などで理解の面で苦手さをもつことが少なくない。また，身辺処理や運動機能，社会性にも困難を持ちやすい。特に，保育現場で問題になるのが，食事や衣服の着脱，排泄自立などの日常の生活習慣についてである。また，集団行動は個別的な指示を要したり，本人の理解のペースにあわせた対応したりしていくことが必要となる。保育や教育，仕事など環境が本人の合わないと，情緒や行動の問題など**二次**

前頁☞**発達段階や発達課題**：知能や認知発達についてはピアジェ（Piaget,J.），社会性や自我の発達についてはエリクソン（Erikson,E.H.），発達課題についてはハヴィガースト（Havighurst,R.J.）などの理論も知っておくとよい。

知的障害：以前は「知恵遅れ」「精神薄弱」といわれたが，差別や否定的な印象があるとして，現在では知的障害の名称を使うようになった。医学診断では，「精神遅滞」がこれにあたるが，人格面など精神機能全般の問題としてイメージされやすいため，後々は用語の変更がなされると思われる。

知的能力：知的能力（知的機能）は，言語能力，思考推論能力，空間的能力，記憶力，精神的な機敏性などさまざまな適応能力の総体のことである。知能を測定する検査としてWISC-Ⅲ知能検査法，田中ビネー知能検査法がある。

表2－5
知的障害の区分

軽度	50－55～70
中度	35－40～50－55
重度	20－25～35－40
最重度	20－25以下
（境界知能	70～84）

二次障害：発達の障害（一次障害）に関連して，周りの不適切な対応や本人の日常生活の困難が生じ，そのことで，二次障害として情緒・行動面などの問題に発展していく場合がある。

障害が生じやすい。したがって，本人の理解のペースに応じた課題設定，環境設定が重要といえる。

❷ 知的障害への支援

日本の制度では，1歳6か月児健診と3歳児健診があり，知的障害がある乳幼児は比較的早期に発見されるようになってきているが，知的な遅れが軽度であると，集団活動が始まる保育所や幼稚園まで気づかれない場合がある。知的障害や広汎性発達障害は，早期発見，早期療育が後々の適応や子どもの成長・発達によい影響を与えることが知られている。同年齢の周りの子どもと同じようなことを望みすぎてしまい，本人の理解のペースや取組める容量を超えて無理をさせてしまうと，成長発達に必要な適切な教育的刺激が得られないだけでなく，自信の低下や抵抗感を増長させ，情緒や行動の問題が出やすい。子どもが達成感を持って，生き生きと生活できるように，まずは本人の苦手さに気づいてあげることが最優先の手立てとなる。その上で困難の度合いに応じた支援をしていく。知的障害への基本的な支援方法は，表2－6である。

幼児の段階では，身辺処理や日常生活習慣の確立，言語やコミュニケーション技能の促進，感覚・運動面の発達，集団参加などが重要な支援領域となる。また，就学後の知的障害の子どもへの教育としては，**生活単元学習**や生活に根付いた教育（community-based approach）が重要とされている。計算の練習は買い物と絡めて指導したり，電車やバスの乗り方など社会生活をするのに必要なスキルを積極的に教えたりなど，具体的な社会参加や社会自立をも念頭に入れた指導が，従来の知的障害の教育では大切にされている（阿部，2006）。

表2－6 知的障害の支援のポイント

- 本人の理解力に応じた課題設定，環境設定
- 目で見て，手で触って，耳で聞いて，日常の体験を通して具体的に学ぶ
- スモールステップで少しずつ取り組む
- 定着するまで焦らず，繰り返し丁寧に取組む
- できたこと・がんばったことをたくさん見つけ，ほめる

生活単元学習：子どもの日常生活に関連する課題を取り上げ，計画，準備，実践していく学習活動にこと。阿部芳久『知的障害児の特別支援教育入門』日本文化科学社2006年に詳しい。

③ 広汎性発達障害の理解と支援

❶ 広汎性発達障害の理解

広汎性発達障害（PDD）は，医学的な診断基準 DSM－Ⅳによると**自閉症**（自閉性障害），レット障害（症候群），小児崩壊性障害，**アスペルガー障害**（症候群），特定不能の広汎性発達障害が含まれている。自閉症は，表2－7に示す「3つ組」といわれる症状が中心的な特徴である。自閉症の診断基準の中でも，言語・コミュニケーション面に遅れや問題が見られない場合はアスペルガー症候群と診断され，自閉症の診断基準には当てはまるが知的に遅れがない場合は高機能自閉症とされている。PDDを連続した一続きの障害であると考える立場がある。そこでは，自閉症の症状が重いものからアスペル

表2−7
PDD（自閉症）の三主徴

> ● **対人的相互反応の質的障害**
> 他者との対人関係のとり方が不器用で，情緒的な関係が築きにくい。他者からの接触を避け，孤立しているタイプ（孤立型），周囲の人に従順で受身的であるタイプ（受け身型），人に対して積極的に関わるが一方的で奇異なタイプ（積極・奇異型）がある。
>
> ● **言語・コミュニケーションの質的障害**
> ことばが全くない場合から，ことばの理解や表現の遅れがある場合，おしゃべりだが会話が成り立ちにくかったりする場合までさまざまな言語の困難がある。おうむ返し（エコラリア）もよく見られる。表情やジェスチャーなど非言語的コミュニケーションにも困難がある場合が多い。
>
> ● **行動や興味の限定（こだわりや同一性保持）**
> 同じ服しか着なかったり，ものの置き場所が変わるとパニックになったりとさまざまなこだわりを見せる。また，手をひらひらさせる，同じセリフを繰り返し言うなどの反復的で常同的な行為もみられる。知的に遅れがない事例では，融通が利かない，行動の切りかえが難しいといったこともよくある。

ガー症候群のような軽いものまですべて含めて，**自閉症スペクトラム障害**と呼んでいる。

PDDには随伴しやすい困難がいくつもあり，集団生活や家庭生活にダイレクトに影響するので，保育士や教員は，知っておかなければならない。まずは，視覚，聴覚，臭覚，味覚，皮膚といった感覚の異常である。また，PDDの子どもの多くは，運動面に苦手さがある。自己刺激行動や自傷行動，睡眠障害もPDDに多く見られる。さらに，PDDの多くは知的な遅れを伴ったり，認知発達にアンバランスがあったりして，勉強面でつまずきやすい。多動を伴い集団行動が難しい場合もある。

❷ 広汎性発達障害への支援

PDDは，さまざまな知的水準の子どもがおり，また，社会的相互交渉やコミュニケーションの量や質，こだわりや切りかえの難しさの程度，随伴する症状など子どもによって多様である。したがって，対応や支援も子どもによってさまざまであるといえる。通常の保育や教育で接することが多い高機能自閉症やアスペルガー症候群の子どもについては，表2−8のような対応が必要とされる。集団場面や対人場面では，周りで起きている事態に気づけなかったり，理解ができなかったりするので，本人が社会的な出来事や対人的なやり取りをうまく理解し，仲間とやり取りできるように，大人が橋渡しをするような役目をとっていくことが大切である。自閉症が重度であれば，スケジュールをイラスト入りの表で知らせていくことや，要求や表現したいことなどを絵カードなどの代替的なコミュニケーション方法で表現を促すといったことも行われている。言語能力に遅れがなく，言語でのやり取りが可能な子どもには，トラブル場面を丁寧に大人が分析し解説してあげるといった対応が望まれる。

感覚の異常：特に問題になるのが，感覚過敏である。触られると不快に感じたり，大きな音や特定の臭いに耐えられなかったりというもの。逆に，感覚が鈍いことを感覚鈍麻という。

運動面に苦手さ：PDDの子どもは微細運動（手先などの細かい動き），粗大運動（走ったり，蹴ったり），協調運動などの苦手さをもちやすい．極端に不器用な子どもは，医学的には，発達性協調運動障害と診断される．

●安全で穏やかな環境作り	騒々しく雑多で刺激の多い環境では落ち着いて行動できないだけでなく，感覚過敏もある子どもでは強いストレスとなりやすい。また，大人の態度についても同じで，大声で叱ったりすると，拒否された気持ちだけが残ってしまう。一人遊びが好きな子どもは，集団参加を促すだけでなく，一人遊びの時間も保障するとよい。
●予定，ルール，指示は明確に伝える	状況や相手の反応を汲み取ったり，暗黙のルールを理解したりすることが困難であるので，できるだけルールや行動などは明確に伝える。シンボルを用いて視覚的に提示する，お約束表やルール表を示すなども有効。また，予測できないことや変化に対して苦痛や不安を感じやすいので，予定されていることは前もって伝えていく。
●いじめから守る／大人が仲間関係の仲介役をしていく	いじめの対象になりやすいので，できるだけ大人や年長者の監督下におくことが必要。ネガティブな感情体験は後々のフラッシュバックの原因となる。友達とコミュニケーションをとったり，遊んだりできない場合が多いので，子ども同士で遊びが共有できるように大人が媒介となっていく。
●できるだけポジティブに接する／子どもとの全面対決は避ける	否定的な言動に対して敏感に反応しやすく，後々まで尾を引きがち。できるだけ長所に焦点をあてる。子どもの欠点や問題行動，矛盾点などを正面から指摘し叱責するような全面対決は避ける。また，大人の「～してほしい」といったある種のこだわりと子どものこだわりがぶつからないように注意する。
●ゆったりと待つという姿勢	新しいことや変化に弱いので，集団行動や行事などは慣れるまで見ていたり，部分的に参加したりすることも大切となる。無理なことを強制してやらせるよりも，もう少し成熟するまで待つといった姿勢も必要となる。

表2-8
高機能自閉症，アスペルガー症候群への対応

（内山，2002を参考に作成）

ティーチ（TEACCH）：佐々木正巳 監修「自閉症のための目で見る構造化」学研 2004年

応用行動分析：山本淳一・池田聡子「応用行動分析で特別支援教育が変わる」図書文化 2005年

拡大・代替コミュニケーション：ボンディ，A・フロスト，L「自閉症児と絵カードでコミュニケーション―PECSとAAC―」二瓶社 2006年

ソーシャルスキルトレーニング：上野一彦・岡田智 特別支援教育 実践ソーシャルスキルマニュアル 明治図書 2006年

ヤプコ，D：ヤプコ，D（水野薫・岡田智監訳）「自閉症スペクトラムの理解」スペクトラム出版 2007年出版予定

専門的な支援としては，「ティーチ（TEACCH）」「応用行動分析」「拡大・代替コミュニケーション（AAC）」「ソーシャルスキルトレーニング（SST）」「言語療法（訓練）」などが行われてきており成果を挙げている。これらの伝統的に行われてきた支援方法以外にも，PDDへの支援，治療方法は山のように報告されてきており，どのようなものがPDDに効果があるのかは混乱が多かった。しかし近年，調査や実践研究が進んだことで整理されはじめている（ヤプコ，2007）。

4 注意欠陥多動性障害の理解と支援

❶ 注意欠陥多動性障害の理解

注意欠陥多動性障害（ADHD）は**注意集中の困難**や**衝動性**，**多動性**といった行動コントロール上の問題が主な障害である。注意集中の困難のみであると「不注意優勢型」，多動性や衝動性のみであると「多動性-衝動性優勢型」，注意集中と多動性-衝動性すべてに困難があると「混合型」と3つに分類される。ADHDはAD/HD，ADD，多動性障害の用語とほぼ同義である。表2-9に診断基準を挙げる。これらの症状が，7歳未満，つまり幼児期や学童期前半までに現れる場合にADHDと診断される。頻度は，3～6％程度で比較的頻繁に見られる発達障害である。幼児期のたいていの子どもは，落ち着きがなく，動き回ったり，指示に注意深く従えなかったりして多動で不

表2-9
ＡＤＨＤの診断基準
（DSM－Ⅳを簡略化）

> ● 不注意（注意集中の困難）：下記の項目の6つ以上がしばしばみられる。
> ①綿密に注意することができない，または不注意な過ちをおかす
> ②注意を持続することが困難である
> ③話しかけられた時に聞いていないように見える
> ④指示に従えず，義務をやり遂げることができない
> ⑤課題や活動を順序立てることがしばしば困難である
> ⑥精神的努力を要する課題を避ける，嫌う，またはいやいや行う
> ⑦課題や活動に必要なものをなくす
> ⑧外からの刺激によって容易に注意をそらされる
> ⑨毎日の活動を忘れてしまう
>
> ● 多動性-衝動性：下記の項目の6つ以上がしばしばみられる。
> ①手足をソワソワ動かし，または椅子の上でもじもじする
> ②座っていることを要求される状況で席を離れる
> ③不適応な状況で，余計に走り回ったり高い所へ上がったりする
> ④静かに遊んだり余暇活動につくことができない
> ⑤じっとしていない，または，まるでエンジンで動かされるように行動する
> ⑥しゃべりすぎる
> ⑦質問が終わる前にだし抜けに答えてしまう
> ⑧順番を待つことが困難である
> ⑨他人を妨害し，邪魔する

注意である。しかし，ADHDの子どもは，集団行動をする頃になってはじめて，行動の統制が年齢に見合っていないことに気づかれる。不注意優勢型であると，おとなしくボーっとした子と見られてしまい，集団行動や課題への従事が複雑になる小学校高学年や中学生まで困難が顕在化しない場合もある。

　ADHDの子どもは，おっちょこちょいで悪気なく不注意な行動をしてしまうので，大人から叱責の対象となりやすい。また，ADHDの子どもは言うことを聞かなかったり，気難しかったりするので，過度な厳しいしつけや体罰を受けることも多くある。自尊心が低くなったり，否定的な自己イメージが確立してしまったり，抑うつ症状を呈したりなど二次的な心理的問題を持ちやすいと言える。また，虐待や体罰，失敗経験により子ども自身に歪みが生じ，反抗挑戦性障害や行為障害，大人になっての反社会性人格障害などに発展する可能性も指摘されている。それ以外にも，さまざまな併存障害，重複障害があることが知られている。特に，**学習障害（LD）**との重複率が高い（調査によって20％～80％）。ADHDの子どもにLD的な認知能力の偏りがなくても，不注意や衝動性の症状から，読み書き算数などの学習困難を呈しやすい。また，注意集中の困難，多動，衝動性は，PDDや知的障害，境界知能にも多く見られ，医学診断上の混乱も多く見られる。虐待を受けた子どもも，集団生活や対人関係でADHDに似た多動性や注意の問題を持ちやすく，判別が難しいときがある。

前頁☞ADHD（注意欠陥／多動性障害）：注意集中の困難のみであると不注意優勢型，多動性や衝動性のみであると多動性-衝動性優勢型，注意集中と多動性-衝動性すべてに困難があると混合型と3つに分類される。ADHDはAD/HD，ADD，多動性障害とほぼ同義。

❷　注意欠陥多動性障害への支援

　ADHDの子どもが問題となるのは集団場面である。保育や教育の場では，

- 集中できる環境の設定
- 注意の持続力に見合った課題提示
- 否定的よりも、肯定的な注目を
- 適切なモデルの提示
- 気分転換や発散をさせる
- 医療との連携

表2-10
ADHDへの対応

タイムアウト：不適切な行動をしたときに怒る代わりに、一定の時間強化を受ける機会を与えないでおく技法。休憩室や個別の部屋などでクールダウンさせたり、椅子に座って休憩したりというもの。ペアレントトレーニングでも用いられている。

ペアレントトレーニング：ウィッタム, C. 著 上林靖子ら訳「読んで学べるADHDのペアレントトレーニング」明石書店 2002 ここで行われる介入技法は、保育所や幼稚園、学校などの教室でも実践できる有益なものが多くある。

聴覚認知：音や言葉を耳で聞いて、理解し、言葉で表現するといった一連の音声・言語的な情報処理のこと。

視覚認知：空間、視覚刺激を目で見て理解し、イメージしたり、視覚的に推論したり、書いたり動いたりして表現するといった視覚・運動的な情報処理のこと。

ほとんどが集団場面で展開されることとなり、本来ならば子どもの社会性や情緒が成長・発達されるべき場面で、ADHDの子どもは破綻（はたん）しやすくなってしまう。このようなことを防ぐためにも、環境への働きかけは重要となるであろう。気が散らないように、また、落ち着いて活動や課題ができるように、刺激が少なく、集中して活動できるような物理的環境を整えていく。また、ADHDの子どもは失敗経験や怒られることが多いので、できるだけ子どもの進歩やがんばったことなどに対してたくさん肯定的に評価していくことが基本となる。また、不適切な行動をしてしまったときには、冷静に「してよいこと」「していけないこと」を伝えていく。興奮しているとき、パニックになっているときには、落ち着く場を用意して、**タイムアウト**やクールダウンをしていくこともできる配慮である。ADHDなどの行動の問題への対応をまとめると表2-10のとおりである。

専門的な支援方法では、子どもの指導の際には、環境調整以外にも強化やモデリングなどの行動原理（応用行動分析、認知行動療法も含む）を基にした指導がある。また、保護者が子どもに適切に働きかけられるように訓練する「**ペアレントトレーニング**」も行われている。また、ADHDの子どもには、中枢神経刺激剤（リタリンなど）を中心とした薬物療法が行われることが多い。薬剤の効能を調べ、適切な治療をおこなうために、保育者や教師は服薬時の行動をチェックし報告するなど子どもの主治医に協力することが必要となる。二次障害を呈している子どもには、プレイセラピーやカウンセリングなどの心理療法も行われる。

5　学習障害の理解と支援

❶　学習障害の理解

学習障害（Learning Disabilities：LD）は、脳の機能障害が背景となり、知的能力（認知能力）にアンバランスが生じ、それにより「聞く」「話す」「読む」「書く」「算数」といった基礎的な学習能力に困難がでてしまう障害である。つまり、勉強面での得意・不得意が大きい状態として捉えられる。教科学習が始まっていない幼児の段階では診断されることはないが、言語発達の遅れや文字や数の習得の遅れなどから、幼時の段階でもある程度、LDサスペクト（疑い）は判別可能ではある。LDを表す用語は多くあり、診断概念として医学ではLearning Disorders、教育ではLearning Disabilitiesがある。英国では、認知面・学習面の困難をLearning Difficulties（学習困難）としているが、これは知的障害も含めた概念である。

LDの困難は、言語能力（理解、表現、概念形成、推論）、**聴覚認知**、**視覚認知**、記憶力（短期記憶、作動記憶など）といった能力の部分的な障害が原

因となる。ただ，学習困難は，知的障害，境界知能，ADHD，PDD の子どもでも頻繁に見られ，その異同が問題になるときがある。典型的な LD のタイプに**ディスレクシア**がある。日本の文字は，英語などと違って表音文字であるので，ディスレクシアの症例は少ないとされているが，読み書きの技能の習得は小学校の学習の基礎となるため，ディスレクシアの子どもの場合，一部の学習不振から全般的な教科学習の遅れが生やすく，行動面や情緒面の不適応に発展しかねないので早めの支援が必要とされる。

ディスレクシア：読み書き障害のこと。発達性ディスレクシアともいわれる．上野一彦「LD とディスレクシア」講談社＋α 新書 2007 に詳しい．

❷ 学習障害への支援

LD は学習面の困難であるために，LD だけでは対人関係や集団生活上の問題は生じにくい。ADHD や PDD，境界知能などと合併した場合，また，家庭の問題や養育上の問題などが合わさった場合に，行動や情緒の問題が生じる。したがって，LD 以外にも他の困難があるかどうか慎重に見ていかないといけない。

保育や教育上の配慮点は，LD 自体よりも併せ持つ困難に対する配慮や支援が中心となる。LD 自体への支援としては，「聞く」「話す」「読む」「書く」「算数」の学習の基礎となる言語能力や聴覚認知，視覚認知，目と手の協応といったような感覚・運動・認知面を高める指導が行われる。専門的には，**感覚統合療法**や**視機能訓練**，言語療法などのアプローチも行われる。

感覚統合療法：感覚統合療法は協調運動や微細運動，感覚刺激の処理など感覚・認知面を扱うものである．日本では，主に作業療法士（OT）が担っている．

保育所や幼稚園，家庭などでできる支援としては，口頭言語に困難がある子どもの場合は，日常で会話やコミュニケーションの機会を多く持つこと，読みきかせの機会を多く設けることなどがあるだろう。また，読み書き算数の基礎となる認知発達を促すことも大事である。遊びを通して数に触れたり，鉛筆を使ったりと日頃から，無理のない範囲で「ことばや文字」「数」と接するようにしていくことが望まれる。学習困難が教科学習の全領域に波及しないように，基礎的な学習の技能を早期につけていくことがポイントと言えよう。

視機能訓練：オプトメトリーとも言い，視運動や視覚認知に困難がある幼児や学童期前期の子どもには専門的な支援の一つとして注目されている．

6 言語障害の理解と支援

❶ 言語障害の理解

言語障害とは，言語機能に何らかの問題があることの総称である。大きく「**構音障害**」「**吃音**」「**言語発達の遅れ**」の 3 つに分けることができる。
構音とは，正しく音を作り出すことである。正しい音が作り出せないために，発話した言葉が相手に間違って聞こえたり，曖昧に聞こえて意味が分からなかったりするのが構音障害である（サカナが「タカナ」，くつが「クチュ」になるなど）。構音器官（口と声帯，気管など）に異常がある場合は器質性構音障害，器質的に異常がない場合は機能性構音障害と分ける。だれでも乳幼児のころには，発音が不明瞭で赤ちゃんことばを使っている。それが，6

歳ぐらいまでにほぼ大人に近い発音ができるようになる。構音障害があることで，自分の発音を強く注意され，そのことを意識してしまい，発声や人とのやり取りに消極的になるといった二次的な問題が生じやすい。

吃音とは，話しリズムの障害のことである。つまり，「お，お，おはよう」とどもってしまったり，「こーーーこれはね」とはじめの音を引き伸ばしたりなど。吃音の発症はほとんどが幼児期である。吃音は親の養育態度の問題のみと誤解されたり偏見があったりしたが，現在では，脳神経学的な要因と本人の心理社会的要因の2つが絡み合って生じているようである。吃音はそれ自体よりも，吃音があるためにコミュニケーションがスムーズにとれなくなったり，不安・緊張などを抱えてしまい対人関係に問題がでてしまったりと，二次的な障害が大きなハンデとなりやすい。

言語発達の遅れとは，ことばの表現や理解に遅れがある状態のことである。知的障害やPDDでも言語発達の遅れは普通に見られる。知的発達に遅れがなく，また，PDDにも当てはまらない場合は，医学的には**特異的言語障害**，教育的には「聞く」「話す」に困難があるLDと判断される。

> **特異的言語障害**：医学的には，理解と表出どちらにも遅れがある場合は，受容-表出性言語障害，表出の遅れのみであると表出性言語障害と診断される。

❷ 言語障害への支援

言語障害に対しては，直接的な言語指導や言語療法が行われる。構音や吃音，言語発達の問題は，親子関係が希薄で十分なコミュニケーション環境ではないなどの家庭環境も関係する場合もある。この場合は，親子関係の調整やプレイセラピーも行われるときがある。重度の言語障害（自閉症や脳性マヒなどに伴うもの）に対しては，コミュニケーション支援機器（VOCA）や絵カード交換式コミュニケーションシステムなどの**拡大・代替コミュニケーション（AAC）**なども行われる。

> **拡大・代替コミュニケーション** ☞ p.28 参照

構音障害は，保護者や保育者が間違った対応をすると，悪化してしまうときがある。周りの対応については，① 4歳以前の発音の不明瞭さについては，「構音の仕方が未熟である」と考え，しばらく見守っていく，② 4歳以降の構音の問題に対しては，言語聴覚士などの専門家に相談し，必要に応じて専門的な評価と言語指導を受けていく，③ 保護者の焦る気持ちを理解しながら，行き過ぎた指導を抑えるように働きかけ，子どもの構音の成長を見守るといった3つに集約されるだろう。

吃音のある子どもは，幼児の段階で自分の話し方がおかしいことに気づき始めることが多く，人前で話したり，他者に話しかけたりすることを嫌がったりするようになる。このような状態ではコミュニケーション能力や対人関係能力も育たなくなってしまう。まずできる配慮として，保育者や保護者が暖かく接して，コミュニケーションへの不安感を取り除いていく必要がある。また，心理社会的問題を取り除くように，保護者や保育者の接し方などを変

えていったり，過度なストレス状況を改善するように努めたりといった環境調整が必要となる。専門的な治療としては，行動療法，DAF法などがある。

言語発達の遅れは，おしゃべりができない無発語状態から，会話が一方的であったりコミュニケーションがずれたりと言った語用能力の問題まで幅が広い。子どもの言語発達の水準や偏りに応じて，配慮や専門的対応も変わってくるが，言語は，子どもにとって保護者や仲間とのコミュニケーションの基礎となるものである。まず，保育者は，子どもの情緒を安定させ，人に対する安心感を持たせなくてはならない。また，言語発達自体を促すためにも，日常生活習慣や遊びなども含めた豊かな経験をたくさん積み上げる必要がある。子どもの状態に合わせて，コミュニケーションの機会を多く設け，他者とかかわることへの関心・意欲を高めることがポイントとなる。

> DAF法：Delayed Auditory Feedback のことで，機械を通して自分の話し声を聞きやすいように変え，遅らせて聞くといった訓練方法のこと。

> 語用能力：言語能力は，音韻的側面，意味的側面，統語的側面，語用的側面の4つに分類される。音韻的側面は音を弁別し聞き取ったり，正しい発音を構成したりすること。意味的側面は，言葉の意味や概念を理解したり，イメージしたりする力のこと。統語とは，文章を理解したり，文法を操作したりする。語用とは，文脈に沿って言葉を操作する力のこと。

7 視覚障害と聴覚障害の理解と支援

❶ 視覚障害の理解と支援

視覚障害はほとんど見えなくて触覚や聴覚などの視覚以外の感覚に依存している「盲」，多少見えるので，その視覚を最大限に活用する「弱視」に分けることができる。一般に，人間は環境を認識する際に，8割程度，視覚情報に頼っているとされる。知能や言語，運動，日常動作などを獲得する際に，視覚障害のある子どもは，視覚情報が入ってこないので不利をこうむりやすい。また，周りの環境の認知が制限されているために，保護者や保育者の手助けが多分に必要になり，そのために依存心が強くなりやすい。さらに，視覚障害があると，外界の認知を視覚情報には頼りにくいために，大きさ，距離，色彩，視覚に関係の深い擬態語（キラキラ，モワモワ）といった概念形成の上でも不利が生じ，知識量や言語面で偏りが生じやすい。視覚障害の子どもに必要なことは，盲でも弱視でも視覚情報の欠如を音や言葉，手触りなどの他の情報を活用して補っていき，さまざまな経験を積むことと，豊かな生活を営んでいくことである。保育の現場では，二次的な発達の遅れを最小限にとどめることが重要となる。

視覚障害は，「弱視」か「盲」か，または，弱視でも「どこが障害を受けているか」によって，見え方や困難が違うので，子どもの状態に応じた配慮が必要となる。「盲」と診断されても，明るさがわかる状態の「明暗」，眼前で動かした手の動きがわかる状態の「手動」，眼前で指の数がわかる状態の「指数」といった困難の段階がある。明るさだけがわかる程度の視覚情報でも，これらの段階の視覚を維持して，最大限に活用させていくことが重要である。特に，乳幼児期の子どもへの対応として大切なことは，保有している視力を活用する喜びを身につけさせることである（若井・水野・坂井，2006）。絵本を十分に近づけて見たり，見て判断できるゲームを行ったりと目を使うこ

2 聴覚障害への理解と支援

聴覚障害は聴覚機構に何らかの障害があるためにきこえの働きが低下している状態をさす。障害の程度が重い場合は「ろう（**聾**）」、軽い場合は「**難聴**」と分類する。また、障害がある場所によって3つに区分される（表2－11）。健常の子どもでは、生まれた直後から、母親の声に反応し、音と識別するようになり、言葉を少しずつ理解し始め、やがて、自分でも話せるようになっていく。聴覚障害がある子どもの場合でも、早期に発見され、補聴器をつけて、音声言語の刺激にさらし、言語を育てる手立てをすれば、音声言語を使える可能性は広がってくる。早期発見が重要と言えよう。

聴覚障害のある子どもへの指導は、コミュニケーション能力の促進に焦点が当てられる。音声言語の使用、読話（口の動きから読み取る）、指文字、手話などの指導が行われる。また、聴能訓練（残された聴力を最大限に活用する訓練）も行われる。

表2－11
難聴の種類

① 伝音性難聴	空気や膜、骨の振動で伝えていく部分（耳介や外耳道といった外耳、鼓膜や耳小骨といった中耳）の障害がある場合の難聴である。障害の程度は比較的軽いものが多い。
② 感音性難聴	内耳にある蝸牛の部分、つまり、音を感じ取る部分の障害である。障害の程度は重いものが多い。
③ 混合性難聴	伝音性と感音性とが混じっているもの。

8 肢体不自由や病弱・虚弱（内部疾患）等への理解と支援

1 肢体不自由の理解と支援

肢体不自由：「肢」は手・腕、足・脚のことで、「体」はそれ以外の身体のことを指す。

肢体不自由とは、筋肉、骨、神経などが損傷しているために、身体の運動や動作の機能が永続的に低下したり働かなくなったりする障害のこと。**脳性まひ**、**筋ジストロフィー**、**先天性の四肢障害**、脊髄損傷による運動障害などがある（表2－12）。運動障害を引き起こしている疾患自体を完治させることは難しく、障害のない部分の機能を最大限に発揮させ、**日常生活動作**（Activity of Daily Living：**ADL**）の獲得を促し、**生活の質**（Quality of Life：**QOL**）を高めることに重点をおく支援である。障害によっては、言語障害や知的障害を合併する場合も多く、それらの合併する障害への配慮も重要となる。補助具、杖、歩行器、車椅子などの機器を用いることになるので、保育や教育の場では、その機器の使用についての指導や配慮と物理的な施設の整備も必要となる。

表2－12
肢体不自由の種類

脳性まひ	常に力を抜くことが難しく突っ張った感じに見える「けい直型」、体が不随意に動いてしまう「アテトーゼ型（不随意型）」、その2つが混ざり合う「混合型」に分かれる。
筋ジストロフィー	遺伝性の疾患で、筋肉が徐々に弱って壊れていく病気である。心臓の筋肉も衰えていくために、呼吸器系、循環器系への配慮が必要となる。進行性（デュシェンヌ型）と先天性（福山型）に分かれる。先天性は知的障害も合併する。
先天性四肢障害	生まれもって手足の一部や全部が欠損している障害。胎内の手足の形成過程で何らかの問題があり起こる。遺伝子そのものの異常ではなく、胎内の環境から影響を受けて生じるものである。
脊髄損傷による運動障害	先天的な疾患や後天的な事故などにより、脊髄に損傷を受け、その脊髄損傷の部位より下の部位の運動麻痺や感覚麻痺を起こす。歩行や排便・排尿の機能のまひなどがある。

2　病弱・虚弱の理解と支援

「**病弱**」「**虚弱（身体虚弱）**」は、医学用語ではなく教育用語である。教育法の定義によれば、「病弱」とは、慢性の心臓、肺、腎臓などの疾患で、6か月以上の入院、もしくは生活規制の必要な状態のことをいう。具体的には、慢性の呼吸器疾患、腎臓疾患や神経疾患、悪性新生物その他の疾患の状態が継続して医療又は生活規制を必要とする程度のもののこと。「身体虚弱」とは、先天的又は後天的な原因により、身体機能の異常を示したり、疾病に対する抵抗力が低下したり、あるいはこれらの現象が起りやすい状態をいう。小児結核、腎炎、心臓疾患などの子が多く、教育委員会が、就学猶予の通知を出す場合もある。そこまででなければ、院内学級などで教育を受けることもできる。特別支援学校（養護学校）の中には、病弱の子どものためのものもあり、これは各都道府県にそれぞれ一校程度設置されている。

病弱・虚弱の子どもには、健康状態や身体疾患に対する配慮が必要となるが、それだけでなく、それらの問題から派生する二次的な問題についても対応が必要とされる。松尾（2004）は、次の3つの問題を指摘している。① 身体的な問題によって日常生活でいろいろな制限を受けるために、経験や知識が不足しやすい。② 周囲の大人から常に保護、干渉される状況で育つために、依存的である、意志が弱い、欲求不満耐性が低いなどの心理社会的な問題が生じやすい。③ 病気が発症すること、あるいは進行することに対して不安を感じやすい。このような発達的、心理的問題がおきやすいので、周りの大人が、医学的な知識を十分に持つと同時に、子どもがのびのび成長できるように環境を考え、生活や活動の制限を必要以上にしないように配慮すべきである。

❸ てんかんの理解と支援

「てんかん」とは，脳の神経細胞（ニューロン）の過剰な活動によって引き起こされるけいれんや意識障害などのてんかん発作を繰り返す慢性の障害のことである。乳幼児の発熱時に起きる熱性けいれんや中毒症状として起きるけいれんは，てんかんとは言わない。てんかんの発生率は，1％前後といわれ，保育や教育の現場では高頻度に遭遇する障害といえる。

てんかん発作は大まかに次の3つに分類される（杉山・原，2003）。第一は全般発作である。脳波上も脳全体にまんべんなく広がる発作波が特徴で，体全体（両側性）に身体症状を示し，意識消失がみられる。この種の発作は，意識を短時間失うような発作から，体中の筋肉がけいれん，収縮するようなものまで多岐に渡る。第二は部分発作である。発作症状が部分的であると同時に，脳波上でも発作波が部分的に現れる。意識障害があるものを複雑部分発作，意識障害がないものを単純部分発作と分ける。第三は二次性全般化を伴う部分発作である。部分発作として始まり，やがて全般発作に移行するものである。

てんかんの診断には，臨床症状だけでなく，脳波検査が必須である。脳波検査以外にも，MRI（核磁気共鳴画像）やPET（ポジトロン断層法），SPECT（単光子コンピューター断層法）が診断には用いられる場合がある。てんかん治療の基本は，抗けいれん剤による薬物療法である。てんかんの種類によって違いはあるが，てんかんの子どもの80％前後は薬物療法で発作をコントロールすることができる。ただ，難治てんかんもてんかんの子どもの8％にみられ，日常生活上の管理や発作時の適切なケアが必要となる。

> 難治てんかん：薬剤等で十分な治療効果が得られなかったり，むしろ，投薬により症状が強くなっていったりするてんかんのこと。

9　情緒や行動の障害の理解と支援

保育や教育において，配慮や支援が必要となるもので，前述の障害に当てはまらないものを情緒と行動の障害としてまとめて記述する。これらには，愛着障害，母子分離不安，選択性場面緘黙，反抗・暴力・破壊行為・窃盗などがある。

❶ 愛着障害の理解と支援（母子分離不安，被虐待を含む）

子どもが不安や危険，欲求不満を感じたときに，養育者はそれに応えて，安心感や要求を満たしていく。例えば，子どもが泣いているときに，空腹であるのなら養育者はミルクを与えるだろうし，おしっこをしてぬれている状態であれば，養育者はオムツを取り替えるであろう。また，大きな音にびっくりしたり，知らない人に不安がっていたのであれば，養育者は「大丈夫よ」と声をかけたり，抱きしめてあげるだろう。特定の養育者が子どもの要求や欲求不満を満たしてあげることが，乳幼児期に繰り返されることで，愛着関

係が成立していき，子どもの心の中に安全感や**基本的信頼感**が培われていく。**愛着障害**とは，乳幼児期の養育が不適切で，子どもと特定の養育者の間に適切な愛着関係が結ばれていない状態のことをさす。愛着の状態は，**ストレンジシチュエーション法**といわれる方法で，**「回避型」「安定型」「アンビバレント型」**の3タイプに分類される。愛着の状態の評価は，日常場面において親子分離場面や再会場面を継続的に十分に観察することで把握することは可能である。ただ，愛着行動は，子どもの不安や緊張，不快感，危険な状況などの危機的状態があったときにこそみられるものであるので，そのような状況下で注意深く観察する必要がある。

愛着障害は，乳幼児期だけでなく，思春期，成人期にまで長期的に否定的な影響を及ぼすことが知られている。対人関係で不安を抱えて生活しているので，攻撃的で支配的であったり，逆に過度に依存的であったり，常に緊張が高い状態であったりと，対人関係で不安定さがみられる。また，突然キレたり，過度に被害的であったり，無力感や自信のなさを示したりと感情の問題も見られる。さらに，"守られている"といった感覚が薄く，小さな出来事でもトラウマになりやすい傾向がある。愛着障害を生じさせる要因は，親側の要因としては，①保護者自身がよい愛着形成がなされていない，②保護者が他者に不信を抱くような強いトラウマ（レイプ被害など）を受けていた，③統合失調症や躁病などの精神病，④強いうつ状態，⑤発達障害，⑥物質（薬物，アルコール）依存など，子ども側の要因としては，①出生後の長期分離，②自己調整が困難な子ども（泣き止まないなど），③その他何らかの育てにくさをもった子どもなど，さらに，家族の要因としては①家庭内暴力，②孤立した子育て環境，③転居などのライフイベント，④親の失業などの強い家族のストレスなどがある（奥山，2005）

愛着障害の支援は，保護者と子どもとの関係の調整がまず，第一となる。養育者にプレッシャーをかけたり，責めたりすることは，逆に，問題を増長させかねないので，親の悩みや苦労をねぎらうことから始める。そして，発達障害があったり，身体疾患があったりと，子ども側にかかわりの難しい要因があれば，教師や保育者，相談員は，病気や障害に対する適切な情報を提供したり，保護者と一緒に子どもの対応について考えたりといった姿勢が必要となる。保護者に精神障害・発達障害があるようであれば，医療機関や児童相談所，精神保健福祉センターなど医療・福祉との連携も必要となる。**虐待**が生じているようであれば，児童相談所への通報をしなければならない。

子どもへの直接的な支援としては，子どもが安全で守られているといった感覚を持てるようにしていくことが重要である。保育や教育の現場では，ルールはルールとして一貫しながらも，感情や情緒に焦点をあてて応答したり，怒ったり責めたりすることなく穏やかで緩やかな時間を共にしたりといった

基本的信頼感：エリクソン，Eが乳幼児期の心理社会的課題として重要視したもの。人は養育者との関係を通して世の中や他者に対する安心感，信頼感を培っていく。その他者や世の中に対する信頼感のこと。

ストレンジシチュエーション法：エインスワース（Ainsworth, M. D. S）らが開発した方法。母子分離場面を設定し，再会場面において子どもと養育者の様子を観察するもの。伝統的な愛着の測定法として有名。

「回避型」「安定型」「アンビバレント型」：（回避型）養育者との分離場面で泣いたり混乱を示したりすることがほとんどなく，再会場面においても親に嬉しそうな態度を示さず，明らかに親を避けようとする行動が見られる。（安定型）養育者との分離場面で多少の混乱や不安を示すが，再会場面で積極的に身体接触を求め，養育者を嬉しそうに迎え入れる。そして，再び，遊びや探索をはじめる。（アンビバレント型）養育者との分離場面で不安や混乱を示し，再会時には親に身体接触を求める一方で，養育者に怒りを示し，その後，遊びや探索を再会させることがない。

虐待：虐待（abuse）には身体的虐待，心理的虐待，ネグレクト（養育怠慢），性的虐待の4つがある。

ようにする。専門的には，親と子どもにカウンセリングが行われる。子どもには，遊びを通して特定の他者に対する安心感・信頼感を培わせたり，緊張や不安を軽減したりするプレイセラピーが行われる。虐待や親の養育困難がある場合は，施設や里親養育となるが，この場合は一対一やそれに準じる家庭的対応が必須となり，適切な養育のもと愛着形成を計っていくことが望まれる（奥山，2005）。

2　選択性緘黙の理解と支援

選択性緘黙とは，家庭などのある状況では話すことができるにもかかわらず，特定の状況下では一貫して話せなくなってしまう状態が，1か月以上続くものをいう。つまり，親や家族とは会話するが，学校や保育所では先生や仲間とはおしゃべりをしないといったことである。発症年齢は4歳から8歳で，男児よりも女子のほうが多いとされている。選択性緘黙の多くは，言語発達遅滞や広汎性発達障害などの発達の障害，つまり，言語表現や対人的コミュニケーションの問題が関係していることも多い。選択性緘黙の子どもは，集団状況への過敏さや強い不安の表れが推定される。家庭においては，強迫性，拒絶，かんしゃく，反抗的または攻撃的行動がよく見られる。

　緘黙の状態は，成長とともに改善する例も多くある。しゃべるように無理強いをしたり，叱ったり，周囲の注目にさらすというようなことは，緘黙を悪化させがちである。基本的な対応としては，話せるようにすることが支援の最終目的となるが，焦らず，まずは，話そうとしても話せないという緊張や不安，恐怖心を取り除くようにすることが重要といえる。関わりも，言語的なものよりも，ゲームや描画，身体運動を伴う遊びなどの非言語的な活動を通して，コミュニケーションを膨らませていく。同時に，保護者や他の保育者や教師に，強引に言語表現を促すことは，逆効果であることを理解してもらうことも重要といえる。

3　チック障害の理解と支援

チック障害とは，突発的，急速的，反復的，非律動的，常同的に生じる運動または音声のことである。つまり，突然に本人の意思とは無関係におきる動きや声のことを言う。状況に合わない動きや発声のために，周りには奇異な印象を与えることが多い。運動チックでは，瞬き，口をゆがめる，鼻をピクピク動かす，肩をすくめる，顔をねじる，飛び上がる，足を踏み鳴らす等がみられる。音声チックでは咳払い，舌を鳴らす，叫ぶ，汚言，同じ言葉を繰り返す等がみられる。チックが持続し，日常生活に支障をきたす場合に，チック障害の診断がなされる。運動チックと音声チックが両方見られる場合は「トゥレット症候群」，長期間チックが見られる場合を「慢性チック障害」，

チック障害：運動チックと音声チックが同時にみられる「トゥレット障害」，音声または運動チックの一方が長期間みられる「慢性チック障害」，1年以内に治まる「一過性チック障害」がある。

1年以内に治まる場合は「一過性チック障害」と診断される。

　チックは，厳しいしつけや不適切な養育などの環境的な問題が直接的な原因となっているのではなく脳器質的な生物学的な基盤が関係している。ただ，不安や緊張といった心理的な影響や体調不良や発熱などの身体的な影響を受けて症状が変動することがとても多い。不安や緊張が大きくなっていくとき，また，強い緊張が解けたとき，楽しくて興奮しているときに生じやすい。一方，一定の緊張状態にあるときや集中して何かに取り組んでいるときなどはチックは減少する傾向がある。周りの者の対応としては，チックを止めるように言うのを控え，気にしないこと，症状が重い場合には，薬物療法も考えることが挙げられる。ADHDやPDDとの合併も多く見られ，それらへの対応も必要となる。

❹ 反抗的な子どもの理解と支援

　人に対して反抗的で攻撃的な子どもは，医学的には**反抗挑戦性障害**（Oppositional Defiant Disorder）と診断される。具体的には，幼児期から青年期（18歳未満）にかけて，「大人と口論する」「大人の規則や指示に反抗する」「よく怒る」「意地悪で執念深い」等，著しく反抗的，拒絶的，挑戦的な行動を示し，それが6ヶ月以上持続しているものをいう。また，嘘や窃盗を繰り返したり，人や動物を過剰に攻撃したりなど他者の人権や社会的規範を侵害する子どもは，**行為障害**（Conduct Disorder）と診断される。具体的には，「人や動物に対する攻撃性」「所有物の破壊」「嘘や窃盗」「重大な規則違反」に関する症状が少なくとも3つ以上あり，社会的，学業的，職業的に大きな障害を引き起こしている場合をいう。医学的診断基準DSM-Ⅳの中では，反抗挑戦性障害と行為障害は共に破壊的行動障害（Disruptive Behavior Disorders）の上位カテゴリーにまとめられる。行為障害が青年期にはじめてでるケースは比較的予後は良好とされるが，幼児期や児童期にこのような状態を呈するケースでは，**反社会性人格障害**にまで発展し，予後の悪い場合が多い。大人への反抗や攻撃，非行行為は，本人の生まれ持った気質というよりも，周りからの否定的で拒絶的な対応，本人への過剰なストレス，不適切な生活環境や友人関係のなどが強く関与している。小学校から中学校にかけての診断カテゴリーであるが，家庭養育上の問題や本人の攻撃的な側面などが幼児期にも見られる場合は，これらの障害に発展する恐れがあるので注意が必要である。保護者と子どもの関係の修復や愛着関係の改善，叱責や厳しいしつけなどを減らし，肯定的な側面への焦点化など，子どもの自尊心や基本的信頼感を安定させるための手立てが必要となる。　　　　（岡田）

> **反社会性人格障害**：ADHDで非行にはしるケースに関しては，反抗挑戦性障害から行為障害へ，そして成人になると反社会性人格障害へ移行しやすいことが指摘されている。この現象は破壊的行動障害の行進（DBDマーチ）とよばれる。

第3章　発達臨床アプローチ

雨の日

1　子どもの心理臨床的諸問題の理解

1　乳幼児期における心理臨床的問題

　人は「関係的存在」であり，子どもは，周りの人やもの，そして自分自身とのかかわり合いの中で人として育っていく。本章で述べる発達臨床とは，問題の解消や解決のみを目指すのではなく，「関係的存在」である子どもの，安定した情緒の発達や自我形成，家族や集団などでの豊かな人間関係や社会性の発達，認知の発達や学習活動なども同時に促すことを目的として，主として臨床心理学的方法を基盤として行われる臨床活動を指す。

　では，発達臨床の課題となる子どもの問題にはどのようなものがあるだろうか。ここでは，養育者との関係性を基盤に育つ乳幼児期に焦点をあてて，表に現われやすい心理臨床的問題について整理する。なお，一つ一つの問題は独立しているのでなく，関連し合っている面があり，場面によって複数の行動が現れることもある。

① 基本的生活習慣に関する問題
　食欲不振, 過食, 偏食, 異食などの"食行動"の問題。寝つきが悪い, 夜泣き,

夜驚などの"睡眠"の問題。頻尿，おもらし，夜尿などの"排泄"の問題。身体・医学的な問題の有無が影響する場合もあるが，心理臨床的問題にも着目する必要がある。

② 愛着に関する問題

人との応答性や人見知りが乏しい，あるいは激しい，分離不安が強い，赤ちゃん返り（退行）などの問題。親の側，子の側それぞれの情緒的交流の特徴や，子どもが愛着を確かめずにはいられないような日常のエピソードなどにも注目する。

③ 習癖や自己表現に表れる問題

指しゃぶり，物しゃぶり，性器いじり，チック，抜毛，かんしゃく，物音を怖がる，同じ行動を繰り返す，手を洗い続けるなどの神経質な行動。吃音，場面緘黙など，ことばによる表現に緊張が伴って生じるものにも着目する。

④ 集団適応や友達関係に関する問題

ひっこみ思案，友達と遊ばない，かみつき・乱暴などの攻撃的行動，登園渋り，集団場面に合わせられない（落ち着きがない，ルールが守れない，初めてのことや変化を嫌がるなど），友達のものをとる・隠す，虚言などが含まれる。

⑤ 発達の遅れや偏り

ことばの遅れ，独特なことば遣い，人とのかかわりが一方向的，指示理解が困難，絵や文字を書くことが困難，手先の不器用さ，身体の協応動作の未熟，危険の認識が乏しい，その他発達障害の特徴として表れるものも含む。発達障害については，第2章で詳しく述べられている。

2 乳幼児期の問題を捉えていくときの留意点

子どもの示す心理臨床的問題の理解には，発達的視点が欠かせない。情緒不安定や情緒発達上の問題の背景に，発達障害につながるような発達に特異性をもつ場合もあり，その重なり合いの中で問題が顕在化してくる場合もある。特に乳幼児期は，環境の影響を受けやすいものの，どこまでそれが発達に影響しているかははっきりしない。その一方で，しだいに発達的特徴が明らかになっていく時期でもある。親子関係の影響や性格傾向などの情緒面の要因と発達の特異性の要因との両方を考え合わせて捉えていく姿勢が大切である。ここではそのような事例をあげながら，乳幼児期の問題を捉えていく際の留意点について述べる。

夜驚：睡眠中に突然起き出し，叫ぶ，悲鳴をあげるなどの強い恐怖を示す状態。

分離不安：養育者などの愛着的関係を形成している人から離れるときに，過剰な不安を示す状態。

チック：突発的に，ある筋肉の一群に繰り返し起きる無目的で不随意な運動。具体的には，顔をしかめる，まばたきする，首や手足を振る，鼻やのどを鳴らす，咳をする，大声を出すなど，身体のあらゆるところに現われる。

抜毛：自分で髪の毛や眉毛を抜いてしまう症状。癖のように，意識的に行っているわけではないので，急に止めさせることは難しい。

吃音：ことばの出だしがつまる，最初の音を繰り返したり引き伸ばしたりする状態。子どもの話し始めの頃に，話そうとする気持ちが強いあまりに一過性の吃音が生じることがある。長期化する場合は，発話機能の未成熟や器質的な問題を考える。

場面緘黙：言語能力に問題はないが，家庭ではしゃべるものの，保育所や幼稚園，学校など社会的な場では話さない状態。

> **事例3-1　保育所で，他児とのかかわりですぐ手や足が出てしまうのは？**
>
> 　3歳のA男は，保育所で何かと他児を押す，蹴るなどの乱暴な行動が目立っていた。母親は，保育者から「小さいときの入院や手のかかる妹との関係でお母さんにゆっくり甘えられなかったせいだろうから，ゆったり接してやってくださいね」と言われては，落ち込むことの多い日々だった。しかしながら，4歳をすぎて地域の教育相談室で相談を開始し，保育所と連携しての支援が継続する中で，A男が目の前の状況や物事をじっくり理解することが難しく，衝動的に行動しがちであるという「発達障害」が疑われる発達の特徴をもつことが明らかになってきた。そして，その特徴ゆえに，幼少期にあった入院による親との分離や身体的に痛い思いをする体験や，退院後も母親が妹にとられてしまうことの恐れが，A男の他者への警戒心や不安感を強めさせ，結果として自己防衛的な行動が顕著になっているのかもしれないと理解することもできた。そのため，日常の保育でも，親にのみ負担感を抱かせるのではなく，A男に今の状況をわかりやすく整理したり見通しを伝えるようにし，安心感がもてるような対応を工夫していった結果，落ち着きも増していった。

> **事例3-2　幼稚園で集団になじめない，こだわりがみられるB子**
>
> 　B子は，父親の仕事で海外で生活し，帰国後に入園した幼稚園で集団になじめず，お弁当を食べない，同じ服を着ていくなどのようすがみられ心配された。園では「発達障害」に共通する発達特徴を懸念し，早期の対応をと焦ったが，しだいに，母親が，海外生活時より孤独感から抑うつ的にすごしていたこと，一人遊びが好きで英語のビデオに関心を示すB子を「いい子」と思い，そのまますごせていたことなどが明らかになった。幼稚園では，B子への人とのコミュニケーションに主眼をおいた支援とともに，母親の話の聴き手・母親仲間へのつなぎ役としてのサポートも意識する中で，B子ののびのびしたようすが見られるようになっていった。

　乳幼児期の子どもたちは，まだこれからの発達可能性を十分に備えているため，一面的に捉えたり，状態像を決め付けたりせず，さまざまな側面から子ども全体をみていくことが重要である。表に現われた問題から，即座に親子関係に由来する情緒面の問題としたり，発達障害の診断名にこだわったりすることは，親子を傷つけるだけでなく，子どもの成長を狭めてしまうことにもなる。その子の行動に表れている意味を多面的な関係のもとに理解し，目の前のその子の発達に応じて支援していくことが大切である。そのような発達臨床におけるアセスメントについて，次に詳しく述べていく。

2　発達臨床アセスメント

1　「アセスメント」の基本的考え方

　発達臨床における「心理臨床アセスメント」とは，医学的な「診断」とは区別して，「来談者の心理状態や環境状態を把握し，その問題や障害の程度や性質について査定するとともに，対処の方法を検討すること」（松原達哉，

2004）である。また，特別支援においても，発達障害のパラダイムは，「特殊教育」から「特別支援教育」への移行とともに「障害診断からニーズ判定へ」転換してきていると言われている（杉山, 2007）。本章で述べる発達臨床は，その子どもの，そのときどきの発達課題を明確にしながらも，子どもの「問題をなくすこと」，「課題が達成されること」自体を目指すものではない。すなわち，発達臨床におけるアセスメントは，まず，だれからみて，どのように問題なのかを明らかにし，その子どもの固有の発達課題だけでなく，どのような家族環境で育ってきたか，どのような集団経験を積んでいるか，などの諸関係における発達経験を多面的，力動的に把握し，全体像を総合的に理解していくこと，及び，発達を支援するかかわりの方向性や手立てを見出すことを目的とする。

　アセスメント行為自体には，「評価する－評価される」という関係が内在するものである。しかし，発達臨床におけるアセスメントは，臨床者と子どもが，評価枠と出会うことで，「評価する－評価される関係そのものが育つように，ということが目的とされている（土屋, 1999）」活動である。つまり，医学における診断や教育におけるテストとは異なり，発達臨床アセスメントでは，臨床者と子どもが検査や行動観察という場面の枠組みのもとに出会い，かかわり合いながらともに育つことが志向される。例えば，発達検査の場面では，臨床者は，検査教示を変えることはしないものの，子どもがより力を発揮しやすいような促し方や配慮を工夫しながら親和的な雰囲気をつくることも大切である。発達のどこにつまずきがあるのか，伸びていくためにはどのようなヒントが有効かなどの可能性も子どもの回答を得ながら見出していく。検査場面では，子どもは結果の正誤を明かされることはないものの，精一杯取り組んでいることが認められ，一つ一つ応えたことが臨床者に受けとめられる経験の中に人間関係の手ごたえを感じて，次への意欲につながるような配慮が必要である。

　このように，アセスメントとは，臨床者が一方的な評価・診断のために行うものではなく，どのようにかかわるとどのように活動の発展や変化がもたらされるのかという具体的な手がかりやヒントを見出しながら対応していく一連の活動であり，同時に子どもにとっても，"今ここで"人やものとかかわる充足感が得られる活動となるよう心がけることが必要である。このような活動のあり方を，"診断「即」治療（支援）"という。

　また，アセスメントの過程は，1回限りで終わるものではない。発達臨床場面における出会いの1回性を重んじる姿勢は大切であるが，その1回での子どものようすがすべてではない。初めての出会いの緊張が強い場合や，本来の力を発揮しきれない場合，目立った印象にとらわれて気づかない側面がある場合もあるだろう。臨床者は，得られた情報を総合して仮説的な理解，

いわゆる「みたて」をしながらかかわっていくのであり，その仮説を適宜修正していく態度が必要である。発達支援を行う者は，理解をより深め，支援方針や計画を適切に見直していこうとする姿勢が大切である。

2　アセスメントの方法

発達臨床アセスメントの方法としては，面接法，行動観察法，心理検査法がある。ここでは，子どもの全体的な発達を把握していくためのアセスメントの方法に焦点をあてて説明する。

「**面接法**」とは，来談者と臨床者との"今，ここで"の関係において，ことばのやりとりや表情，態度や行動などから理解を深めていく，アセスメントのための面接を指す。発達臨床では来談者として親子双方に面接することが多いが，子どもの発達に関する情報は親との面接によって得る場合が多い（表3-1参照）。

「**観察法**」は，子どもの行動や言語活動，あるいはそれとかかわる事象について観察し，それを記録－蓄積－分析することによって，理解を深めたり何らかの法則性を見出そうとするものである。自然的観察法と実験的観察法とに分類されるが，発達臨床アセスメントを目的とする場合は自然的観察法

表3-1
面接法と自然的観察法

		把握していく内容	
面接法	保護者面接	・主訴とその経過（いつから，どのように，相談経験など） ・現在のようす（心身の健康状態，生活の場でのようすなど） ・生育歴（発達経過，集団経験，病歴など） ・家族・環境（家族構成，家族関係，家庭事情，問題のうけとめなど） ・サポート資源（保育所・幼稚園・学校との関係，身近なサポーター，専門機関・公的サービスの利用など）	親子の関係性の把握…これからの変化可能性の予測，援助アプローチの角度の検討に役立つ。
	子ども面接	ことばや遊びに表される子ども自身の世界や，臨床者との間に生まれる関係性をもとに理解。	

		観察の方法	特徴	欠点
自然的観察法	日常的観察法	子どもの日常生活をありのままに観察する。観察者は，日常にともにいる人として子どもの活動に即してふるまう。	最も日常的な行動が幅広くとらえられる。	主観的になり，結果があいまいになりやすい。
	参加観察法	観察者が子どもとかかわり合いながら観察する。観察者は，観察者としての視点を保ちながらも，子どもとの親和的関係を築き，活動に参加していく。	生きた人間の相互作用がとらえられる。	観察記録が制限される。
	組織的観察法	目的を明確にし，観察する対象・行動・場面等を選択し，科学的記録法を用いて計画的に観察する。観察者は，なるべく子どもの活動にはかかわらずに，外側から現実のありのままをとらえる。	得られる情報は省略や歪みが少ない。	観察に気づかれると自然さが失われる。 時間がかかる。

を用いることがほとんどである（表3-1参照）。観察法が子どもを理解する手段として意味をもつためには，観察を行う者が，① 目的や意図を十分に明確にすること，② 観察の観点や理解枠を整理しておくなど十分な準備と訓練をしておくこと，③ 個人情報の扱いに関して十分な配慮をすることが大切である。

「心理検査法」は，心理アセスメントの中で最も客観的・科学的に状態を把握できる方法である。子どもの発達の理解に役立つ心理検査法としては，**発達検査**と知能検査がある（表3-2参照）。表3-3に代表的なものを紹介する。

発達検査・知能検査を活用する場合の留意点をいくつか挙げる。① 検査の施行は，評価が「即」支援となる責任を伴う行為であり，それを行うことの子どもと保護者への影響を十分に考え，安易に扱わないこと。② 検査結果（特に数値化された結果）は，あくまでも子どもの発達の一つの側面を表しているにすぎず，それをもってレッテルを貼るのでなく，また検査を過信することなく，多面的・総合的に理解する情報の一端であることを認識するよう努めること。③ 検査の目的を明らかにし，結果など検査に関するフィードバックを適宜行うことで，子どもや保護者への説明責任を果たすこと。フィードバックの際には，保護者との話し合いを重視し，結果だけでなくそれと関連して得られる情報からより正確な理解をめざすこと。できれば，親だけでなく在籍する学校や園の担任などとかかわりをもち，日常の支援につなげていくことが望ましい。

これらの検査法の他に，発達臨床における子どもの理解に役立つ心理検査法として，性格検査の一つである「投映法」がある。その中でも，子どもの場合，描画を媒介として子どもの心的世界を理解しようとする「描画法」が用いられることが多い。ただし，知能検査のような標準化がなされていない

知能検査：1905年にフランスの心理学者ビネーが医師シモンの協力を得てつくったものが最初とされている。ウェクスラーやカウフマンのように「知能」をどのようにとらえるかによって，さまざまな測定法が開発されている。

投映法：あいまいな模様，絵，文章などを与え，それに対して表出された内容から検査者が一定の基準に基づいてパーソナリティ（人格・性格）の特徴や問題点を解釈していく方法。反応の自由度が高いことが特徴であり，結果の解釈には検査者の特性が反映される。主なものとしては，ロールシャッハ・テスト，PFスタディ，SCT（文章完成法），描画法などがある。

描画法：子どもとの心理臨床場面で用いられるものとしては，「バウムテスト（樹木画テスト）」「HTPテスト（家・樹木・人物を描く）」などがある。

表3-2 発達検査および知能検査

	検査の性質	活用の目的		検査の種類
発達検査	言語面や認知面の発達だけでなく，運動機能や社会性なども含めた総合的な発達像を描き出そうとするもの	・乳幼児の定期健診時の発達スクリーニング ・発達上の気がかりについての初めの発達アセスメントや経過観察 ・発達早期の対応の手がかりを得る	質問紙 個別検査	乳幼児精神発達診断法（津守・稲毛式） KIDS乳幼児発達スケール 遠城寺式乳幼児分析的発達検査法 改訂日本版デンバー式スクリーニング検査 新版K式発達検査法 絵画語い発達検査法 フロスティッグ視知覚発達検査
知能検査	人間の精神発達における知的機能の側面を「知能」として客観的に測定しようとするもの	知的な水準を知り， ・現在の環境やかかわりの適切さを検討する ・発達援助や療育を行う際の指導・支援計画の指標とする ・進路選択時の未来の可能性を予測する 発達のバランスや特徴を知り， ・発達障害の可能性を検討する ・有効な具体的支援の手立てを考える	個別式 集団式	ビネー式　田中ビネー式知能検査V ウェクスラー式　WPPSI知能検査 　　　　　　　　WISC-Ⅲ知能検査 K-ABC心理教育アセスメントバッテリー ITPA言語学習能力診断検査 DAMグッドイナフ人物画知能検査 田中A式＝言語式 田中B式＝非言語式　など

表3-3 代表的な発達検査・知能検査

	検査名	対象年齢	検査の方法および構成	検査結果の特徴
発達検査	乳幼児精神発達診断法（津守・稲毛式）	0歳～7歳	養育者からの聴取あるいは記述、または行動観察を通して把握する。質問項目は、日常生活にあらわれるままの行動を集めて整理し、[運動][探索・操作][社会][食事・生活習慣][言語]の5領域で構成されている。	領域ごとに発達段階が示され、発達輪郭表（グラフ）を描くことができる。発達状態の特徴を知ることができ、繰り返し用いることで成長の経過を追える。
発達検査	新版K式発達検査法	0歳～13歳	乳児も興味をひく遊具や生活具を用いて、自発的で自然なやりとりを通して把握する。検査項目は[姿勢－運動][認知－適応][言語－社会]の3領域に分けて構成されている。	発達年齢（DA）と発達指数（DQ）によって示される。領域ごとの発達状態の把握とともに、検査項目間の発達プロフィールが描ける。 ＊発達指数（DQ）＝ $\frac{発達年齢（DA）}{生活年齢（CA）} \times 100$
知能検査	ビネー式知能検査	2歳～成人（1歳以下の発達チェックも可能）	知能を、知識、理解、推理・判断、記憶、構成などを含む全体的な能力と考え、年齢とともに進んでいくという仮説のもと、精神年齢（MA）という尺度を用いて測定する。1歳から13歳までの年齢級ごとの検査項目と、14歳以上は[結晶性][流動性][記憶][論理推理]の4領域からなる検査項目で構成されている。	知能指数（IQ）によって示される（14歳以上は、領域ごとの偏差知能指数による）。比較的短時間で実施することができ、年齢を経ながら施行していくことで成長の推移を検討することができる。 ＊知能指数（IQ）＝ $\frac{精神年齢（MA）}{生活年齢（CA）} \times 100$
知能検査	ウェクスラー式知能検査	WPPSI；3歳10か月～7歳1か月 WISC-Ⅲ；5歳～17歳未満	知能を、全体的な水準だけでなく、バランスやばらつきなどの個人内差をとらえて分析的に知能構造を明らかにしていく。検査項目は、6つの下位検査からなる言語性検査と7つの下位検査からなる動作性検査で構成されている。	偏差知能指数；言語性知能（VIQ）、動作性知能（PIQ）、全検査知能（FIQ）と、[言語理解][知覚統合][注意記憶][処理速度]の4つの群指数、及び下位検査評価点が得られ、知的発達のプロフィールが描ける。知的発達の特徴を分析的にとらえることができるが、平均所要時間が1時間を越え、結果の解釈には修練を要する。

ため、解釈には、多くの訓練と経験が必要であり、主観的判断に偏らないように注意しなければならない。

[3]　発達を支援するアセスメントの実際

発達臨床におけるアセスメントは、実際にはどのように進められていくのだろうか。

まず、子どもの行動観察から得た情報を、どのように全体的な子ども理解につなげていくことが可能かについて具体的に考えよう。

> **事例3-3**　C太が友達との間で起こすトラブルの理解
>
> C太はもうすぐ5歳になるやんちゃな男の子である。クラスではカルタ遊びが流行っており、C太も興味をもって輪に入ってきた。しかし、元気よく「はい！」と取ったのが「違うよ」と言われて怒る、後から手を伸ばして札の取り合いになる、みんなで取ったカルタを数えている途中で怒って札をぐちゃぐちゃにし、それを止めた子の腕を噛んでしまい、自分も泣く、などトラブル続きである。

C太のエピソードはどのように理解することができるだろうか。発達臨床におけるアセスメントの観点を示しながら、整理していく。

一つ目は、子ども固有の発達課題について、情緒面の発達、対人・コミュ

偏差知能指数：生活年齢における相対的な位置を示す偏差値による知能指数。年齢標準が100となる。

ニケーション面の発達，認知・操作面の発達など，それぞれの側面が相互に関係しあいながら全体的な人として育っていくという，発達領域の広がりと重なりをみていく視点が必要である。C太は，思っていることをことばでうまく説明しきれない，ことばでの指示やルールが複雑になると把握しきれないという言語発達に未熟さがある。また，数など認知面に関しては，数唱は可能であるが，数概念はまだ十分に獲得し得ていない。そして，事象の認知に関しても，ぱっと即座に捉えて動く傾向があり，「こうすると，こうなって……」と順を追って対処していくような思考を苦手としている。このようなC太の発達課題が，カルタとり遊びでのルール理解や対処の未熟さや，情動のコントロールやコミュニケーションの幼さとして表れたと捉えることができる。

　二つ目は，問題とされることがらを，状況や人との関係性で捉えていく視点である。C太は，どのような場面でも友達と楽しく遊ぶことが大好きで積極的であるという対人志向における「共通性」をもっているが，競争場面になると勝ちにこだわるという「典型性」が現れる傾向があった。そして，自分自身が失敗感や劣等感を感じ易く，人からも注意や指摘をうけると，そこに「自分はダメで相手が偉い」という落差を感じていきなり興奮してしまいやすいという「個別性」を有することが理解される。このように，子どもの行動を固定的にみるのではなく，重層的にみる視点が大切である。

　三つ目は，子どもの行動を，過去の経験の積み重ねの把握，現在の直接的な要因の把握，行動の結果得られるものを予測的に期待している可能性の把握，という子どもの発達における「過去－現在－未来」という時系的な枠組みで把握していく視点も重要である。過去的側面からは，C太は，これまでの集団生活の中で，自分が力を尽くして達成できてうれしいという体験や，友達と対等に遊んで満足がいく体験が少なく，満たされない思いを抱え続けてきたと理解される体験の集積がある。また現在的側面としては，いっしょうけんめいやっているのにうまくいかず，自己評価が低まるときに，その不安感を一気に払拭するかのように怒りと混乱が表現される自己表出の傾向が捉えられる。そして未来的側面としては，C太が怒り出すと，それがより激しく，より持続しないよう，保育者が手助けしてくれたり，友達が順番を譲ってくれたり，サポーティブに接してきたため，結果的に周囲からの関心をひくのに有効な手段ともなっていることが考えられる。

　次に，発達臨床のアセスメントの実際について，事例に即してアセスメントの流れを概観する。

> **事例3-4** あるがままのD美の発達を理解していくプロセス
>
> 　3歳で幼稚園に入園したD美は，入園時に発達上の気がかりを指摘され，もともとことばの遅れを心配していた母親は，勧められるままに医療機関を受診した。そこでは「広汎性発達障害」の診断とそれに関する説明がなされ，母親は大きく動揺したが，D美の障害を理解し適切にかかわっていきたいとの思いで地域の療育センターを訪れ，定期的な母親への面接と，D美へは発達把握と人との関係を育むためのプレイセラピーが開始された。
> 　プレイセラピーからは，人とかかわりたい気持ちはあるものの，かかわりはマイペースで，相手からの働きかけに対しては不安感から回避する傾向があることがわかった。「いっぱい？」「いっぱいじゃない？」などとことばを対置させてことさらそれを確認する行為に，臨床者が丹念に応じていくうちに，その反応を期待してわざといたずらするような対人行為も多くみられるようになっていった。母親面接では，発達経過をふり返りながら，そのようなD美のようすについて話し合い，D美の自己の感情の保ち方や，人や物との関係認識の育ちを読み解いていった。それとともに，日常の集団でのようすも考え合わせていく必要性から，臨床者の幼稚園訪問が行われた。幼稚園では，友達への関心はあるものの発信が弱く，一斉保育の場面では流れや指示を理解しにくいため，不安感をぬぐうようにふざけてしまうといったようすがうかがえた。母親と担任が協力して，友達との橋渡しや，場面の理解を促す配慮，D美が安心してできる役割設定などを工夫していくこととなった。
> 　4歳をすぎた頃，D美の成長の確認として発達検査の活用が提案された。そこから得られたD美の発達プロフィールに母親はうなずきながら，日常ではわからなかった新たな発見を語った。就学前には，再び知能検査を実施し，父親へのフィードバックも行った。それとともに母親はさまざまな学校環境を見学し，集団の場では極力適応しようとして自分を合わせる分だけストレスをためこみがちなD美が，心理的に大きな負担を感ずることなく学習していける場を重視して就学先を選択していった。

　この事例は，発達相談や療育の専門機関を活用しながらの支援の例である。医療機関での発達障害の診断が出発点となっているが，医学的診断からだけでなく，母親の心理的な支援とともにD美の全体的な発達をさまざまな角度からアセスメントしていくプロセスが大切にされている。母親が目の前のD美自身を丸ごと理解していくこと－いわゆる障害の受容－を重視しながら，母親の気持ちやD美の成長のペースに応じて，適宜，集団場面の行動観察や発達検査によるアセスメントを交えて支援していく流れがわかるだろう。

　以上のように，発達臨床におけるアセスメントの観点は，子どもの姿と同様に立体的で奥行きのあるものでなければならない。また，臨床者自身も関連する人とかかわり合い，話し合い，連携を深めながら進めていくことが大切である。さらに，目の前の親子との生のかかわりに力を注ぐことが大事であるのはもちろんだが，立ち止まって，ふり返って，見渡して，思索を深める時間をもつことも大いに有意義であることを付記しておきたい。

3 発達臨床法

1 発達臨床法の基本的考え方

発達臨床法とは，子どもの問題に関して，前節のようなアセスメントを行いながら，子ども自身やその家族，集団（環境）にも働きかけ，そのかかわり合いを通して，子どもの独自なあり方を活かしながら全体的発達を促していこうとする発達支援における心理臨床的方法である。

発達臨床法の基本的な考え方は，その出発点でもある子どもとの出会いの状況における臨床者の基本姿勢に表れているといえる。二つの事例に即しながら要点を三つに絞って考えていこう。

> **事例3-5　子どもとの出会い　その1**
>
> ことばの発達に遅れのある4歳のE夫は，母親につれられて初めて相談室にやってきた。プレイルームに入ったE夫は，跳び箱の上に腰掛けると，そこからチラリと臨床者の方を見ては，自分の周りにペッとつばを吐いている。臨床者は，いろいろと思いを巡らせる。E夫は新しい人との関係の始まりに緊張感を強め，自分の領域を守りたいのかもしれない，相手がどうつきあってくれる人か試しているのかもしれない，E夫なりにかかわり合いたいサインなのかもしれない，等々。そして，E夫の気持ちを受けとめるように，布を片手に「おっ」「なんだ？」とつぶやきながら，ぴょんぴょんと動いて拭いていく。すると，E夫はわざと臨床者めがけてつばを飛ばしたり，臨床者が拭き終わるのを待ってニヤリとしてからつばを吐いたりしていく。そうするうち，E夫と臨床者の間で，つばを飛ばしては受けとめるという行為を「やりとり」として楽しむ相互の雰囲気が生まれていった。

まず，基本姿勢の第一は，〈今，ここでのあり方の**受容**〉である。臨床者は，子どもの行動について，今，ここに成立している状況においては，肯定的に受けとめる。例えば，E夫のようにつばを吐くのは一般的には汚い行為である。床は汚れるし，相手もいい思いはしない。社会生活では，そのことを教えるために注意をすることが必要なときもあるだろう。あるいはまだ教えても無理だからと仕方なく，困った顔で床を拭いていくかもしれない。しかし，事例のように，子どもは自分のあり方が即座に否定されず受けとめてもらえると，相手に少しずつそのこころを開いていく。自分の気持ちを受けとめて応じてもらえることを期待して，かかわり始めるのである。つまり，臨床者は，子どものその状況における自発的・主体的あり方を尊重し，子どもが今，生きているペースを大切にしていくのである。

第二は，かかわりの基盤となる〈**信頼関係**（ラポール）の形成〉である。臨床者の受容的で，あたたかい関心をもった積極的な態度をもとに成立する相互の信頼関係を〈ラポール〉という。臨床者は，子どもとの初めの出会

いから，できるだけ早くそのような関係をつくろうとすることが大切である。事例のように，E夫のふるまいやあり方そのものに関心をもって，安心してかかわり合える関係を創り出していくことが必要である。そのように相互にかかわり合う関係性を基盤としてはじめて，子ども自身の関係状況における自己・人・ものの発達課題も見えてくるのである。

> **事例3-6　子どもとの出会い　その2**
>
> 　家庭ではおしゃべりだが幼稚園では全く話をしないというF実は，いつものように黙って教室の片隅の壁にもたれてたたずんでいる。そこに初めてやってきた臨床者は，黙ってゆっくりとF実の隣に行き，同じように壁にもたれた。穏やかにF実の見つめる方向をいっしょに眺めてみると，そこからはあちこちで遊んでいる友達のようすがよく把握できた。全体が見えていることで少し安心できるのかもしれない，とF実の気持ちを味わってから，さりげなくF実の体の動きに合わせて体を揺する。それに気づいたF実は，足をトンと踏み鳴らして少し違う動きをする。臨床者も同じように足を踏み鳴らしたりしていると互いの波長が合っていく。ふと視線が合っては微笑み，そのちょっと楽しげな雰囲気に魅かれた他の子がやってきて，数人での「まねっここっこ」となった。

　第三は，〈**トータル・コミュニケーションの活用**〉である。大人同士のかかわり合いでは言語的なやりとりが主であるが，特に子どもとのかかわり合いでは"ことば"のみによらないさまざまな非言語的表現によるやりとりを大切にする。表情，姿勢，まなざし，身ぶり，声のトーン，動きなどの情報を総動員して，子どもからのメッセージを読みとり，また返していく。ここでのF実との出会いでも，いきなり対面して話しかけると，それはF実にとって脅威を感じさせ，よりこころの扉を固く閉ざしてしまうかもしれなかった。臨床者は，同じ姿勢をとってたたずむことで，今のF実のあり方を感じ，認め，「あなたのところにズカズカと侵入しないよ，でもあなたと今の気持ちを共有したいと思っているよ」というメッセージを伝えていくのである。そして，体をつかったやりとりが発展し，無理のないコミュニケーションが成立していったのである。

　子どもとの出会いの状況における臨床者の基本姿勢を中心に発達臨床法の基本的な考え方を述べてきた。さらに重視すべき点として，その子どもが好んで行っている「遊び」への関与がある。「遊び」は子どもにとって成長・発達の源であるとともに，子どものこころの世界を共有することができる大切なコミュニケーションの機会である。さまざまな遊び—ごっこ遊びなどの想像の世界，描画や造形遊びなどの表現，ゲームなどのルールを介した活動も，子どもと臨床者とが共有しうるコミュニケーションの大切な媒体なのである。ごっこ遊びでお母さん役になる子どもの様子に，その子と母親の実際の関係や願望が浮き彫りになったり，夢中になって描く絵の中に，子どものこころの世界が映し出されたりすることは想像がつくだろう。ヒーローごっ

こや鬼ごっこなどでは，人間本来の支配欲を満たしたり，攻撃性を発散させたりする一方で，適度な緊張感のある人間関係や弱い立場の人の感情体験などを擬似的に経験していく。臨床者は，そのような遊びを通して子どものあり様を感じとり，理解し，さらに豊かな成長の源となるよう関係体験を整えていくことを心がけていくことが大切である。

2　発達臨床の技法

発達臨床の方法には，表3－4のようなものがある。それぞれの臨床技法は，臨床心理学を基盤とした各々の人格形成や発達についての理論と，文化的・歴史的背景をもち，時代のニーズとともに発展してきている。これらの方法は，発達臨床の課題や目的とするところによって，異なった特色を発揮するが，実際は，相互に組み合わせて用いられることも多い。

以下，治療的アプローチ，教育的アプローチ，人間関係的アプローチの3つの枠組みを設けて，発達臨床の技法について総括的に述べていく。

❶　治療的アプローチ

育つ過程で，著しく子どもの主体性が阻まれたり，発達に不利な生活状況があるとき，子どもの情緒発達は阻害され，不適応や著しい不安を引き起こすことがある。また，身体・感覚的な機能に制限があったり，知的な発達の遅れや偏りをもつ子どもの場合は，周囲の人やものとの関係で本来の自発性や主体性を発揮しにくいこともある。これらの子どもたちの自己評価は低くなり，情緒が不安定になりやすく，自尊心ある自我が育ちにくく，時には二次的に神経症的な癖や行動がみられることがある。子どもの治療的アプローチで多く用いられるのは，子どもの主導的活動である遊びを媒介にした技法である。

「**遊戯療法（プレイセラピー）**」は，子どもの自発的・主体的な活動である"遊び"の意味を重視し，受容的・共感的な臨床者との関係を通して，子どものこころを解放し，子どものこころのエネルギーを高め，自己成長を促すのに有効な方法である。子どもの気持ちやこころの世界の表現を理解し，かかわり合うことで，子ども自身が自分のあり方への洞察を深め，自信をもって生きることを可能にしていくのである。

子どもの砂遊びを原点とする「箱庭療法」や，描画や音楽などを表現媒体とする「芸術療法」なども，自己の内的世界をさまざまな形で自由に表現し，臨床者とともに味わい，交流することで，情緒の安定や自己の成長を促すことに役立つ。参考までに，遊戯療法の過程で，さまざまな表現によりこころの世界を臨床者にかいま見せ，交流していった事例を紹介する。

表3－4　主な発達臨床の方法

- 遊戯療法
- 箱庭療法
- 表現療法・描画療法
- 行動療法・認知行動療法
- 集団心理療法・心理劇・関係状況療法
- 家族療法

遊戯療法（プレイセラピー）：
❶遊戯療法における遊びの治療的機能として，弘中（2000）は以下の8つを挙げている。
①関係の絆
②認められ，大切にされる経験
③人間関係の投影の場
④カタルシス・代償行動による満足
⑤内的な感情や体験の表現
⑥心の作業の場・手段
⑦言語化・意識化以前の体験
⑧守りの場
このような治療的意義の一方で，遊びのもつエネルギーや遊びによる感情表出の激しさの危険性も認識されている。
❷遊戯療法における基本姿勢として，アクスラインは次の8原則を明らかにしている；
①よい治療関係（rapport）を成立させる
②あるがままの受容（acceptance）を行う
③許容的雰囲気（feeling of permissiveness）をつくる
④適切な情緒的反射（emotional reflexions）

> **事例3−7**　自分の中の硬さと折り合いをつけていく過程でのさまざまな表現
>
> 　人とのかかわりや感情表出に硬さがあり，集団場面では緊張が強く，また便秘に悩む幼児期をすごしたG介は，小学2年生になってプレイセラピーを始めることとなった。初めのころは，プレイルームにある遊具ひとつひとつをその用途や機能に従ってまじめに扱っていくような遊び方が印象的であった。数か月たった回で，偶然みつけたカラフルな粘土を「懐かしい匂いだね」「なんか気持ちいい……」と惹かれ，しだいにその感覚にこころ解きほぐされるようにして，自分のイメージを表現する始まりとなった粘土細工が［作品1］である。大小のいもむしが家族になり，丸みとやわらかさのある岩で囲まれた巣で暮らしているようすを表現している。なんとユーモラスで温かみのある『いもむしの家族』であろうか。これをきっかけに"自分のしたい感じ"を確かめるようにして遊ぶことが増え，生き生きとしたようすで，乗り物のコースを多様に構成したり，キャッチボールなど人との生のやりとりの手ごたえを感じるような遊びを展開していった。
>
> 　『いもむしの家族』から約1年後に造った箱庭作品が［作品2］であるが，川で分かたれた2つの領域が橋でつながっている。硬い部分も生き生きとした柔らかな部分も自分であり，両方の自分が守られつつ，つながっている全体であろうとするG介のあり方を感じ取ることができる。
>
> 作品1 　　　　作品2 

⑤子どもに自信と責任をもたせる
⑥非指示的態度をとり，治療者は子どもの後に従う。
⑦治療はゆっくり進む過程であるから，じっくり待つ。
⑧必要な制限（limitation）を与える。

❷　教育的アプローチ

　発達に不利な条件をもつ子どもたちにとっては，発達課題に即して，主体的な生活を送るのに必要となる具体的な技能や知識，概念思考や認知処理を身につけていくことを目的とした学習促進的なアプローチも大切である。興味・関心をさそう教具を工夫し，スモールステップで課題を設定し，課題達成感が保たれるように展開していくことが必要である。場に応じた適切な行動の学習を進めるアプローチとしては，「行動療法」のさまざまな技法の活用や，ロールプレイングやワークブックなどを用いた「SST（ソーシャルスキルトレーニング）」などが役立つ。

❸　人間関係的アプローチ

　日常的に受動的あるいは一方的な関係のもち方が主で，子どもと周囲の人の関係が固定化しがちな状況が多いとき，新しく関係をつくっていく体験や，柔軟に役割をとりあう体験を通して，子どもが主体的な関係の担い手として育ち，状況全体がよりよい方向に変化していくことを目的としたアプローチが有効である。

行動療法：学習理論に基づいて，正しい行動を学習することで問題を解決しようとするアプローチ。子どもの日常生活において応用される技法としては，トークンを用いたポイント・システム，タイムアウト法，モデリングなどがある。

SST（ソーシャルスキルトレーニング）：社会的な場面での人間関係において，よりスムーズにふるまえるようになることを目的とした，集団療法。望ましい行動の気づき，モデリングやロールプレイ，肯定的フィードバック等によって進められる。

関係状況療法：基本理念を＜人は関係的存在＞であり，常に成長している＜現実的存在＞であるとする関係学に基づく臨床法。臨床的課題を，自己（子ども）と人（親，家族，他の子ども，臨床者，集団など）ともの（遊具，課題，空間など）とがかかわり合う状況においてとらえる。そして，関係が発展していくプロセス自体の意味について考察を深めながら，「問題」を引き起こしている関係や「問題」に見えている状況が変容していく可能性を探していくものである。

集団内の相互作用や力動性など集団の人間関係の効用を活かしたものが「集団心理療法」，家族全体を視野に入れ，家族関係や相互についての理解を深め，変化をもたらしていくアプローチが「家族療法」である。これらは，親子遊びのグループ活動や子どもの集団遊び，家族参観や家族面談などの場面で活用するなど，考え方や技法をさまざまに役立てることができる。

集団心理療法のひとつである「心理劇（サイコドラマ）」に基盤をもつ「関係状況療法」は，子どもが人やものとかかわり合う関係自体に焦点を当てて，その関係が発展していくような状況設定を行い，さまざまな関係体験を積み重ねていこうとする方法である。それらの体験を通して，自分らしくふるまえるようになる，人と楽しくすごせるようになる，人間関係についての共感的理解が深まるなどの変容を期待することができる。その一技法として，描画を媒介とした「行為描画法」がある。（第7章事例研究1を参照）

3　発達臨床の実際 ―関係状況療法的アプローチの実践例から―

実際の発達臨床の実践は，臨床者（人）との関係を基盤に，子どもの自己との関係，人との関係，ものとの関係のどれにも焦点を当てながら展開していく。ここでは，遊戯療法の過程で「関係状況療法」的アプローチを行った実践例を紹介する。先に事例3-7で紹介したG介との発達臨床場面を記述することで，発達臨床の実際の様相を描き出してみたい。

事例3-8　きっちり詰まったこころの世界が動き始める

「幼児期には"閉じてしまった"印象を抱いた時期もあった」と母親が語る小学2年生のG介は，今後の対人関係面を気遣う母親に連れられて教育相談室を訪れ，プレイセラピーを始めることとなった。初めてプレイルームで遊ぶG介のようすは，砂場で器やダンプカーの荷台にきっちり砂を詰めるなど，独特の"硬さ"が印象的だった。

プレイセラピーの場に慣れてきたように思われた数回目のこと，小さい頃から車が好きなG介は，砂場に敷き詰めるようにたくさんの工事車両を置いていった。そして「工事の車の渋滞」と言って，あちらこちらをちょっとずつ動かしたり，合間に小さい車を走らせたりする。臨床者は，傍らで実況中継のように「ただいま工事の車が渋滞しております」「少しずつ動きましょう」「小さい車は間を通れますね」など控えめなアナウンスを行いながら見ている。すると，G介は時折「これはこっちに運ぶの」「これ幅が広いから通れないの」などと教えてくれ，それをまた共有するように臨床者はアナウンスする。

また次の回には，G介は，大中小のダンプカーの荷台に砂や石を積んでいく。臨床者はそのようすに応じて，「こちらは重そうな石をたくさん運んでいます。すごいですねえ」などアナウンスしていると，G介は「我輩はすごいんだぞー」とダンプカーの台詞を言ってみたり，「他にも，ぼくはすごいんだぞーとか，俺はすごいんだぞーっていう言い方もあるよ」と話しながら荷積みをしていく。そして，臨床者も関心をもって「"我輩"って言うのはどのダンプカーかなあ？」と問いかけながら，どのダンプカーがどの台詞かを決めていく。それに応じて臨床者は「やあ，あなたは本当に力持ちですねえ」などインタビューを交え，いっしょに大中小それぞれの個性を楽しみながら，車遊びが続いていった。

G介の独特の"硬さ"は，人とのかかわりにおいても，親和的だけれども丁寧で，そこに緊張感がにじんで感じられた。そして，自分自身で興味をもって遊び始めているものの，器にきっちり詰めるなど，その"物"の性質に規定されているような遊び方や，車が敷き詰められたようすは，G介のこころの有り様そのままであるように感じられ，何か「自分のしたい感じ」はあるものの，感情がうまく流れ出せず，つながっていきにくい感じがうかがえた。そこで臨床者は，すぐにG介の世界に踏み込まず，G介のペースを大事にしながら，関心をもって観る位置をとり，「実況中継のアナウンス」を行っている。これは，全体状況の中で起きていることを叙述することで，それが意味あるものとして感じられていくように，また二人の間の共有を促すかかわりである。そして，遊びの場面が意味をもつ具体的なものとなっていくことで，「自分のしようとしていること」が浮かび上がってくるのである。G介にとっては，徐々に大中小のダンプカーの個性など自分自身のイメージの表出が促され，それが共有されていくことで「おもしろい」と思える体験がなされていったと考えられる。そのような体験から，「自分のしたい感じ」が明らかに感じられ，意識することとなり，次に「自分のしたい感じ」を確かめるような遊びへと発展していったと考えることができる。

> **事例3-9** 流れがつながっていく「運び屋さん」遊び
>
> G介がプレイセラピーを開始して数ヶ月，その間にスクーターボードや三輪車など乗り物に乗って活動的に遊ぶようになったり，粘土遊び（事例3-7参照）で自分のイメージを表現するようすが増えてくる。乗り物遊びでは，G介は荷台をひもでつなげた三輪車を乗り回して，「もう1周する」「今度はこっち」など今自分のしたいことを確かめているような遊びが続いていた。臨床者とは，三輪車に乗る人と前につけたひもを引っ張る人の役割を交代しながら遊んでいたが，そこで，臨床者がぬいぐるみのお客さんを設定すると，快く荷台に乗せてくれる。そして，行き先をいっしょに考え，家から学校へ連れて行くこととなったため，臨床者はプレイルームの中に家コーナーと学校コーナーを設けて場面化する。すると，G介は「運び屋さん」になって，何人かのぬいぐるみを学校へ送ってくれる。さらに学校に到着したぬいぐるみ達に対して，臨床者が学校生活の流れを思い浮かべながら「子ども達が忘れちゃったお弁当を届けてくれますか？」に運んでくれ，他に何か運ぶものはないか……と考えて，G介のアイデアで学校で使うボールや玉入れセットを届けたりする。ぬいぐるみ達が家に帰ると，今度は臨床者の注文に応じてふとんを届けてくれるなど，みんなの必要とするものを次々と楽しそうに運んでいった。

一つ一つ自分のしたいことが明らかになってきたG介にとって，自分がしたくてしていることの一つ一つは人といっしょに生き生きと楽しめるものの，それはまだ単発的であった。乗り物遊びをする中で，臨床者が「お客さんを運ぶ」という場面化をすることで，より具体的なイメージがふくらみ，さらにプレイルームという空間に「家」と「学校」というような複数の場を設定することで，その中でG介が動くのに伴って場面の節目や文脈が生ま

れ，自ずと「運び屋さん」というG介自身の意味ある役割が位置づいていく。そして，主導的にストーリーを創りながら，柔軟にふるまうことが促され，場面に応じた役割がとれるようになっていく。そのようにして，全体状況の中に自分が位置づいていることの気づきや手ごたえが得られていき，つなげていくことの楽しさが体験されていくと考えられる。また，学校生活や家庭生活といった身近な生活縮図的な場面設定は，G介にとっては，自分の生活世界のイメージを思い起こしやすく，ふるまいやすいと言えるだろう。そしてまた，ごっこ遊びという凝縮された場面において，「全体状況や流れの中の自分」という自己の視座が定まる体験をすることで，日常生活においても自己の視座を定めて，落ち着いて，自分がしたいことや自分にとって大切なことを選んですごせるようになるのではないだろうか。

このように，かかわり合いの過程を通して，子どもは内的世界を表出していき，自分らしくふるまえるようになったり，自分を捉え直す契機を得，自己理解を深めることが促される。また，子ども自身のイメージや人間関係体験が映し出され，人といっしょに確認したり，リハーサルしたりすることもある。そして，臨床者とともに情緒的体験を共有しながら，具体的・現実的な人間関係の発展の体験として積み重ねていくという意味があると考えられる。

臨床者は，子どものこころの世界の動きに添いながら，支えながら，ともに働きかけ合いながら，自我の成長に役立てていくことを心がけることが大切である。また，子どもの表現や行為の意味の読みとりには慎重さが必要である。無理に結びつけたり，決め付けてしまうと，子どもとのコミュニケーションがずれていってしまったり，子どもの気持ちを傷つけてしまう危険もある。そのときどきに感じられたものを大切にしながら，全体的な子どもの様子や，日常生活や子どもの置かれている状況の情報と照らし合わせ，その意味を吟味していく。そのようにして受けとめられたことをもとに，臨床者も素直に感じられたことを何らかの形で返しながら，やりとりしていくことが重要である。

発達臨床法は，「かかわり合い・育ち合いの技法」を工夫することでより発達促進的に働いていく。そこには，決して展開や変化を急がず，操作的にならないように気をつけながら，子どもの側のイメージやこころの動きだけでなく，臨床者の側のイメージやこころの動きも賦活化させて，いっしょに創り合っていく過程が流れているのである。

4 「子ども虐待」へのアプローチ

1 子どもの「虐待」とは

「児童虐待」という言葉は,「child abuse and neglect」の邦訳であるが,今日ではより広義に「大人の子どもに対する不適切なかかわり =child maltreatment」として捉えられるようになってきている。1989（平成元）年に国連総会で採択された「子どもの権利条約」では,子どもは未熟な大人でも大人の付属物でもない一個の人格であると認められ,ひとりの人間としてよりよく生きる（ウェル・ビーイング：well being）権利を有するとされた。つまり,子どもの虐待とは,そのような「子ども（18歳未満）の人権を侵害し,その人格と心身を傷つけ,健やかな成長・発達を損なう行為」と定義することができる。

具体的な行為としては,表3-5のように4つのタイプに整理される。身体的な傷や成長への影響のみならず,ことばによる暴力や暴力的な場面を見せることなど,子どもの心の傷となるような行為も含まれていることに注目したい。

次に,図3-1は,1990（平成2）年から報告されている児童相談所が取り扱った虐待相談件数の推移である。件数の増加については,2000（平成12）年の児童虐待防止法制定と社会的認知の高まりとともに,地域で掘り起こされ表面化しやすくなったため急増した面もあるが,子どもの虐待自体が社会として着実に増えているとの見方もなされている。

> child abuse：abuse とは「ab=誤った」「use=使用」からなる。Neglect とは「怠慢・無視」の意。また,maltreatment とは「mal=不適切な」「treatment=扱い」からなる。
>
> 子どもの権利条約：日本では1994（平成6）年に批准されている。

表3-5 子どもの虐待 - 4つのタイプ -

❶ 身体的虐待
身体に傷を負わせたり,生命に危険が及ぶような行為。殴る,蹴る,叩く,投げ落とす,首を絞める,たばこの火を押し付ける,熱湯をかける,布団蒸しや逆さ吊りにする,溺れさせる,冬に戸外に閉め出すなど。乳幼児の場合は,激しく体を揺さぶるなども含む。

❷ 性的虐待
子どもに対する性的行為。性交や性的暴行,性行為の強要・教唆,性的いたずらなど。性器や性交を見せる,ポルノグラフィの被写体などへの強要等も含む。

❸ ネグレクト
子どもの健康・安全を守るための養育の放棄,保護の怠慢。衣食住の世話をせずに放置する,必要な医療を受けさせない,閉じ込める,学校等に行かせない,子どもを遺棄・置き去りにするなど。また,保護者以外の同居人による虐待行為を放置することも含む。

❹ 心理的虐待
心理的外傷を与えるような暴言・差別行為。暴力的なことばを浴びせる,脅かしや貶め,罵倒,拒絶的な態度,他のきょうだいと差別するなど,くり返し子どもの心を傷つける。子どもの前でドメスティックバイオレンスが行われている場合も含む。

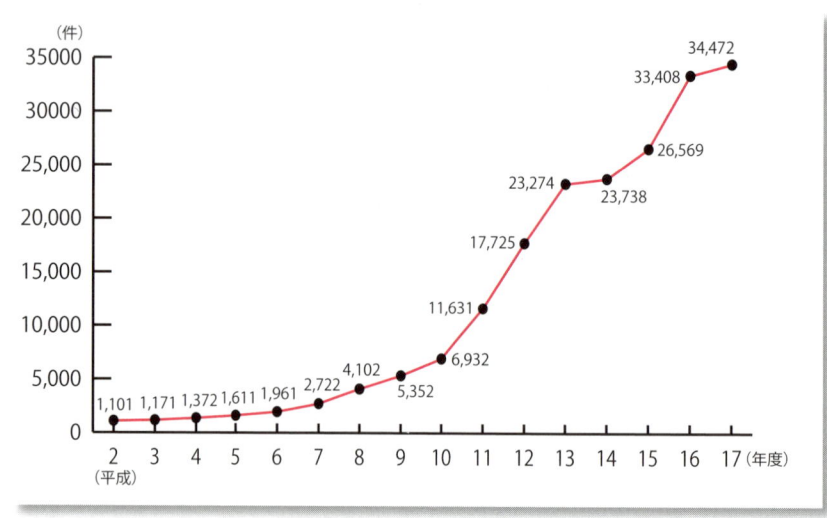

図3-1
虐待に対する相談件数の推移

(件) グラフデータ：
- 2(平成): 1,101
- 3: 1,171
- 4: 1,372
- 5: 1,611
- 6: 1,961
- 7: 2,722
- 8: 4,102
- 9: 5,352
- 10: 6,932
- 11: 11,631
- 12: 17,725
- 13: 23,274
- 14: 23,738
- 15: 26,569
- 16: 33,408
- 17: 34,472

子どもの虐待は，どの時代どの文化にもその社会の弱点を映し出すように存在してきた。かつて社会の貧困ゆえに起きていた「間引き」や人身売買などの現象に代わって，現代は経済的・文化的に満たされているものの，社会の病理あるいは家族の病理としての虐待が発生しているのであり，社会全体の深刻な問題として考えていくことが重要である。

2　虐待に対する取り組みと児童虐待防止法

我が国では，近年の児童相談所における虐待相談件数の急増や，虐待によって生命の危機や心身に重大な被害を受ける子どもが後を絶たないことなどから，2000（平成12）年に新たに「児童虐待防止法」（「児童虐待の防止等に関する法律」）が制定された。また，子どもの虐待に関連の深いものとして，2004（平成16）年「児童福祉法」の改正や2001（平成13）年「DV（ドメスティックバイオレンス）防止法」（「配偶者からの暴力の防止及び被害者の保護に関する法律」）の制定もなされている。

児童虐待防止法は，保護者（子どもを監護する者）による児童虐待を定義づけただけでなく，「何人も，児童に対し，虐待をしてはならない」とすべての虐待を禁止するものである。さらに，虐待は子どもの「人権を著しく侵害」し，「将来の世代の育成にも懸念を及ぼす」ものであるとの視点が明記されており，早期発見・対応のみならず，発生予防から虐待を受けた子どもの自立にいたるまでの切れ目のない支援を多様に行っていくことの必要性が叫ばれている。

以下に，児童虐待防止法に定められたポイントを挙げる。
① 国及び地方公共団体の責務が定められている。各自治体では，法的に位置づけられた「要保護児童対策地域協議会」等の虐待防止ネットワークが設置されるようになり，その役割が期待されている。
② 通告義務と通告した人に関する守秘。特に，学校の教職員，児童福祉施設の職員（保育士等），医師，保健師，民生・児童委員などは，児童虐待を発見しやすい立場にあることを自覚し，早期発見に努めることが

児童虐待防止法：2004（平成16）年に改正がなされている。
第1条に目的を掲げ，第2条に定義がなされ，第3条で虐待が法的に禁止されている。
第4条では，国及び地方公共団体は，児童虐待の予防及び早期発見，児童の保護及び自立の支援，ならびに保護者に対する親子の再統合の促進への配慮その他の適切な指導及び支援を行うため，必要な体制の整備に努めなければならない，としている。
第5条に＜児童虐待の早期発見＞，第6条・第7条に＜通告義務＞に関する定めがある。
2008（平成20）年に向けた改正の動きとして，①第8条にある安全確認（児童相談所は必要に応じて近隣住民や学校等の関係者の協力を得つつ，子どもと面接等によって安全の確認を行う）を48時間以内に行うものと義務化する，②第9条にある立ち入り調査について，これまでは保護者が拒否するとそれ以上の調査が難しく，結果として取り返しのつかない事

求められる。また，誰が通告したかは知られないようになっている。
③　子どもの安全確認が優先される。児童相談所は介入・保護の役割と指導・治療の役割のバランスが難しい面があるが，保護者との関係性への配慮から判断が鈍ることなく，子どもの安全を重視して動いていく。
④　都道府県知事，児童相談所の権限として，虐待のおそれがある家庭への立ち入り調査，警察への援助要請，子どもが保護された場合の保護者に対する面会・通信制限等が認められている。

以上のような法的根拠に基づく取り組みについては，子どもの虐待の発見から援助までの流れのモデルを図示した（図3-2）。具体例と照らし合わせながら参考にしてほしい。

態となることもあったため，知事による保護者への出頭要請やそれに繰り返し応じない場合に強制立ち入り調査を可能とする，③第12条にある児童保護の観点からの保護者に対する面会・通信制限を，罰則つきのものとする，という方向での法的権限の強化が考えられている。

図3-2
子ども虐待発見から援助までの流れ

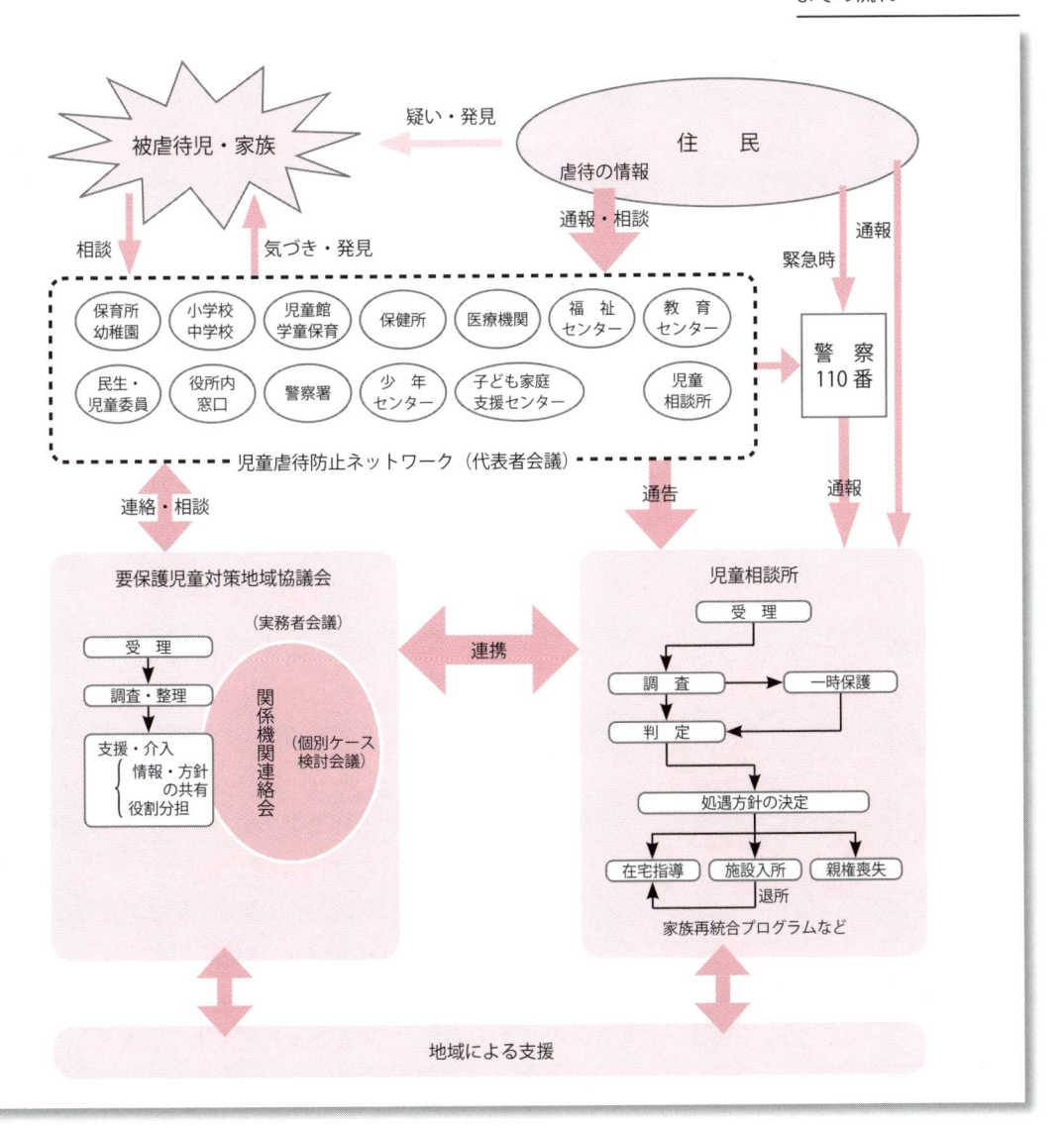

> **事例3-8　虐待の発見から子どもの保護へ**
>
> アパート暮らしのＨ家には，小学１年生のＩ子と小学３年生のＪ士の兄妹がいたが，子ども家庭支援センターには，夜間に大人の怒鳴り声や子どもの激しい泣き声がするという近隣住民からの通告が数回入っていた。また，児童委員は近隣の心配する声を気にかけており，学校に赴くと，学校でも，Ｉ子の話から暴力を受けているらしいこと，しかし親は「教育のため」と主張していること，またＪ士は隠そうとするようすや日ごろのきつい表情や乱暴な言動がみられることなどを心配していたため，子ども家庭支援センターに相談することを勧めた。虐待防止ネットワークのコーディネーターである子ども家庭支援センターは，児童相談所へ通告するとともに関係機関連絡会を設け，どのように見守っていくかの役割分担を組み立てていった。
>
> 子どもたちのようすに細心の注意を払う中で，学校の身体測定でＩ子の背中に大きな痣が発見され，児童相談所は子どもの保護（親子分離）の必要性を判断し，その場で一時保護の措置をとった。そして，親子関係の改善を目指しての積極的アプローチが開始された。

このように，児童相談所は一時保護や施設入所などの必要な措置を講じながら，関係機関と協力して親子関係や家庭環境の改善に当たる。子どもを保護した場合も，その後に家族の再統合という非常に細やかな配慮とエネルギーのいる仕事が控えており，さらなる援助ネットワークの力の発揮が望まれる。

援助ネットワークとしては，公的機関だけでなく，医療機関や民間団体による取り組みも活発化してきている。大阪の「児童虐待防止協会」や東京の「子どもの虐待防止センター」を初めとして各地で設立された機関が，信頼できる連携機関としてネットワークに加わっている地域もある。

また，啓発活動として，厚生労働省は，平成16年度より11月を**児童虐待防止推進月間**と位置づけて呼びかけを行っている。

児童虐待防止推進月間：
（ポスター）

③　虐待の実態

実際の虐待相談の内容を見てみよう（図3-3）。「身体的虐待」は最もわかりやすく，学校の健診等で発見されることもある。病院を受診する場合には事故を理由にすることもあり，通常の事故で起きうるかという視点をもつことが必要である。「ネグレクト」は当事者の意識が低く，判断が難しい面がある。「心理的虐待」は約17％であるが，占める割合は年々増加傾向となっている。「性的虐待」は表に出にくい分，深刻化している可能性が高い。虐待者の割合は（図3-4），実母が最も多く，主たる養育者である母親の苦悩が透けて見えるとも言えよう。実父と実父以外の父からの虐待は約3割であり，身体的虐待や性的虐待の中に非常に過酷な

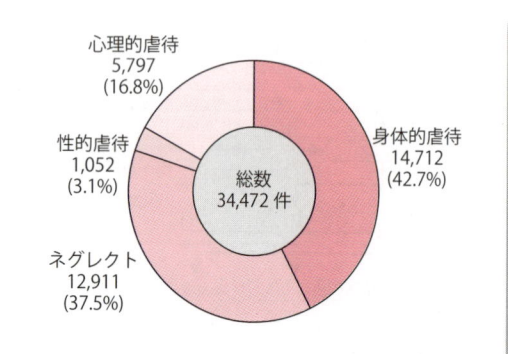

図3-3
虐待の内容別件数（平成17年度）

（厚生労働省）

総数　34,472件
- 身体的虐待　14,712（42.7％）
- ネグレクト　12,911（37.5％）
- 性的虐待　1,052（3.1％）
- 心理的虐待　5,797（16.8％）

ものが含まれている。虐待相談に挙がった子どもの年齢（図3-5）は小学生（37%）と3歳～就学前の幼児（25%）が多いが、一方で死亡事例の約4割は0歳児である。また、子どもの保護先である児童養護施設では、新規入所児童の約6割が虐待経験をもつという現状が報告されている。乳児院や情緒障害児短期治療施設においても、虐待を受けた子どもの割合は多くなっている。

では、このような子どもの虐待を生じさせる要因や背景にはどのようなものがあるのだろうか。子どもの側にも虐待を受けやすい要因があると考えられているが、それは決定因ではなく、子どもの特徴と親の特性との相互関係の中で虐待という現象が生じると考えられる。

子どもの側のハイリスク因子については、表にまとめられている（表3-6）。母親が子どもに何らかの「育てにくさ」を感じることが、ひとつのキーとなっていることに気づかれただろう。「手のかかる子」の育児に疲れ、感情が爆発することもあるだろう。未熟児や多胎児、障害のある子どもを出産した母親は、出生直後から治療のために分離される場合もあり、子どもとの相互関係の機会が物理的に絶たれてしまったり、出生時の子どもの外観へのショック、子どもや家族に対して抱きやすい罪悪感や自分への失望などから、子どもへの愛情をもちにくいというケースもある。そのような場合、子どもとの出会いの初期には「今はかわいいと思えなくてもいい」と受け入れる支援があるだけで救いになる面もあろう。また、子どもが育っていく過程で育てにくさを感じる場合もある。発達の偏りからくる疎通性の乏しさや激しいかんしゃくに、「かわいいと思えない」「わざと自分を困らせている」「求めてこないので放っておく」という気持ちが「不適切な養育」に発展する可能性があるだろう。さらに、周囲からの「育て方が悪いから」「愛情不足」といった誤解に追い詰められることもある。

もう一方の、虐待を生じやすい親の側の特性については、虐待発生を促進させる**危険因子**という視点

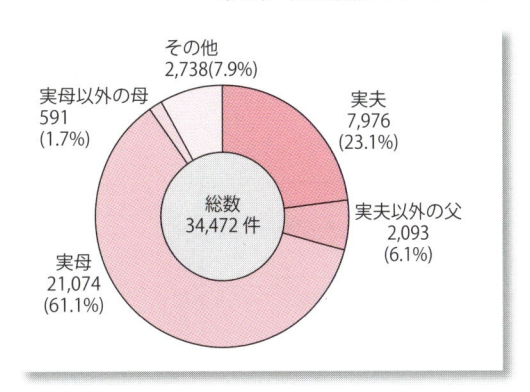

図3-4
主たる虐待者（平成17年度）

（厚生労働省）

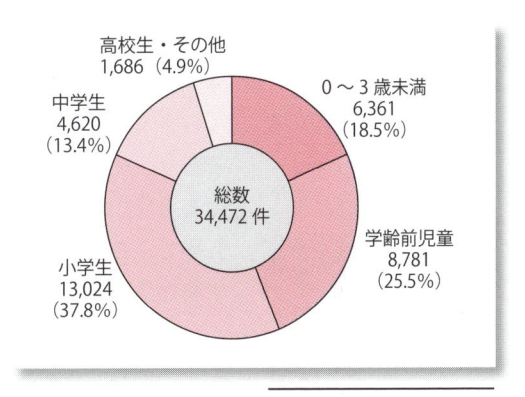

総数 34,472件
- その他 2,738(7.9%)
- 実母以外の母 591(1.7%)
- 実母 21,074(61.1%)
- 実夫 7,976(23.1%)
- 実夫以外の父 2,093(6.1%)

図3-5
虐待相談の年齢構成（平成17年度）

（厚生労働省）

総数 34,472件
- 高校生・その他 1,686(4.9%)
- 中学生 4,620(13.4%)
- 小学生 13,024(37.8%)
- 学齢前児童 8,781(25.5%)
- 0～3歳未満 6,361(18.5%)

表3-6
子どもの側のハイリスク因子

（坂井聖二「被虐待児症候群の診断とケア」『児童虐待〔危機介入編〕』斎藤学編　金剛出版所収より）

1. 未熟児あるいは低出生体重児。多胎児。
2. 育てにくい、手のかかる子（体重増加不良、夜泣き、離乳食が進まない、すぐ風邪をひく、反抗、多動）。
3. 発育・発達の遅れ。病気がちで体の弱い子。重度の疾患、障害児よりも、むしろ軽度の障害児あるいはborderline IQなどの児に多い傾向にある。

で整理することができる（表3-7）。これらを参考にすると，親子の状況のリスクの高さを把握することができよう。必要に応じて，あるいは予防的にあたたかな支援の手を伸ばしていきたい。

表3-7
親の側の虐待発生を促進する因子

（広岡智子「心の目で見る子ども虐待」より一部修正）

	「個人」レベル	「家族」レベル	「環境」レベル	「社会」レベル
危険因子	・知的能力が低い 知識不足 ・社会的未成熟 ・精神疾患をもつ ・虐待を受けた経験をもつ ・自己評価が低い ・対人関係が下手	・夫婦関係の不安定さ ・DV, アルコール依存や薬物依存の問題 ・ひとり親 ・経済的貧困 ・計画的でない妊娠	・失業している ・孤立がち, 社会的サポートを得にくい ・子ども時代のいじめられ体験	・体罰を容認する文化 ・子どもを親の所有物とみなす文化 ・経済不況

子どもを虐待から守るための5か条：
①「おかしい」と感じたら迷わず連絡（通告）
②「しつけのつもり…」は言い訳（子どもの立場で判断）
③ひとりで抱え込まない（あなたにできることから即実行）
④親の立場より子どもの立場（子どもの命が最優先）
⑤虐待はあなたの周りでも起こりうる（特別なものではない）

児童虐待の実態：過酷な虐待の実際については，以下のドキュメントに詳しい。ささやななえ（原作：椎名篤子）子ども虐待ドキュメンタリー『凍りついた瞳』『続 凍りついた瞳―被虐待児からの手紙―』 YOU漫画文庫 集英社

また，虐待を受けて育った親が，成長後に自分の子どもを虐待するようになるという現象を「**世代間伝達**」と呼ぶ説がある。調査報告からは，虐待現象が再生産される割合は30％前後とされているが，それが「世代間伝達」を実証する数値であるかは断定できない。しかし，子どもの頃に虐待を受けて育った者あるいは機能不全の家族の中で育った者が多く存在するのは事実であり，そのメカニズムについて理解しておくことが家族支援の際に役立つであろう。

さて，このように虐待を受けてきた子どもの心身の育ちには，どのような影響があるのだろうか。西澤（2004）は次のように整理している。

① 身体的および知的発達への影響……不適切な養育環境による成長不良。中枢神経の発達不良や適切な刺激の不足による知的な発達の遅れ。

② PTSD（心的外傷後ストレス障害）……虐待体験を思い出したくないのに思い出す侵入性の症状，体験の想起を避ける，記憶が曖昧になるなどの回避・麻痺性の症状，ささいな刺激への過剰反応，睡眠障害などの過覚醒症状に分けられる。

③ 対人関係上の問題……大人なら誰でもべたべたする（幼少期），誰とも親密な人間関係が形成できない（思春期以降），虐待者である親にしがみつくなどの愛着の問題。養育する大人に対して挑発的で，気持ちを逆なでするような言動が多く，相手は苛立ちを感じやすいという虐待的人間関係パターンが繰り返される。

④ 感情や感覚の調整障害……ささいなきっかけで怒りなどの激しい感情を抱き，行動で表現し（パニック状態），自己コントロールができない。自傷行為がみられることもある。

⑤ 自己および他者イメージの問題……親が自分を虐待したのは「自分が悪い子だから」と理解し，「悪い自己」というイメージが固

定化する。「世の中は危険である」「人は信頼できない」というように基本的信頼感が十分に形成されない。

⑥ 逸脱行動……乳児期には睡眠，食，排泄の問題，凍りつき反応など。小学生では家出や徘徊，万引きなども出現。年齢が上がるにつれ暴力性は顕著になり，思春期以降は反社会的問題が目立つようになる。性的虐待を受けた子どもの場合，幼少期に性器いじり，小学生で強い性的関心や性的言動，思春期以降は自傷行為や薬物依存，売春行為などが見られることがある。

⑦ 人格の歪み……見捨てられ不安が強く，対人関係が極端に不安定であり，不適切で激しい怒りを調整できないなどの特徴をもつ人格障害の状態に至る場合がある。

　以上のように，被虐待という体験は子どもの育ちにさまざまな否定的な影響をもたらすのであり，適切な保護やケアを提供することは，子ども一人一人を救うのみならず，本当に安心感のもてる，育ち合える社会全体のためにも重要であると言えよう。

4　「子ども虐待」への心理的援助

❶　虐待に気づいたとき，おかしいなと思ったら

　まず，虐待のサインを見逃さないようにすることが大切である。被害者である子どもは，「自分が悪い子だから」と思いやすく，自ら訴えてくることは少ない。子どもの心と体，行動に表れる SOS を受けとめ，子どもの立場で判断していくことが大切である。それと同時に，虐待している（虐待に悩む）親を否定したり批判したりせずに，その大変さを理解していこうとするような，親からの SOS をも受けとめる姿勢が，親子への援助を届かせる基盤になる。そして，はっきりと虐待とわからなくても，虐待の悲劇から親子を守るためには，関係機関に情報を提供し，協力を求め，自分だけで解決しようとしないことである。通告の際には，「事実」と「憶測」とを分けて整理して伝えることが重要なポイントである。最終的には，子どもだけでなく家族全体を視野に置いた支援を考えていくのであり，それぞれの立場にある人々が，そこで自分には何ができるかを考え，役割を担えるとよいだろう。

2　虐待のアセスメントと対応・介入

虐待のケースの重症度・緊急度を判断し，介入のレベルを考えていく。

【最重度】　頭部や腹部の外傷，窒息の可能性や極度の衰弱など生命が危ぶまれる状態。⇨即座の危機介入が必要不可欠である。

【重　度】　医療を必要とする外傷や精神症状，明らかなわいせつ行為，全く世話をされていないなど，子どもの健康や成長・発達に重大な影響がある状態。➡子どもの安全保護を優先して危機介入を図る。

【中　度】　入院を要するほどの外傷や栄養障害はないが，人格形成に問題を残すことが危惧される状態。➡在宅援助の形で継続的に専門機関がかかわり，親子への心理教育的援助，具体的な子育てサポート，環境整備を進める。

【軽　度】　実際に子どもへの暴力や養育に対する拒否感があり，虐待している親や周囲の者が虐待と感じているが，衝動のコントロールができ，かつ親子関係に重篤な病理がみられない。➡予防的な初期介入を開始し，子育て不安へのサポート，子育ての学習，福祉サービスの利用，子育てネットワークの形成などの地域援助を進める。

また，虐待行為そのものだけでなく，前述したような親の側，子どもの側の危険因子が捉えられる場合は，ハイリスク家庭として対応することが重要である。

3　親への支援

現代社会は「子育てをしにくい社会」であると言われるとおり，母親たちは窮屈な思いで，あるいは窮屈さに気づかずに，日々孤軍奮闘している者も多い。さらに親自身の生きづらさを抱えながらの育児の中で，子どもへの虐待のリスクを不本意にも負う場合も，たった一人でも共感と支持をしてくれる人の存在があれば，虐待現象をくい止めることもできよう。そのような共感者との出会いの一つとして，「子どもの虐待ホットライン」などの電話相談がある。また，母親同士が「子育て不安」や「育児困難」「虐待」など共通する悩みを抱えて集うグループ援助として，自助グループや，援助専門家がファシリテーター（進行促進役）を担うグループミーティングやサイコドラマグループなどが，地域の保健福祉センターや民間の相談機関で行われるようになっている。このような場は，共感と理解を示してくれる仲間と援助者に出会うことができ，秘密が守られ，否定も非難もされずに率直に語れる経験を通して，前向きに生きていく方向性が感じられるようになる，支えを得て少し新しい生き方を試みるようになるなどの意味をもつ活動である。虐

待への危機介入として親子分離がなされた場合も，家族の再統合をめざすプログラムとして家族療法や親同士や家族単位で参加するグループプログラムが試みられている。その他，虐待傾向をもつ親は，非難されることへの警戒や不安から自主的に援助を求めることは少ないため，家庭訪問などの方法で援助者が赴くアプローチも必要とされている。

保育所や学校等での親支援という視点からできることとしては，子育て上の大変さや悩みなど否定的感情の聞き役となり思いを共有すること，親としてやれていることや子どもの成長に焦点を当て，肯定的側面を引き出すこと，批判的にならないようにしながら子育てに関する具体的助言を行っていくことなどが考えられる。

4 子どもへの支援

虐待を受けた子どもの治療および援助に関しては，身体的なケア，安全で整った生活環境とともに心理的なケアが重要である。個別的な心理的援助としては，心理的評価に基づいて，プレイセラピーやカウンセリングが行われている。被虐待体験によるトラウマに焦点を当てたポストトラウマティック・プレイセラピーという特徴的な手法もあり，実践研究が積み重ねられている。虐待を受けた子どもは相手を試すさまざまな行動を繰り返しながら信頼関係を築き，プレイの中で，激しい怒りの表現や虐待の体験の再現とそれを臨床者が理解してとり扱っていくプロセスがみられ，退行的プレイによって子どもがエネルギーを得ながら辿っていくという特徴が報告されている（西澤，2001）。

保育所や学校等での子どもとのかかわりの配慮としては，まず心地よい生活環境を整え，身体的ケアを十分にする，温かく接するなどのごく当たり前のことが大切である。子どもの安心感を育て，自分も大切な一人の存在であり，「自分も生きていていいんだ」という感覚を育てていくのである。虐待の事実について根掘り葉掘り聞かないことは言うまでもないが，子どもからの話にはゆっくり耳を傾け，「よく話してくれたね」「つらかったね」「がんばったのね」と血の通った受け答えをしていきたい。遊びや言動に表現されている感情を受けとめ，時には子どもの気持ちを代弁してあげることもできるだろう。また，集団内のさまざまなかかわり合いの中では，子どもの自己評価を高め，自尊心を育てていくことを念頭におき，配慮を考えていけるとよいだろう。

（岩城）

第4章　関係を育む発達支援

3人で競争

1　幼稚園・保育所における発達課題

1　自己の育ち　－関係的存在としての経験

　人間は誕生のそのときから自己と人と物とのかかわりを絶え間なく経験して育っていく「関係的存在」である。「泣く乳児（自己）を母（人）が抱き乳（もの）を与える」という状況は，自己と人と物との関係が展開しており，「泣きへの人の応動の変化」，「乳の飲み方・与え方・抱き方の多様性」，「乳児と乳を与える人との関係の安定・充実」，「何回もいろいろな場所で体験されること」などの経験をとおして，「自己構造化」がなされ発達が促される。（松村，1979）

　自己と人と物との関係での発達のみちすじについて武藤（1997）は，ブラゼルトンの新生児の，人を見つめるときのサイクルがなだらかなカーブを描くのに対し，物を見つめるときのサイクルは鋭角的に繰り返されるという見つめる行動の違いに着目し，次のようにいう。「乳児が，『人』との関係においては人（特に親）と動作，微笑み，声など複合的なサインを相互に交わしながら同調し，共鳴しあいながらかかわっているのに対し，物との関係においては，物の持つ固有の性質や法則性を感受し，それに即してかかわって

関係的存在：関係学の創始者松村康平は「人間は関係的存在である。人間は自己と人と物とかかわり存在している。」とし，その自己と人と物との三者関係状況（接在共存状況）を図式化した。

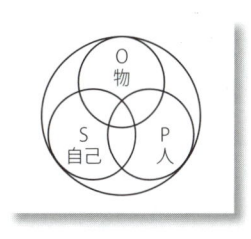

図4－1
自己・人・物の三者関係からなる接在共存状況

前頁☞**自己構造化**：人間の発達は「接在共存状況」の志向的発展過程である。その過程における自己の発達は「接在共存状況」が自己において構造化していく過程である。（松村，1979）

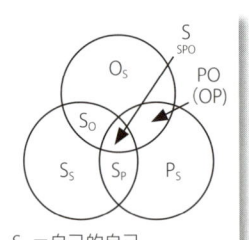

S_S ＝自己的自己
S_P ＝自己的人
P_S ＝人的自己
S_O ＝自己的物
O_S ＝物的自己
S_{SPO} ＝自己における自己・人・物の接在共存状況
PO または OP ＝自己における人的物または物的人

図4－2
自己構造

前頁☞**見つめる行動の違い**：乳児期の外界を「見つめる－そらす」行動のサイクルの違いが明らかにされた（ブラゼルトン，1983）。

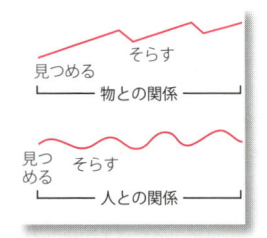

図4－3
注視の型

いるからではないかと考えられている」。これらの人と物の関係体験の違いは、「自己との関係における自我・自律性の発達や運動の発達、物との関係における認知・操作性の発達、人との関係における情緒・社会性の発達のみちすじへと導かれる」。

自己との関係での乳幼児期の自我・自律性の発達課題は、① 関係的存在としての出発、② 他者との関係における自我・自己の体験、③ 他者の心に気づき共有可能であることを知る自己の体験、④ 他者と心を読み合う体験を通しての自律性の形成、⑤ 自己有能感の形成へと進む。運動の発達課題は、① 首が座り、② 手足をばたつかせ物に手を出しつかみ、③ 物を目の前で探り口で確かめ、④ 足のばたつかせが大きくなり寝返り、⑤ お座り、⑥ はいはい、⑦ つかまり立ち、⑧ つかまり移動、⑨ 歩行の完成、⑩ 走る、⑪ 片足立ち、⑫ 片足とび、⑬ スキップへと進む。

人の全体的発達も、自己の発達も人との関係の構築を基盤としてより促進される。乳児は、親に抱かれ乳を飲み、親を見つめ－見つめられ、微笑み－微笑み返され、気持ちが響き合い繋がり合う体験を重ねていく。自分が声をかけると同じように声を返してくれる、働きかけると応答がかえってくる。そのようなコミュニケーションをしてくれる人に子どもは惹きつけられ、やりとりを繰り返し、気持ちを交わし合い、相手の気持ちを読み合うようになる。発達の基盤としてこの人との関係の体験は欠かすことができないものである。

幼稚園・保育所という家庭以外の集団で、初めての人や物（環境）との出会いにおいて、親に代わる保育者との絆が結ばれること（愛着関係・信頼関係が築かれること）、自己肯定感を得ることは重要である。

- ●保育者との絆の形成のために
  - 新しく経験する世界を安心できるものに
  - 気持ちを受容し、自発性、活動性がわき上がるように
  - 気持ちの動きをとらえ支え寄り添えるように（喜び・驚き・不思議・悲しみを共有）
  - 興味関心に寄り添い共感・共有の世界・遊びの世界を共に作れるように

- ●人や物との出会いと安らぎ－新しい場での自己安定のために
  - 乳児は周りの世界が馴染みのあるものか、未知のものかについて敏感である。
  - 初めての人や物には慎重に警戒し、知っている世界には親密感や安らぎを感じている。
  - 初めての保育者への緊張は、侵入的でない優しさのあるもの、抱かれる感覚や語りかけの声の調子で、和らぐ。
  - 馴染みのある物にも安らぎを得て徐々に乳児は安定して世界を広げていく。

親との関係で「関係的存在としての出発」をした乳児は，「**自分が境界を持つ単体である感覚**」と「**他者と共にある自己の体験**」をし，他者との関係の中で他者を知ることを介して自己の存在を知る。「他者の心に気づき，他者と感情・動機・意図を共有可能であること」を知り，他者との関係で自己安定感，自己肯定感，自尊心，自信を育てる。この互いに意図を読みあうようになる時期に，その意図が読めない状況におかれた時，状況の理解ができない時，すなわち，人との関係で意図を分かち合うことができない時，「不安」や「おそれ」の情緒が現れる。人との関係での安心感のある状況では情緒・気持ちの表現（自己表現）も自由になり，関係における自己確立も誘われ，周りの世界に関わる自発性や意欲，新しくふるまう創造性なども育つ。

「自分が境界を持つ単体である感覚」と「他者と共にある自己の体験」：D. スターンは著書「乳児の対人世界」(1985)で関係において外界の世界を取り入れ（新生自己感），自己が他者と共にある体験をし（中核自己感），他者と世界を共有可能であることに気づき（主観的自己感），言語の獲得により共にあることの新しい方法を得（言語自己感），対人関係の可能性を広げていくことを母子間の情緒交流に焦点を当てて説明した。

2　人間関係力が育つこと－共感と葛藤から

子どもの発達に合わせて人はかかわり方を変化させる。「かかわり方」を5類型に概念化し，発達によるかかわり方の変化が関係学により明らかにされている。（松村，1973）（図4－4）胎児期は内在的，乳児期は内接的，幼児期は接在的，児童期は外接的，青年期は外在的，成人期は接在共存的に存在し，どのかかわりも，時と場において自在に統合してふるまえるようになるとしている。

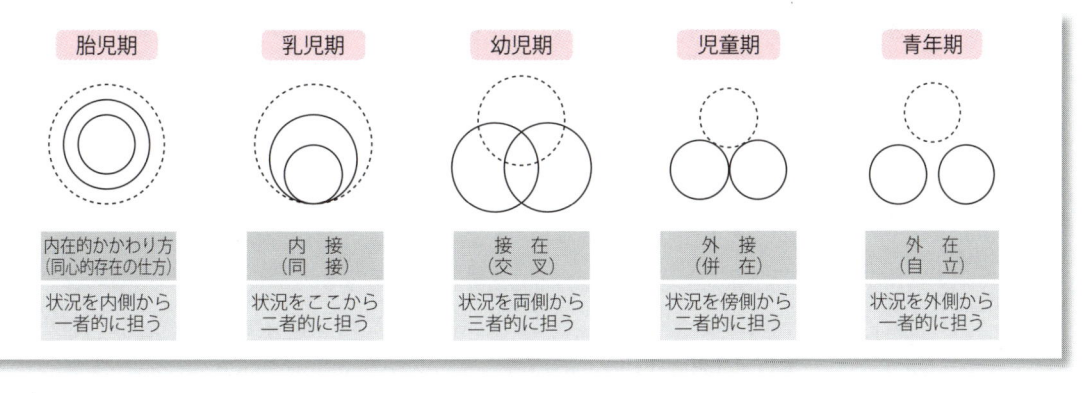

胎児期	乳児期	幼児期	児童期	青年期
内在的かかわり方（同心的存在の仕方）	内接（同接）	接在（交叉）	外接（併在）	外在（自立）
状況を内側から一者的に担う	状況をここから二者的に担う	状況を両側から三者的に担う	状況を傍側から二者的に担う	状況を外側から一者的に担う

図4－4
かかわりの5類型と発達

人との関係で社会性・情緒の発達課題は，① 母と子の絆の形成の出発，② 人と物の体験の違いから人の絆へ，③ よく知っている人と他の人に気づく，④ 特定の人との情緒的な絆の形成，人見知りへ，⑤ 人と物について意図・気持ちを共有できる，⑥ 人との関係で共感と葛藤を体験する－自己接在体験－へと進む。

乳児期には，子どもの気持ちに内接して，たとえば道を指さしただけで「ここで，パパとバイバイしたのね」などと子どもの気持ちを共有してきた親が，徐々にことばが理解できるようになると，親は危ないこと，我慢することなど注意する。「だめ」といわれたとき，親の表情をうかがい自分の気持ちと親の気持ちの間で，どうすべきか迷う葛藤の体験をする。共感体験を重ね，

前頁☞**内在・内接・接在・外接・外在**：関係的に成立する状況にどのようにかかわって関係状況を担っているかを示す原理。内在；包み込まれて変化する関係の仕方，内接；即して変化する関係の仕方，接在；相互にかかわることで独自性が生かされ変化する関係の仕方，外接；相互に独自にかかわってそれぞれに変化する関係の仕方，外在；それぞれが独自に全体状況にあって変化する関係の仕方。

ピアジェ：(1886-1980) 20世紀最高の発達心理学者。発生的認識学者。臨床法を用いて，第1期には子どもの思考様式を自己中心性とし「子どもにおける思考と言語」(1923)「子どもにおける世界観」(1926)，第2期には乳幼児期のわが子3人の縦断的観察研究から「知能の誕生」(1936)「実在の構成」(1937)「象徴の形成」(1946) を著し，感覚運動的知能を6段階に分け，その最終段階から象徴機能を担う表象的知能が誕生することを「シェマ」「同化」「調節」「均衡化」という概念で描き出した。論理数学的構造の発生を調べ，具体的操作期 (7〜11歳頃)，形式的操作期 (12〜15歳頃) とした。第3期の発生学的認識論序説以降, 1970年ころから「構造」から「機能」へ理論構成の力点が移った。

信頼関係が築けると，安心して相手の気持ちを試すかのように，相手の気持ちをうかがいいたずらをするようになる。「いけない」というとわざとふざけてするというように，特定の人との関係を試し始める。相手を困らせて相手がどうするか気持ちのやりとりを試すのである。幼児への移行期，自我の成長の著しい時期になると，親の意図に対立するかのように自分の主張をぶつけてくる。親が手を貸そうとすれば，「自分で」と主張し，自分の気持ちが大切にされたことがわかると自分も変わることができる。大人の主導性でものごとが進むことをいやがり，自分が主体になって世界が動いているかどうかを確かめているかのようである。この時期接在的かかわりが必要とされる。大人がきちんとしつけようとすると，禁止や叱責が多く，子どもの気持ちに対立し，外接的にかかわることになる。子どもの気持ちに近づいて内接し，その先で教えたいと思う方向を指し示す（外接）と結果として接在的かかわりができる。子どもたちは自分を尊重してくれて，他者の気持ちも気づかせてくれて，自ら納得できる接在的人間関係を求めている。

子ども同士の関係もまた生まれてくる。乳児期の子どもと保育者のやりとりを他の子どもがじっと見ていて，笑いかけたり，声を出したり，相手にふれようとしたり，やりとりしあうことを一緒に喜び合ったりする。友達や大人のしていることをよく観察して模倣をすることが多い。物への興味はしばしば取り合いになる。しかし，同じものが子どもの数だけ用意されていると，模倣が一緒の遊びとして喜びを共有できる関係に変わる。

その一方で，保育士の膝の取り合い，物の取り合いなど，子ども同士の気持ちのぶつかり合いも生じる。子ども同士の関係での葛藤体験である。自分の気持ちを相手に表現し，人の気持ちに気づき理解し，自己の気持ちや主張を調整していく経験を積む。こうした人間関係の接在的かかわり方という自己主張をしぶつかり合うことから気持ちをお互いに調整する経験は，大人の援助によって育てられる面が大きい。これこそ幼児期に欠かすことのできない人間関係の学びである。

3　物への興味関心が育つこと

子どもたちの興味関心から発展した様々な経験を通して，いうなれば子どもの自然発生的な概念形成はなされていくことになる。そのプロセスを，物に働きかけ，いじり，操作するという物との関係で多くの研究から明らかにされたが，それらも人との関係で促進されている。

物の操作・認知の乳幼児前期の発達課題を**ピアジェ**の研究を参考にまとめると，① 見ること感じること，② 両手が動き始め，周りの世界に働きかけ始める，③ 物へ手を伸ばしつかむ，④ 原因と結果を試みる，⑤ 場所の探索と物を調べ目的手段の関係を発見する，⑥ イメージ活動の発達へと進む。

同年代の子どもたちの集団では，大人には気がつきにくい子どもたちの間はつながりやすい共通のイメージに興味・関心を持ち育っている。保育者のしていること，友達のしていることに関心を持ち，何にでも好奇心旺盛である。周りの子どもたちが生き生きと遊んでいれば，おのずと引き込まれ遊びだし，遊び相手の上手な保育者の周りはいつも子どもたちがいっぱいになる。様々な生活，自然環境，遊具や教材と出会い，様々なイメージ，興味・関心をふくらませ，多様な遊びや生活の経験を積み重ねていく。子どもたちの遊び・イメージが広がり，深まる環境作りは重要なことである。

生活習慣の自立という物との関係や生活のルールを学ぶにも人間関係が影響する。大人対子どもの二者関係でしつけをしようとするとすれば，大人に頼る関係や大人がやらせる関係が成立しやすいが，集団では友達のしていることに惹かれ自発的に動き出すことが多くなる。このように，子どもの興味関心から自然発生的に概念化されたこと，表現されたことは，大人の働きかけを得て，豊かなことばの発達，思考の経験，知識の蓄積になる。

4 「自己・人・物」の三者関係の育ち－生活関係状況の構築

さて，ここまでは，乳幼児の生活におけるかかわり方の育ちについて，「自己」「人」「物」の軸にそれぞれ分けて述べられている。しかし，当然のこととして，子どもの育ちにおいて「自己」の世界，「人」の世界，「物」の世界がばらばらにたち現れるわけではない。一人一人の子どもが，誕生以来すでにそこにある「自己・人・物」の全体状況において，関係の担い手としてその総体にどのようにかかわりながら，主体的に自らの育ちを推し進めていくかという過程について，実証的に把握することが現代の発達研究の重要な課題である。ここでは，ある縦断的な発達研究を紹介して，それを考える手がかりとしたい。

図4－5は，ある乳児が3か月から12か月までの期間，母親とおもちゃで遊んでいるごく日常的な場面を定期的にビデオに収め，子どもの視線の動きの変化をその対象別に分析し，その結果をグラフに表したものである（瑞穂・武藤，1997）。

まず，3か月頃までは，物が介在する場面であっても，生得的に人への同調性が高い時期であるためか，「母の顔」をよく見つめている割合が高い。しかし，4，5か月をピー

図4－5
乳児の前言語期における「乳児・人・もの」の「三者関係」の形成過程

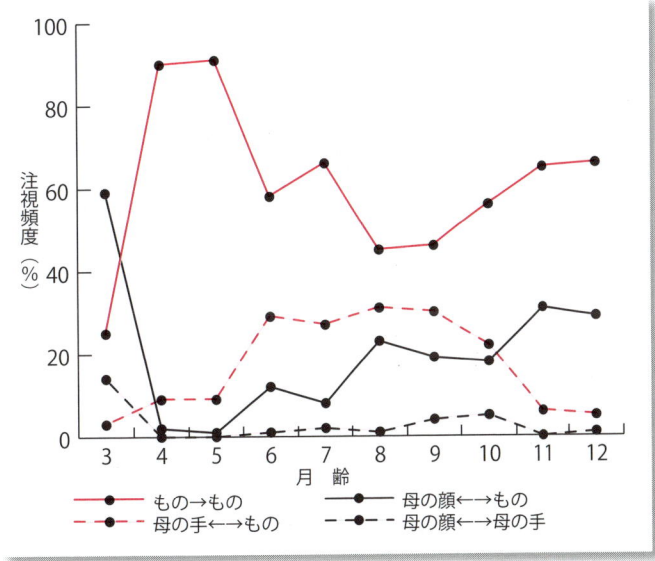

クに「物」に向けられた視線が急に活発化している。これは、乳児をとりまく多様な刺激に対して注意が引きつけられ、能動的に「見る」という行為が増大していることのあらわれであろう。その後、8,9か月あたりをピークに、「物」を扱う「母の手」やその時の「母の顔」など「人」に向けられた視線が増大していく。

特に注目してほしいのは、6か月頃より、乳児が母とおもちゃを介して遊んでいるときに向けられる「母の手」への注視の増大である。そして、その後およそ11か月頃より、その意図を推しはかるかのように、乳児の視線が「母の顔」へと頻繁に向けられていく変化である。これは、乳児が「好きな人」の反応を手がかりにしながら「物」の扱い方や、事象への知識や態度を確かなものにしていく過程（社会的参照）における典型的な三者関係状況として興味深い。

この研究の結果は、三者関係が育つ過程についていくつかの重要なことを示唆している。つまり、一つは、生活の場においては、「自己とのかかわり方の育ち」「人とのかかわり方の育ち」「ものとのかかわり方の育ち」の3つの、位相は、別々に発達したりするのではないが、そうかといって一様にあるいは等分に分化したりしていくのではないということである。研究からは、いずれかの位相が優勢になる時期が交替して、あるいは重なり合いながら、生活の中心的な行動様式が顕在化しつつ、「自己・人・物」の統合的な三者関係の形成が可能になっていくようすが実証的にあきらかにされている。

次には、ひとつの行動様式の現れには、前段階にそれを準備する萌芽があり、さらに他の位相の進行が、優勢な位相を支えることなども示されている。つまり、自分の「気持」を伝えたり、人の「意図」を推し量ろうとするような、自他の理解と呼ばれるような行動の源は、人と共にいて物を介して遊ぶような関係状況に支えられて出現する、また、物の操作などの認知の行動の源は、人と共にいてはじめて獲得されるということが理解できるのである。乳児期から幼児期にかけての子どもの自己の育ち、人関関係力の育ち、物への興味・関心の育ちの確かな育ちは、生活の中のごく日常的な子ども・保育者・生活具の三者関係状況が多様に展開することが重要である。次の項では集団における三者関係状況の展開について詳しく述べていく。

2　個と集団の関係を育む発達支援

1　響きあい，つながりあう関係

❶　共に育つ

　「集団とは，根源的な自己，人，物の接在共存状況を基盤として，人・人・人の三者関係の展開が可能な状況」（松村，1979）である。すなわち，自己・人・ものがかかわり合う状況を基盤として，自分だけの**一者関係**や，自分以外の他者との**二者関係**だけでなく，**三者関係**で生ずる関係の「間」にかかわることの可能な状況がつくられることが，集団のもつ奥深い意味なのである。たとえば，父と母が少し強い口調で口論を始めたとしよう。その場にいる子どもは乳児でさえも，ぐずり声を上げ嫌な雰囲気を「いや」と表現してかかわってくる。親は子どものぐずり声に気づかされ，「嫌だよね，パパとママがけんかしちゃ」と怒って声を荒げていた自分を振り返る。父と母の間に乳児がしっかりと第三者として「間」関係的にかかわって，対立状況を和らげる役割を取っている。

　個の発達も相互性・関係性において促進するが，集団も個との関係性によって変化発展する性質のものである。個と集団の関係は，「個が変われば集団も変わる，集団が変われが個人も変わる」という共に変化する関係である。幼稚園・保育園集団は，共に育つ関係，誰もが共にかかわり合い育ち合う集団となっていなければならない。

　集団においては，子どもも大人も共に育ち合うことができる。子どもたちが集団状況を共有して，自分自身（自己）や周りの人や物についての発見が成立し，互いに興味や関心を育て合い，学び合うことができる。さらに，子どもたちがかかわり合うことで共にのびるばかりでなく，保育者もまた子どもたちと共にいて，子どものものの見方・感じ方・考え方・ふるまい方から学び，自分自身のあり方を振り返り，子どもたちがさらに伸びるようなかかわり方をする責任を自らに課し，伸びていくことができる。このように「関係」を視野に入れて考えていくことにしよう。

❷　問題の成立のさせ方

　問題は**目立つものと目立たせるものとの関係**で問題として目立ってくるものである。例えば，活発で興味や関心が強く，いろいろなことに気づいて遊びを創り出す子どもが，おとなしく大人の指示を待って言われたとおりに動く子どもたちの集団の中にいると，興味関心の広がることが，指示を破って困ったこと捉えられるだろうが，みんなが活発でいろいろ関心を持って動く

一者関係・二者関係・三者関係：関係の原理。人間関係を類型的に把握する。一者関係は，人間関係を自己関係的に把握する型，二者関係は，人間関係を他者関係的に把握する型，三者関係は，人間関係を「間」関係的に把握する型。p.76 図 4-6 参照。

目立つものと目立たせるものとの関係：ゲシュタルト心理学の「図と地の関係」で明らかにされた関係である。図は地（背景）との関係で目立って見えたり背景に溶け込んで見えにくくなったりする。白地の紙に白いクレヨンで描いたウサギの絵は目立たないが，紙の色を緑にすれば草原を跳ねまわるウサギが目立って見えてくる。この目立つものと目立たせるものとの関係に対応して人間関係の事象をとらえていく。

子どもたちの間にいると，子どもはこんなものととらえられて問題になりにくい。かえっておとなしい子どもの方が問題に浮かび上がるものである。

また，「目が合わない」「身体が固い」「何か問題があるのではないか」などと疑いや不安を持って観察的な冷たい目で見ていると，子どもは視線に緊張してその視線を避けるし，身体が固くなる。子どものあり方を認めて，子どもと気持ちを通じ合わせて，子どもが安心できると，その人に興味を持ちじっと見，繋がり合おうとしてくるものである。つまり，保育者が自分のあり方との関係で子どもの問題が成立していないかどうかに気づき，子どもへのかかわり方を変えると問題をなくすことができる。

❸　肯定性の原理　－一人一人の輝きを育んで－

いろいろな子どものいることは，子どもたちは一人一人にそれぞれの気持ちがあり，したいことや，しようとしていることが異なっていて，その表現のしかたも異なり，それでこそそれぞれが輝かしい存在なのだということを保育者に気づかせてくれる。一般に集団活動では興味や関心が一致したり，集団の方向性に即して一緒に動けてしまう傾向があり，子ども一人一人に様々な思いがあることが見過ごされてしまうことも多い。

しかし，いろいろな子どもがいるからこそ，いろいろな子どもと共に響きあい，繋がり合うことを，保育者は模索する。それは互いに気持ちを共有できる世界を発見することの重要性に気づかせてくれる。子どもたちの活動の意味を認め，肯定的にとらえられるような暖かい保育者の視線が，子どもの中から育つエネルギーを沸(わ)き上がらせる。これはどの子どもへのかかわりとしても必要なことである。

子どもたちの関係においても必要なことである。「あの子，ダメな子なんだよ」と口にする子に「……ちゃん，お友達の良いところも見つけられるでしょ。いいところ……」というと「うん，みんなを笑わせたり，楽しませてくれる」といえる。「すごい，すごい良いこと気がついたね」と認められみんなで和らいだ雰囲気になることがある。

特別のニーズを持つ子どもAが物を落としている。保育者(L_2)が「ポトン」「ポトン」「ポートン」などと，子どものリズムに合わせて擬音で対応し，子どものしていることをはっきりさせいっしょに楽しんでいる。その様子に関心を持った他の子どもたちが同じように物を投げる喜びを味わいだすことがある。してはいけないと思っていたこと，遊びにならないと思っていたことが，「楽しそうだな」と感じられていく。「……先生のエプロンの中に投げて」(L_2)と投げる目標が設定されて，チームでいる先生（L_1）が即座にエプロンを広げる。L_2は，物を投げる子どもたちのそばでAの投げる活動に寄り添いながら，子どもたちの活動の位置や方向を配慮したり，危険な物を投げ

肯定性の原理：人間の存在のしかたを，状況において今ここで活動している（かかわっている）あり方として，肯定的にとらえる原理。受容（受け入れる，受け継ぐ），容授（受け止める，受け流す）受授（受けこたえる）などがある。人と人とがつながる基盤となる。人間関係発展の技法としては「互いの良いところを言い合う」などがある。

てしまわないかなど目配りしている。子どもたちには、ひとしきり許されないと思っていたことを楽しめる経験ができる、開放された時間・空間が作られるのである。物を投げることを禁止することだけにとらわれていると、他の子どもたちがしてはいけないことに引きづられていくように感じられて活動自体が制限される。このように『共に楽しむことのできる大切な遊び』に変えていくこともできるのである。「Aちゃんの遊びおもしろいね」と人としてその存在を認めていく経験が積み重ねられていけばいい関係が創られていくだろう。

人との関係を満足して遊んだ子どもたちは、むやみに物を投げてはいけないというルールを、このような経験で崩しはしない。

2　三者関係的かかわり

❶　子どもたちとの関係で

子どもと保育者と友達の**三者関係**はダイナミックな関係の力動性を生む。集団においては、子どもたちの興味や関心は相互に働きかけ合い大きな遊び盛り上がる可能性がある。なぜだろうか。その集団の性質を関係の通路、一者関係、二者関係、三者関係で考えてみよう。

一者関係とはひとりで自己関係的に思いのままに動けるあり方である（図4－6Ⓐ）。二者でありながら一者関係的に動くとは、強い力にもう一方が取り込まれるような関係である（図4－6Ⓑ）。例えば大人の方向性に素直な子どもが自己主張できずに引きずられていくような関係である。二者関係とは、二者のそれぞれが自己主張して対立関係がめだつようになる外接的二者関係とか（図4－6Ⓓ）、一者関係的に強い力に取り込まれる、一方が他者に即して動くようなことになりやすい（図4－6Ⓑ）。例えば、大人が二者関係でなにか子どもに教え込もうとすると、「やだ」と子どもは大人の力には反発することがある。二者関係には関係の勾配に配慮してなされるかかわり方もある。関係的に弱い立場に寄り添い支える内接的二者関係である（図4－5Ⓒ）。三者関係とは、三者相互の関係に加えて、二者の間に第三者がかかわる通路が生まれる（図4－6Ⓔ）。「間」関係にかかわる（→）ことで、直接的な勾配関係や圧力が緩和され、自由や自発性が生まれる傾向に特色がある。

集団とはこの「三者関係性」の特質を備えている。大人の指導の方向性は、子どもたちという集団で受け止めると、何人かの子どもたちの自発的な興味となって生まれ変わることがある。その結果、友達の動きが手本として仲間に興味を持たれるという力動性が働く。二者関係では「添うか」「逃げるか」の緊張関係になりやすいが、集団は、人間関係としては緊張関係を和らげる基本的な三者関係が展開していく可能性をはらんでいる。二者関係を避ける

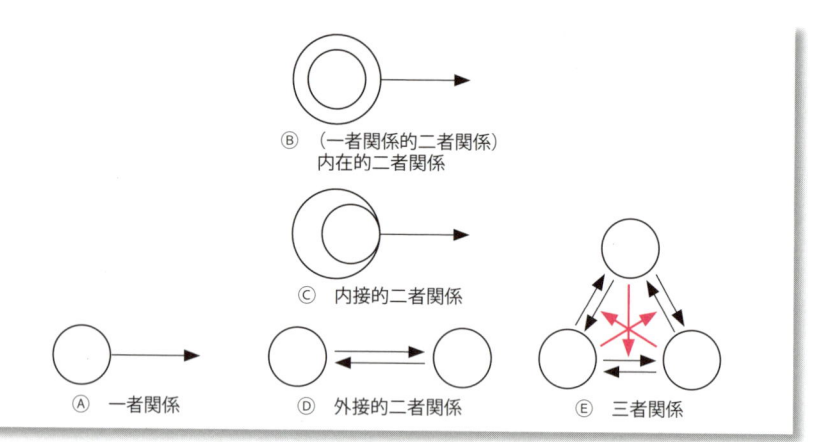

図4−6
関係の通路と方向

Ⓑ （一者関係的二者関係）
内在的二者関係

Ⓒ 内接的二者関係

Ⓐ 一者関係　　Ⓓ 外接的二者関係　　Ⓔ 三者関係

傾向のある対人関係に課題のある子どもには，こうした集団の力動が活かされることがある。

　人関係の育ちに課題があって，自分が受け入れられていないときの雰囲気は敏感に感じて，物を投げる，床に頭を打ち付ける，奇声を発するなどして，人間関係での不安の気持ちを表して抵抗する子どもがいる。大人との関係で注意されるなど外接的なかかわりにはパニックを起こしやすいが，友達の注意はともにいる仲間からのもので，自発性を促され注意を受け入れられることがある。

❷　大人たちとの関係で

　人関係に敏感な子どもとのかかわりで，禁止が必要なとき，三者関係的かかわりが子どもの気持ちの変化を自発的に誘うことがある。散歩の途中で駐車中のバイクに子どもが関心を持ってさわり，動かしたくなるときなど，「これ，おじさんのバイクね，すてきだね。ピカピカ光ってるのね。」「あちこち触らない方がいい，おじさんが『困ります困ります』って」と空想のおじさんを第三者にして，第三者の気持ちやおじさんの大事な物であるという事実を知らせると，今ここで，対する人が止めているのではないので，対人関係を崩さずに聞くことができ，子どもは納得できる。大人の都合や大人の権威的なかかわりで子どもを説き伏せようとすると，関係に敏感な子どもは，「やだ」と対峙するものである。

　同様に対人関係の敏感な子どもが探索活動をしていてトイレの芳香剤を持ってくる。ここで禁止をしてしまうと，ようやく人間関係が繋がり始めたのが切れてしまうと推測される子どもに「あら，いいもの見つけたね。園長先生に『何ですか』って，聞いてみよう」と子どもの気持ちに近づいてその行為を認め，敢えて，先で外接関係をつくっても支えられる基盤があるように内接関係をつくり第三者の園長と出会う。「子どもは『何ですか』ときく。園長は「見つけてくれてありがとう」と子どもの行為を認めながら「これは

遊べないものです」とはっきりと禁止を伝える。子どもは「ありがとう，ありがとう」と呟いている。自分が認められた貴重な体験を深く味わっているかのようである。

対人関係に敏感な子どもにこうした三者関係は有効である。つまり，子どもの気持ちを認める（内接的）役割と子どもの気持ちに相対する大人の気持ちが（外接的）第三者によって伝えられ，内接的な関係に支えられながら困りながらも自分を変化させていく，（自己接在的）体験，自己コントロールをするのである。

❸ いろいろな友達との関係

子どもたちは保育者のかかわり方を見て要助児へのかかわり方を学んでいく。子どもたちを尊重する雰囲気が流れていると，自然と子どもたちにもそうしたかかわりが生まれてくる。

事例4-1 保育所で，保育者をモデルにしてかかわり方を学んでいく

役割を付与したり，ことばかけを「『お箸持ってくるから待っててね』と言ってね」と具体的に指示したりするとその役割を一生懸命とり役割がとれることを嬉しく思いながらいる様子が見え，次第にかかわり方を学んでいく。そして自発的に細やかな気遣いをして「パンだよ」「良く咬むんだよ」「（スープ）熱いよ，熱いよ」などかかわっている。

事例4-2 保育所で，他児とのかかわりですぐ手や足が出てしまうのは？

ルールを理解できないで動く要助児に対して，怒って喧嘩が始まることがある。「どうしたの」と聞くと
Y（要助児）「僕がここだったんだ」 と場所取りの争いである。
C（友達） 「Yはコップを配ってから来なくちゃいけないけど配ってないでここにきた」 だから自分に場所取りの権利があるという。
T（保育者）「Yちゃん，コップを並べてから並ぶのね」 と諭す。
Th（チームで動いている巡回指導員）
　　　　　「Yはコップおいてくるの間違えちゃったんだよ」と言うと
こどもたち　「Yはいつも間違えるんだ」と口々に言う。
　　　　　Yは泣いている。
Th 「Yは一生懸命しているから，間違えたときやさしく教えてあげようね」
　　「間違えるけど，一生懸命しているから我慢してあげられるかしら？」
　　と聞くと考えている。
　　「ちょっと考えていてね」と言い，
　　Yに頬を触って，「ここ，痛かったのね，悔しかったね」と言うと
Y 「うん」と頷く。
Th 「どちらもつかみ合いしちゃったから，仲良くできるように『ゴメンね』
　　しようか」と言うとすかさずC「ゴメンね」と頭を下げる。
　　Yも頭を下げて「ゴメンね」というと頭と頭がこっつんこ。
　　「あら，こっつんこしちゃった」というと大笑いで和解する。

ここでは「共に理解し合うこと」を体験できるように4段階の配慮をしている。① 双方の言い分をしっかり聞く。② 一生懸命するけど間違える。一生懸命していることを認められるかどうかについて考えられるように導く。③ 双方の悔しい気持ち，悲しい気持ちを認める。④ どちらのいけない部分についてもその子なりに気づきお互いに謝る。

3 集団と個の関係

❶ 集団と個の相即的発展

集団と個の関係がともにめざされる方向とは，集団における個々の存在のしかた，かかわり方が，集団活動の発展にダイナミックに活かされ，集団全体もそこに参加する一人一人も共に育つ状況をつくることにある。集団の育つことは個々の育つことであり，個々の育つことは集団の育つことになるような集団状況づくり，これを**集団と個の相即的発展**という。集団において，個性的な特色のある子どもたち一人一人がその個性を活かされ存在が輝き，育ち合っていく，集団全体もそうした個々の子どもたちのかかわりによって発展する。以下，集団と個の相即的発展を考えていく時に必要な要件について「関係学」により理論化されたものを，❶から❺まで詳しく述べていく。

「集団と個の関係の発展のためには，(a) みんないっしょにという共通領域を明確化すること（一般共通性），(b) それぞれの存在のしかたが尊重され活かされること（個別差異性），(c) 共通の興味関心から響きあいつながりあう関係の領域活動がつくられること（典型類似性），(d) 通路（関係）が明確にされてそれぞれが交流しあうこと（交差性），(e)「差異を関係的に生かし，共通領域を明確にし」ながら，新しい状況をつくりそれぞれを発展的に位置づけること（統合性），(f) 誰もが状況発展への役割を連担し集団活動を進めること（社会性）が，同時的，関連的，段階的に展開され集団活動が進められていく。」（吉川，1979）

❷ ティーム・ティーチング

集団という状況を意識し，集団に一人一人の子どもがいることを活かしていく，つまり，一人一人の子どもも保育者も，集団全体も，どれもが伸びるようなかかわりとは，どのような保育者のふるまい方から生まれるのであろうか。ふるまい方の視点を，**内容性機能，関係性機能，方向性機能**（松村，1976）の三つに分けて考えてみよう。

第一に「内容性機能とは，一人一人の子どもの自発的な活動や要求を集団の中で実現していき内からの動きを集団として盛り上げようとする動きである。」たとえば，紙を切り刻んでいる子どもがいる場合。ただ切り刻んで終わりになってしまうこともあろうが，保育者がままごと遊びのご飯に見立て，

集団と個の相即的発展：相即性とは「目立つもの」と「目立たせているもの」との関係性を明確にすることで，集団と個は関係性において個が育てば集団も育ち，集団が育てば個も育つ関係にあることをいう。

内容性機能・関係性機能・方向性機能：集団を指導者チームで展開する時の集団の機能について，リーダーチーム理論として明らかにされている。（松村，1976）

一緒に内容づくりをすれば、切る活動ももっと発展して、ラーメンのように細長く切る、おかずらしく形を作るなど、ままごとも切る活動もどちらも盛り上がっていくであろう。

第二に「関係性機能とは、人との関係、コーナー（子どもの自発的活動から発展してきた活動が子どもたちの間に共通の領域をもちながら発展してその結果、数人からなる共通領域が創られる。それをコーナー活動という）活動との関係、場面との関係、集団全体の方向性との関係など、様々な「関係」に気づき、それらの関係が伸びるようにかかわる動き方である。」繋がりを持ってどちらもがのびていくような動き方で、それらの関係はどちらか一方が他方を引き込んだり、支配するような関係ではなく、どちらもが主体的な活動を持ってかかわることで、どちらもが活かされた新しい活動がつくられるような関係となることが望ましい。たとえば、一生懸命砂場で穴を掘りダム造りをしている子どもたちの傍らでじっと見ている子がいる場合、そのままになっていればいつも見ていることが多い子というレッテルが貼られやすいがダム造りを見て、それをカメラで写している子どもの活動がつくりあげられれば、カメラマンを意識して張り切ってダム造りをする子どもたちの活動として相互に関連を持ちながら発展することになろう。

第三に、方向性機能とは、すすむべき方向をはっきりさせる動き方である。「内から発展してきた集団の活動に対し、外からの枠組みとなるようなものとの出会い（おかえりの時間が迫る、急に天候が変わるなどや、ねらいを実現するために指導者が活動を提案するなど）のときに必要になる集団全体の方向を明らかにする動き方である。また、コーナー活動とコーナー活動との関連を明らかにして、どちらのコーナー活動も生きるような全体集団の方向性を明らかにする動き方である。」たとえば、どんなに子どもの内からの遊びが発展していたとしても、帰りの時刻が迫っている場合には活動の終わりへ向けての方向が示されなければ、帰りの時刻の決まりを破っていくことになる。また、遊びと遊びがつながりながらのびていく新しい活動の方向性が示されることがなければ、それぞれの遊びがバラバラに切れたままの活動で終わることになる。つまり、個々の子どもの内から育て上げられた活動も、集団全体も、どれもがのびる方向を洞察し、それを指示することも必要である。

この三つの機能のどれもが欠けることがないように複数の指導者がチームで動くことができれば、個と集団の関係を活かした指導がしやすくなる。3名の保育者でチームを組む場合は、L_1 は方向性と関係性、L_2 は内容性と関係性、L_3 は関係性と内容性というように役割を分

図4-7
リーダー・チーム

（松村　1976）

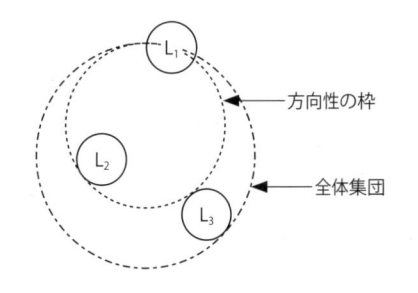

方向性との関係では、L_1 が接在、L_2 が内接、L_3 が外接的かかわりをとりあいながら集団全体を盛りあげる。

化し，状況の発展に即してチームワークをとって動く。保育者が一人の場合であっても，これらの機能を意識していれば保育場面の変化をとらえてそこに必要な機能をとることができよう。つまり，一人で方向性，関係性，内容性のどの機能も欠けることがないように動けるまでは保育者として成長できることが望ましい。保育者が一人の場合には，場面を設定してその場面が物としてあり続けることで，その場面が方向性を支えるとか，内容が深まるような機能を示すとか，関係をつなぐものになるとか，「物」が集団の機能を支えることもできる。また，子どもが保育者に代わって自発的に役割をとることもあれば，保育者に自発的にとりやすいように配慮された役割付与をされることによって，保育者に代わって必要な機能をとることもできる。このように，自発的な子どもの動きや，物（場面設定）が，場面を発展させる支えとなれるのである。（図4－7）

3 心理劇的アプローチと場面構成

> **具体例1　音楽リズムの状況におけるリーダーチームと役割関係**
>
> 　L₁は「みんな寝てしまいました。」＜監督＞と方向性を出す。L₂は「さあ，ねんね」と，L₁の方向性を明確にし子どもの動きを誘いく演者的方向性と子どもの補助自我の内容促進＞，床に頬を着けて寝転がる子ども＜演者＞のそばでいっしょに横たわり静かな曲を聴いている。
> 　「あれ？何か聞こえてきたかな？……その音かな？」と呟く補助自我，内容促進 L₂的役割＞と，その動きをとらえて，監督・L₁は音楽リズムの状況を変化させ全体を包む状況操作をする。＜L₁は全体の関係を捉えて包み込む方向性を提示＞ジングルベルのピアノの音が徐々に大きく聞こえてくる。床が共有されるベッドになる＜舞台＞。まわりにいた子どもたちもその状況に引きつけられ一緒に寝たり＜演者＞関心を持って見ていたりが起こり＜観客＞，集団全体が盛り上がる。まわりで見ている子どもたちは，観客でいても「きっと，サンタクロースが来たんだよ」と子どもたちの気持ちは膨らんでいく。L₂は観客的な子どものそばによって「あなた達もベッドに中でサンタさんをを待つ？」など声をかけることができる。＜観客的な子どもとのL₁との関係展開，内容促進＞
> 　演者的にいる子どもたちもまわりの子どもたちの参加してくる様子や観客の声を聞いて一体になって集団全体が盛り上がっていく。演者や観客のどちらもが特別のニーズを持った子どもであったとしてもありうる状況である。

心理劇の役割理論の５つの役割，演者・補助自我・監督・観客・舞台について，**役演性**が発揮されて，役割が相互に影響しあいながら生き生きととれていることが，そして**場面構成**（場面設定，場面操作）（土屋，1994）がどの子も位置付くように展開されていることが，集団活動を発展させる。

心理劇：モレノにより創始されたサイコドラマは集団精神療法の一つに位置づけられている。アクション，役割（演者・補助自我・監督・観客・舞台）を活用し，「今・ここで」人間関係を改善し，治療的要因をも含んでいる理論と技法を示した。日本では松村により「関係学」の理論に基づき発展し，人間関係から自己・人・物関係をとらえ，関係の発展を志向することへ向かっている。

役演性（playfullness）：遊び心いっぱいの役割演技で，役割が相互に影響しあいながら生き生きととれていること

場面構成：人がふるまう状況・舞台がどのようになっているかが場面構成である。心理劇では，場面展開法（場面が展開し気づきが促されるようにする）；場面限定法・場面拡散法・場面分断法・共通場面設定法・場面統合法），場面転換法（時間や現実に規定されない自由な空間を設定する）；関係操作・役割操作・時間操作・場面操作などがある。（土屋，1994）

> **● 具体例2　さるかに合戦の劇の状況でのリーダーチームと役割関係**
>
> 　子どもたちは猿，蟹，栗，臼，蜂などの役を取っている。全体の劇の流れはL_1により進められていく〈方向性提示〉。登場人物は椅子に座っているように指示されるが，臼役の子どもは部屋の隅に片づけてある積み木を取ろうと脇に逸れるので，L_2が子どものそばで「臼さん，どうしたいの」と聞くと「お餅を食べるんだ」と答え，積み木を頭に乗せ元に戻す。L_2が「臼はお餅を食べて強くなっています」と全体に位置づける〈臼役の子どもの内容促進と方向性・全体との関係展開〉と，外れた子どもとして目立たない。臼の役を子どもなりに一生懸命取っていることが認められ，全体に伝わる。猿が蟹に投げた青い柿に興味をそそられて動く（物への関心で動く）子どもは，その柿を取り好き勝手に投げてしまう。「まあ，柿がこんなところまで飛んできた」と集団に位置づければ全体としてまとまって意味のある活動になる〈子どもの内容促進と全体との関係展開〉。ひょろひょろと舞台に飛び出ても「蜂さんが……」と即興的に演技を子どもに重ね蜂の飛び交うようにいっしょに踊り〈子どもの補助自我的内容促進〉，その踊りが映える音楽，その状況を包むピアノ音楽がL_3〈内容促進・関係展開〉の即興性によって流されれば，今，ここで，新しく創られる劇の場面になっていく。子どもが今ここの状況で関心を持ち動いていることを尊重してどのような全体を構成していくかは指導者の側に求められる創造性である。
>
> 　集団から外れた子，できない子，変わった子どもととらえられるのではなく，集団に意味のある活動としてどのように位置づけていくかは，指導者の心理劇的な即興性，役演性，場面構成性のある創造性に支えられている。
>
> C_1：積木で遊び出す子
> C_2：もの（青い柿）にひかれて遊び出すものへの関心の強い子
> C_3：ふらふら舞台へ飛び出す子
> D：方向性の枠
> 　計画されていた方向性D（さるかに合戦のストーリーの流れ）が，D_1，D_2，D_3をも統合して，新しい場面がつくられていく。

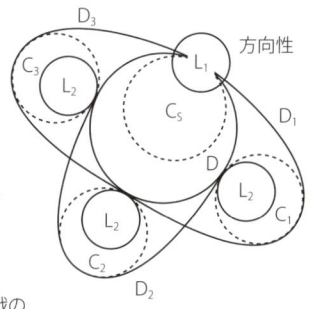

図4-8　リーダー・チームと方向性の展開

4　自己における5つの役割

　指導者が自己における5つの役割，**自己身体的役割・心理行為的役割・人間関係的役割・場面構成的役割・社会的役割**（松村，1982）に気づいてそれらをダイナミックにとれていることによって，集団と個の関係の発展を促すことができる。

　自己身体的とは，呼吸をしたり，見たり，ピョンピョン跳ねたり，ゴロゴロ寝ころんだりしている，お腹がすいたなどの自己の身体的機能でとらえられる状態。

　心理行為的とは，ゆかいな，弾んだ気持ちでいる，悲しい状態でいるとか，意思を表現したり，自己の心理的動きが行為表現に現れているような状態。

　人間関係的とは，今・ここで新しく創られる関係のやりとりである。人へことばをかけて働きかけたり，いっしょに遊んだり，物のやりとりをしたりして，人とのかかわりに影響を与える役割である。例えば，物を渡されて「あ

> 自己身体的役割・心理行為的役割・人間関係的役割・場面構成的役割・社会的役割：（松村「関係学の現状と展望」『関係学研究』10-1　1982 p.93）

りがとう」と答え相互にほほえんだり、「みんなで分けて食べよう」と活動が始まったり、「そちらのも欲しいな」といって「どうしようかな？」と迷う子どもの姿が見えたりと、今、ここの、状況では様々な展開が起こる、そのような関係である。

場面構成的役割とは、そこに立っていることが通路をふさぐことになったり、あるいは進んでいく方向を見えるように指さしていたり、壁のようにいる人であったり、人の生活する場において空間的・物理的な位置関係や、物の構成により、人の活動に影響を与える役割である。

社会構成的役割とは、社会集団における地位を表す役割で、運転手、宅急便の配達やさん、先生、お父さん、赤ちゃんなどである。

例えば、赤ちゃんといてしぐさや行為をまねて＜自己身体的役割＞コミュニケーションが成立し、喜び合うとき、心理行為的な交流を目立たせるのである。また、赤ちゃんがむずかっているとき母親の役割＜社会的役割＞で抱き上げ、「かわいそうにひとりにして待たせておいて」という気持ちで＜心理行為的役割＞頬ずりし、包み込むように抱いて語りかけたり子どもの様子を見ながらやりとりをし、子守歌を歌うなどする＜対人関係的＞。部屋の空気を入れ換える、オルゴールメリーを鳴らす、友達が静かになるように移動を誘う、場面に働きかけることなどする＜場面構成的役割＞。

人はいろいろな役割を同時にとっている。子どもがどういうあり方をしていても、寝ていても、ピョンピョン跳ねていても、意味のある存在として位置付いており、そこに存在の肯定感が流れている。さらに、指導者に取っては、自分自身がどういう役割の取り方で表現をしており、どういう表現を目立たせると集団全体や個々の子どもたちにいい影響を及ぼしうるかを見通すための概念である。

5 自己と人と物との関係をとらえた展開

保育者は、状況の自己・人・物関係のどこにどのように働きかけると全体が発展していくことができるかの多面的な認識と関係の発展を洞察する視点が必要である。自己との関係では『自己構造』、人との関係では『かかわりの理論』、物との関係では『物を媒介にした人との関係の発展』『物の機能的特性』についての視座をもって、集団状況に関わるとより状況を発展させることができる。

ここでは活動における物との関係について考えてみよう。子どもとの活動において、気づいて欲しいものがある時ボールをその方向に転がすと、視線がそこに誘導され目に留まる。これは物を媒介にして人がボールの性質を活かして人と目標物の関係の発展を促しているということができる。

松村は「『怒って砂を投げる』『怒ってボールを投げる』という2つのこと

物を媒介にした人との関係の発展：自己と人と物の関係が発展することを洞察して物を活かして使う。代表的なものに松村のローリング技法（物を渡す、早く渡す、見立てて渡す、話しながら渡す、役割を取って話しながら渡す、の段階を踏み、人間関係が発展し行為化へのウォーミングアップをする技法）がある。（松村）

物の機能的特性：松村・三神，「人間発達の理論的考察－玩具の機能的特性との関係」関係学研究 13-1,1985；「玩具の関係学的研究－人格発達を促進する玩具の機能的特性」関係学研究 15-1,1987；「玩具の関係学的研究－人格発達を促進する玩具の機能的特性」関係学ハンドブック 日本関係学会　1994　p.268-271　参照

は，フラストレーションを解消するという点では砂でも，ボールでもどちらでもいい……その先を続けて投げようとすると……ボールは飛んでいったところに追いかけてつかんで投げなければならない。砂だったら，飛び散ったのを集めねばならない。……」(1985) 物によって抑圧の解消のしかたが違っているとして，物との関係で人がどのように体験を成立させ，人格形成がされるかについての研究（松村・三神，1985，1987，1994）がされている。物の特性の認識は，集団や個の相即的発展を創り出すための物の活かし方を洞察させるものとなるので，ここに一部を紹介する。

「状況をつくる物の性質」を取り上げ考えてみる。《ロープ》をコーナーとコーナーを結ぶように置くことで通路ができ，交流が活発になることがある。これは，ロープのもつ『軌道性』（物に即して人がふるまう道筋を付ける性質）によるものである。《舞台》における場面構成はみんなを位置づけ全体が繋がっている感じがする。《音楽》は状況を包み込むものとなり＜包含性＞，《音楽による状況操作》「雨が降ってきた感じ」などは集団状況全体の変化を生み出すこと＜変容性＞もできる。《舞台，音楽》などは『包含性』で「包まれることで中に存在して活動が行われていく性質を持ち，集団まとまりのきっかけになるもの」，《音楽による状況操作》は『変様性』で「場面に働きかけて，新しい状況を創り出していく性質」を持っている。《人形，ままごと》は，『恒用性』で「いつでもそこに変わらずにあるという永続性に支えられて活動が展開する性質」があり，遊びが消滅することなく人が移動しても物が残っていて意味を持ち人がいつしか戻ってきてまとまるコーナーになる。《ついたて，窓》をつくるなどは『併在性』で，「同時に２つ以上の内容がそれぞれ独立して展開する性質」とされている。

3 親・家庭への支援

1 「問題」を受け止める時期からみた親と園との関係の問題

❶ 早期に「障害」が発見されて

早期に「障害」が発見される子どもたちは，０～３歳児の間は母子療育訓練・指導をする専門的総合センターの支援を受けたり，医療機関・相談機関で定期的な診断・指導・助言を得たり，それらの専門的な訓練・指導の方法を学び家庭で施行して過ごしてくる。そうした子どもが友達集団を求める時期，保育所や幼稚園に入ってくることが多い。保育所・幼稚園には，いわゆる障害を持つ子どもの中では割合軽度の障害をもつ子どもが多く通っているといわれている。親は「障害」を認めながらも，「地域の機関で近隣の子どもたちと共に保育を受けること」を願い，「家族と共に生活しながら発達さ

せて」そして「大人になったら親から自立して」という，ノーマライゼーション，メインストリーミングの世界の潮流と共通の願いがあることを物語っているといえよう。

早期発見・早期療育は大切であるが，課題もある。遅れはいずれ追いつく，問題を克服させたいと考え，訓練を重視し厳しすぎる親になることがある。そのために親子の人間関係が崩れて，育ちに新しい問題が生じることがある。

2　保健所の健診で集団の場を勧められて

保健所で行う1歳6か月・3歳児健診などで「ことばが遅い」「母子関係に課題がうかがわれる」「障害や遅れが疑われる」という場合，母親は「集団の場に入れるといいでしょう」という助言をされて，幼稚園・保育所を訪れる。公立保育所はどの子も入れる基本的な姿勢が多く，その場合，多くの親はほとんどその経過を話さずに入園してくる。保育者が一生懸命に保育をして子どもに変化が現れ，「保育所に入れて良かった」「差別を受けていない，子どもが大事にされている」と親に感じられて，初めて，「実は『問題』があって，保健所で保育所に行くことを勧められた」と打ち明けるのである。こうした場合，事実経過が解るまでの間，親に子どもの様子を伝えて家庭での協力を求めることができるか，どのような伝え方で「問題」をつたえるか，保育者達は迷う時期を過ごすことになる。信頼関係が築かれて，ようやく協力体制がつくられることが多い。

3　保育者に遅れが発見されて

乳児保育をしている保育所では，子どもの発達のその出発点とも言える産休あけからの保育も増加している。そこでは，いわゆる「障害」を持っている，特別なニーズを持っている子どもであると，親に気づかれる以前に保育者によって気づかれる場合もある。子どもの状態や子どもへの特別なかかわり方の必要性について気づいた保育者は，「親子の関係のあり方が問題を引き起こしている」「親と子の関係が変わるようにするために，親との協力が得られれば」「親に問題に気づいてもらえ，積極的なかかわりができれば」などと考えがちである。

しかし，親が子どもの「障害」を受容するに至るまでには次の6段階の気持ちの変化を経てくるといわれているが，その親の「問題」の受容までの困難なプロセスが保育者との関係に微妙な軋轢を生むのである。

第1段階として，「問題」に気づかない。特に保育所に産休あけから預けているような場合，親は子どもとのかかわりが薄く，子どもとの関係がつかずに子どもの「問題」に気づきにくい傾向がある。

第2段階として，「問題」の否定，防衛的な時期が来る。「なんだか変だ」

と気づき始めても「そのうち伸びていく」「いろいろな個性があっても良い」などとして「問題」を否定しようとしたり，防衛的になって人に「問題」を指摘されないように避けようとするなどが起こる。

第3段階として，「問題」を明確にしようと働きかける保育者などに対して不信の感情を抱く。保育者は「親と協力体制を作りたい，親に問題を受け止めて子どもにとってよりよいかかわりをして欲しい」と願うために，こうした「問題」にはこうかかわってきたい。」と，共通の認識を持ちたいと思う。しかし，親には「自分の子を悪くいう，信頼できない」と，感じられるのである。

第4段階としては，子どもを可哀想とか不憫に思い，過保護になる。子どもを守ろうという気持ちである。第5段階として「問題」の克服への焦燥が来る。治療や訓練に焦り，子どもを叱りつけ厳しく訓練をさせようとする。時には他の子と比較して絶望し，子どもを暖かいゆとりのある気持ちで見ることができなくなる。さらに，もっと良いことができないかと相談の場を渡り歩き，親子で不安な状態を重ねていく。人間関係の発達にひずみが生じかねない。第6段階が「問題」の受容である。あるがままの子どもの姿を受け入れ，肯定的にとらえ，子どもとの共感や感動の体験を基盤にして，客観的に指導の方法を受け入れ，訓練・指導ができるようになる。その子らしく生きている姿に出会い，喜び，育て合っている，関係の充実感を体験するようになる。

❹ 親を支える役割としての保育者

こうした「障害」の受容に至るまでの困難なプロセスにあって，親の気持ちを受けいれ，「どんな問題があっても協力して，一緒に頑張って育てていこう」と支えていく役割を取れることが望ましい。速やかな対応をと考えて障害を明確にするかかわりは不信感を生む傾向がある。障害を明確にする役割は専門機関等の第三者との連携ですすめ，保育者は問題を指摘する人になることを避けて，親の悩みを聞き気持ちを支え，よりよいかかわりができるように親と保育者とが「共に協力して」という信頼関係を創りあげることが何よりも必要であろう。

2　子どもを取り巻く課題を共有し連携して育む

❶ 家族の抱える困難さの多様化と支援

家庭での子どもたちはそれぞれの家族関係の中で一人一人異なった環境で生活を営んでいる。現代の子育て中の親は様々な困難を抱えており，ゆったりと子育てが出来る状況とは限らない。家事育児に専従し孤独な子育てにストレスを感じ不安をつのらせていたり，子育てでは自己充実感が得られない

ことに不満を抱えていたり，仕事と子育てと両立することに疲れ果てていたり，忙しい仕事に追われ子どもと親密にかかわることができない状態であったり，親が何らかの理由で精神的に不安定な状態に陥っていたりと様々である。現代の家族の抱える困難さの多様化とともに，そこでは幼い子どもが一番に問題の影響を受けやすい。

では，子育て中を満足して安定して過ごせるのはどういう家族の支援が必要なのだろうか。育児不安については統計的には専業主婦の方が共働きの親より多く感じている。全面的に育児を任され育児だけの生活の閉塞感，社会から取り残されてしまいそうな孤立感が多くの人の不安になっている。それらを乗り越えるためには，仲間と悩みを分かち合える場や，自己を正当に評価をしてもらえ自尊心の持てる場や，未来を見通し現在の生活を位置づけられることが必要である。夫婦間に理解がありこれらが分かち合える関係があれば，不安が軽減し精神的状態が良好となる。

そのための場として，子育て支援の施策が推進され，たとえば０・１・２歳の子どものためのグループ活動が，児童館や公民館など地域レベルで開催されたり，幼稚園の就園前保育，延長保育によって，また，保育所も地域の子育て中の親子の登園相談日をもうけるなど，子育て中の親子の生き方を援助する活動が生まれている。共働きの夫婦においては，協力して家事育児を担おうと努力する家族が子どもとの関係でもコミュニケーションをもてる家族の形を作っているなど変化も生まれている。**次世代育成支援**がはじまり，育児休暇を１年間取れる人が増え，１歳児保育から保育所に預け始める家庭が増えつつある。さらに**認定こども園**ができ，様々な地域の家族のニーズに合わせ子育て支援の多様化が進行している。

❷ 子どもの問題についての捉え方の違いを尊重して

子どもの生き生きした活動を創り上げたいと日々奮闘している保育者は，園での子どもの姿から子どもの気持ちや置かれている生活の状態に思いをはせ，親と子どもについて共通の理解を持ち，協力して良い保育をしたいと願っている。しかし，現実には親との関係作りを難しいと感じている保育者が少なくない。

物事の捉え方が少しずつずれることがある。たとえば，保育者が親に子どもについて「お友達をぶってしまって……」などと今日の出来事を報告すると，「家では乱暴なことなんかしたこと無いのに……」とか，「ちょっとしたことを悪く言う先生なんて……」などと，保育者に対して不信感をつのらせることがある。あるいは，「友達をぶっちゃだめじゃない，なんて悪い子なの」と家庭で子どもが必要以上叱責されるということも起こりかねない。人はそれぞれに一つのことがらについて様々な捉え方をし，その先でどう子どもや

次世代育成支援：子育て支援の施策はエンゼルプラン (1994)，新エンゼルプラン (1999)，子ども子育て応援プラン (2004) に続き，次世代育成支援対策推進法ができ 2005 年から，事業主に対する子育て，仕事と家庭の両立のための雇用環境の整備，働き方の見直し，地域における子育て支援などが推進されている。

認定こども園：保育所と幼稚園の機能を一体化し，親が働いているかどうかに関係なく，０歳から就学前の子どもに教育・保育を提供し，更に地域における子育て支援の機能を備える施設として，文科省，厚労省両省の指針に添って都道府県が認定基準を定め 2007 年から開設された。

周りに働きかけるかも異るものである。

　保育者にしてみれば，子どもたちの安全と心理的な安定，充実した遊びと生活の環境をつくろうと頑張っているのだが，時には様々なトラブルが起きてしまう。もちろん，保育者はトラブルが生じないだけの力量をつけていくことが必要であるが。子どもたちが物を投げたり，ひっかいたり，ちょっかいを出したり，遊びのじゃまをしたり，その結果トラブルが大きくなって，怪我をしたりという，子どもの集団で起こることに，保護者たちは自分が見ることのできない時間帯だけに聞かされるととても心配になる。心配がいろいろな捉え方や不安をふくらませていく。さらに，メディアがいじめを繰り返し報じる社会では，子どもがちょっと友達の持ち物を隠したことも，いじめや仲間はずれに結びつけて考えて，必要以上深刻に「問題化」し，親も保育者も悩みを抱えることがある。さらに，そういう大人たちの不安定な気持ちが子どもたちの日々を不安にし，落ち付きがない，ぎすぎすしたやりとりが増えるなど，子どもたちの行動に変化を生みかねないのである。ちょっとしたずれがどんどん拡大し様々な関係，保護者間関係，子どもたち関係，園と親たちの関係などにひびが入り始めることもある。

　保育者と親は子どもについて必ずしも同じような問題意識を持っているとは限らない。家庭の子どもの姿と保育所や幼稚園の集団の子どもの姿は，異なった場面で，異なる時間帯に，異なった人との関係が動く中にあり，その状況に合わせて変化する。家庭の中で親がとらえた子どもの姿と子ども集団の中で保育者がとらえた子どもの姿は異なって不思議はない。このように物事の捉え方は保育者と保護者の間でずれることがある。ずれることを当然のことと認め，互いの捉え方感じ方を尊重することである。様々な場面での子どもの行動を理解し，共通の目標や見通しを立て，力を合わせて歩むことが，どのようにしたらできるだろうか。

❸　園全体の人間関係の発展へ

　保護者と園（担任，園長など）の関係，保育者と子どもの関係，子どもたち関係，保護者同士の関係などの人間関係の発展には，第三者的にかかわることのできる役割が重要である。この第三者的機能は，「三者関係的かかわり」のところでのべてきたように，時には保育者と親にかかわる園長が果たすこともできる機能である。ここでは子ども同士のトラブルが契機となり，園長が親に子どもの問題を伝えた場合，巡回相談員が親を支える第三者的役割として諸関係の変化を創り出せるかを考えてみたい。

　保育者間では，問題を生じさせている状況と子どもの行動や気持ちの関係について考える視点に気づくことで，子どもの問題を目立たせるよりその状況での子どもの気持ちを理解しようとする問題意識へと変化が生まれてい

巡回相談：保育が難しい子ども，ちょっと気になる子どもや障害のある子どもについて，理解のしかた，保育方法，親へのかかわり方など，施設を巡回訪問し各園での課題について相談するシステムが生まれている。

ふり遊び・イメージ遊び・ごっこ遊び：乳児の新生児模倣から延滞模倣の発達による「ふり遊び」や「見立て遊び」が，イメージ（象徴機能）の発現を基盤に持ち（ピアジェ），ごっこ遊びへと発展する。子どもたちのごっこ遊びは全ての局面にコミュニケーションが絡んでおり，行動が象徴だと理解することで，そ れぞれの行動の意味を変え，調整し，意味を共有し，その流れの中で相互にかかわり一緒に維持発展させる。初期模倣・随伴性が他者との共感性・関係性を育む重要なものであること明らかにされてきている。また，ロイツ（1985）によると，心理劇の創始者モレノは遊びの中で母と子は共有する喜びにおいて，演者の役割において，快適な状況を創り出す二人の主体として相互に対等であり，共に生きられた遊びの体験は共感と自発性が一致して創造性の開花を促すという，さらに現実の世界から想像の世界に瞬間的に移ることを学び，大人の自発的な対応は，この大人への信頼，自分自身への信頼感を高め，新しい役割を取ることを勇気づけ，自分自身に対する信頼感，成人してからの自己有能感を発達させていくという。(矢吹 2005)

く。親がイメージ豊かに空想の話をすることについて嘘をつく悪い子，しっかりしつけねばと，厳しく叱っていたような場合は，「イメージが豊かで子どもらしい，ふり遊びやイメージ遊び，ごっこ遊びが盛んな年頃，楽しいイメージ遊びを親子で楽しめれば親子の関係も発展する」という見方もあること，「子どもは親に話を聞いて欲しい，相手をして欲しいと思っている」など子どもの気持ちを伝えたり，子どもの話に興味を持ち相づちを打つなど関係のつなぎ方を具体的に親と共に考えることができる。

親のつもりと子どものつもりがぶつかってしばしば対立が起こるような場合，親の立場や気持ちを理解し受容した上で，子どもの姿から推定できる子どもの気持ちを，子どもの立場から丁寧に話すと，親が初めて気づかされる子どもの気持ちに心揺さぶられることがある。自分と共に生きる環境で子どもなりに一生懸命生きている姿に気づかれる。語りながら自分に気づいていく。親が頑張っていること，自己を見つめている重みに敬意を払わざるを得ない相談者の気持ちが動く。そのことが親を肯定感で満たしていく。保育者も，どういう状況に配慮しその子どもにどのようにかかわるとよいか，保育技法を自ら開発し，子どもを叱る場面が少なくなる努力をしていることが親にも気づかれるようになる。保護者も保育者も園長も互いのよさを再発見し，前にもまして協力して保育を進めることができるようになる。

対立や緊張関係の起きやすい現代の社会的背景をかかえる状況で，人間関係の安らぎや繋がり合う関係をどのように創り出していくか，関係をどのように育んでいくかが何よりも大事になっている。　　　　　　（矢吹）

第5章　発達支援のネットワーク

駅は人がいっぱい

1　保育・教育における発達支援

1　障害を取り巻く考え方の動向

❶　ノーマライゼーション

　近年，**ノーマライゼーション**の理念の普及により，世界各国では障害者の自立と社会参加を目指す取り組みが進められている。それにともない，**インテグレーションやインクルージョン**の理念を推進する取り組みも求められるようになってきている。これらの理念で目指されるのは，「障害者を健常者に合わせてノーマルにするのではなく，障害があってもなくても人間はまず人間であり，いろいろな人々が同等に支えあうノーマルな社会を作っていくこと」である。しかし，インテグレーションとインクルージョンの理念は同じものとして混同される場合があるが，細かく見ていくと違いは明確である。

❷　インテグレーション（統合保育，統合教育）

　インテグレーションは，メインストリーミングと同義で用いられることがあり，統合保育（教育）といわれる。統合保育をあえて強調するならば，障害のある子どもと健常の子どもを分けた上で，その統合を進めていこうとす

> **ノーマライゼーション**：デンマークのバンク・ミッケルセン（Bank-Millelsen）が１９５０年代に「知的障害者が隔離された施設で生活するのではなく，地域に中で一般の人々と同じ場所で同じ生活をできるように」と提唱した運動が始まり。スウェーデンを中心に運動が広がっていき，世界的に取り上げられるようになった．

る立場に立つ。例えば，障害のある子どもが幼稚園や保育所などで，健常児とともに一緒に過ごし一緒の活動をしていくといったものである。**インテグレーション**の意義は，「健常の子どもが障害のある子どもと触れ合うことで，障害や個性についての具体的な理解ができる」「障害のある子どもが，健常の子どもと触れ合う中で，かかわりを広げ社会性を広げることができる」といったことが挙げられている。しかし，実情ではいくつかの実際上の課題があると言える。

1. 障害について必要最低限の知識・技能をもった保育者が少なく，担任となった保育者の負担となっている。
2. 障害のある子どもを受け入れるのに必要な設備や環境が整っていない。
3. 保護者が子どもの障害の事実を受け入れないまま，幼稚園・保育所に入ることにこだわっているケースが増えてきている。
4. 統合保育の理念だけを先行させて，障害のある子どもに必要な個別的支援がないまま子どもを幼稚園や保育園に入れてしまい，結果的に単なる"投げ入れ（ダンピング）"になってしまうケースが見られる。

このようなさまざまな問題点を受けて，若井・水野・坂井（2006）は「健常児と障害幼児が共に成長していくためには，どのような活動内容とどんな施設・設備や教材・教具を準備すべきか，保育者はどんな能力を持つべきか，外部の専門スタッフがどのように活用されたらよいのか，そのために，幼稚園・保育所の機能と盲学校・ろう学校・養護学校や通所施設の機能とを含めて統合されていく，これが理想とする**機能的統合**である」と述べている。

3 インクルージョン

一方で，**インクルージョン**は，平成6年にユネスコの会議で採択された「サラマンカ宣言」の中で提唱されたものであり，障害のある子どもと健常の子どもを分けることをしないで，一人一人ユニークな存在であり，みんな違ったニーズを持っているといった前提に立つ。その上で，すべての子どもを包み込むような保育・教育をしていくというものである。インクルージョンがインテグレーションと大きく異なる点は，自閉症やLDの子ども，不登校の子ども，逆に能力的に優れた子どもなどすべての子どもが特別な支援の対象となり，初めから一つの場所で必要な支援をといったユニバーサルデザインの視点が盛り込まれている点である。保育や教育援助は，基本的には通常の保育園や幼稚園，学校で行われることとなるが，必要に応じて通所や通級による指導などの抜き出しによる指導形態も行うというものである。インテグレーションの機能的統合という考えに近い保育・教育形態といえよう。特別支援教育に関する文部科学省の会議（2003）においても，インクルージョ

ンの理念に触れられているが，今後の保育や教育でこれらの考えが推進されていき，発達の障害のある子どもの利益になるような保育・教育システムが作り上げられていくことが今後期待される。

2　保育における支援システム

❶ 障害のある幼児の支援機関

現在，障害のある子どもは，さまざまな機関で支援を受けている。それらは厚生労働省と文部科学省の管轄のものに分けることができる（表5-1）。現在の保育形態としては，盲・ろう・養護学校の幼稚部または，**通園施設**のみで保育されているか（**分離保育**），障害のない子どもと一緒に保育所や幼稚園で保育されているか（**統合保育**），保育園や幼稚園に通いながら週の何日かを通園・療育機関で指導を受けているか（**交流保育**）の3つがある。多くの種類の施設があるが，通園施設をみても全国に設置数は少なく，障害のある子どもの受け入れが充実しているとはいえない。また，医療や相談現場では，思春期や成人期になるまで診断がなされず，何の支援も受けられなかった人も多くみかける。**早期発見**，**早期療育**が子どもたちの成長発達に効果があるだけでなく，二次的問題の予防という観点からも重要といえる。**発達障害者支援法**が2005年に施行されたことや**特別支援教育**が2007年度から本格的に実施されたことの社会的な動向もあり，今後も，障害のある子どもの支援形態が充実していくことが期待される。

> **通園施設**：保育所や通園施設などの施設は，児童福祉法で規定された施設であるので，児童福祉施設といわれる。

厚生労働省の管轄のもの	① 保育所 ② 通園施設，心身障害児総合通園センター 　知的障害児通園施設／肢体不自由児通園施設／難聴幼児通園施設 ③ 入所施設 　知的障害児施設／盲児施設／ろうあ児施設／肢体不自由児施設／難聴幼児通園施設／重度心身障害児施設／情緒障害児短期治療施設 ④ 発達障害者支援センター ⑤ 医療機関，福祉の相談機関
文部科学省の管轄のもの	① 幼稚園 ② 盲・ろう・養護学校幼稚部 ③ 教育センター，教育相談室，就学相談室

表5-1　障害のある子どもを支援する機関

❷ 保育所，幼稚園での支援

1歳6か月児検診，3歳児検診だけでなく，最近では各自治体で5歳児健診などを実施するようになってきており，早期に障害が発見されやすくなってきている。また，障害の理解が広がった社会的な背景もあり，保育所・幼稚園で保育を受けている障害のある子どもの数は増え続けている。特別支援教育が実施され，インクルージョンが進められている現在，保育においても，

発達の障害のある子どもに対しての具体的な支援が求められるようになってきた。

保育所については，自治体によっては障害のある子どもの枠，つまり障害児保育枠を設けているところもある。保育所で一般の保育が可能と判断されると，園に対して非常勤保育者の加配を行ったり，専門化による保育者へのアドバイスを行う「**巡回指導（相談）**」を設けたりする場合がある。幼稚園の場合，人員加配や巡回指導を制度化していないところが多いが，特別支援教育の推進とともに，徐々に増えていくことが予想される。

❸ 通園施設での支援

心身障害児の早期発見と早期療育体制を進めていくため，「**知的障害児通園施設**」「**肢体不自由児通園施設**」「**難聴幼児通園施設**」の３つが全国に設置されている。このうち２種類以上を設置し，相談・指導・診断・検査・判定等を行い，総合的な療育体制をとっているものに「**心身障害児総合通園センター**」がある。知的障害通園施設は252箇所（2004年），肢体不自由児通園施設は89箇所（2001年），難聴幼児通園施設は25施設（2002年）ほど全国で設置されている。

障害のある乳幼児の場合，保育所や幼稚園の大きい集団での生活をいきなり始めるのに困難な場合がある。そのため，子ども一人一人の障害特性や困難さに応じて療育や訓練を行うのが，これらの施設である。基本的生活習慣，運動発達，言語発達などを個別的かつ小集団で指導をする。通園施設では，保育士の他に，医師，看護士，言語聴覚士（ST），理学療法士（PT），作業療法士（OT），心理相談員などといった専門職のスタッフがいて，チームを組みながら支援に当っている。子どもの状態により，保護者が最後まで共にする親子通園と，親は子どもの送り迎えのみを行う単独通園の２つの形態がある。また，通園が毎日であったり，週１回程度であったりと通園頻度もさまざまである。

3 教育における支援システム（特別支援教育）

❶ 特別支援教育への転換

文部科学省は2003年に「今後の特別支援教育のあり方について（最終報告）」を出し，そこで公的文書ではじめて従来の「**特殊教育**」から「**特別支援教育**」への転換をはかることを言明した。この報告では，これまでの障害の種類や程度に応じて場を設けて行う教育から，一人一人の教育ニーズにより的確に，より効果的に応えようとする教育に転換することが打ち出された。LDやADHD，高機能自閉症といった特別な教育ニーズを持つ子どもは，<u>文部省の調査</u>では全国で6％強いるとされ，知的障害や不登校などのその他の

> **文部省の調査**：2002年に発表された調査では，LDやADHD，高機能自閉症に類する困難を持つ子どもは，全国でそれぞれ，4.6％，2.5％，0.8％（合計で6.3％）いることが示された。特別支援教育への展開への一つの足がかりとなった。

発達の障害もいれれば，10％前後は何かしらの特別な教育ニーズを持つといわれている。1割近くいる特別な支援ニーズのある子どもを支援するためには，これまでの教育システムでは不十分で，特別支援教育が実現し機能していくことが必要といえる。そのためには，**特別支援学校**や**特別支援教室**の展開，校内委員会の設置や特別支援教育コーディネーターの指名，教育委員会における専門家チームや特別支援連携評議会の設置，巡回相談体制の整備，**個別の教育支援計画**や**個別の指導計画**の作成が具体的に挙げられている。特別支援教育で打ち出されているシステムは図5－1のとおりである。

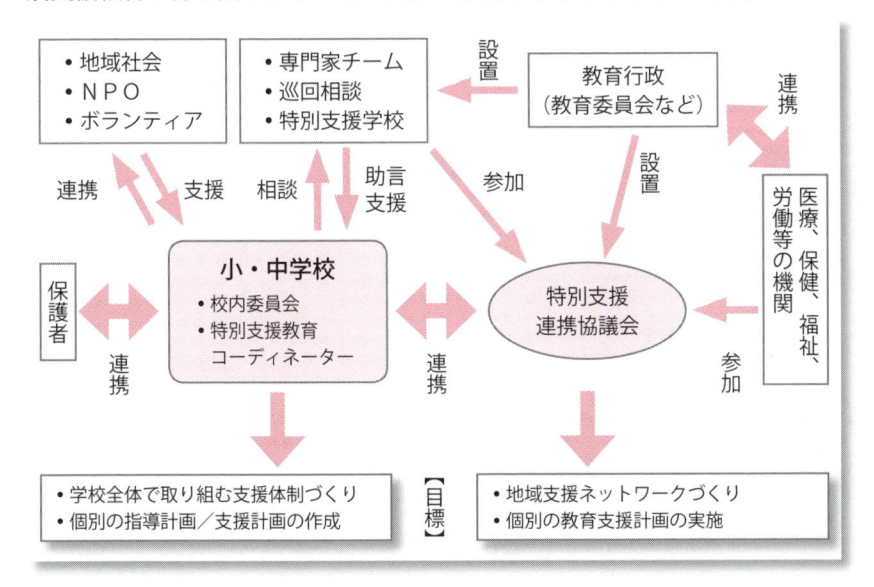

図5-1 特別支援教育のシステム

（花熊，2005）

2　個別の指導計画，個別の教育支援計画

特別支援教育の「障害のある児童生徒への一人一人の教育的ニーズに応じて適切な教育的支援を行う」という理念を実現化するために，実際に支援ニーズのある子どもに対して具体的な指導をする際に作成するものが，「**個別の指導計画**」「**個別の教育支援計画**」である。これらのものは，計画，実施，評価，そして計画，実施…といった「Plan－Do－See」のサイクルで行われていくことが重要となる。子どもの実態把握を行い，指導や支援の計画を立て，実際に行ってみて，具体的に評価し，改善点やさらなる支援を検討していく。

「個別の指導計画」は，個々の児童・生徒の実態に基づいて，短期的目標や長期的目標を示し，指導の手立てや計画を明らかにし，指導の成果を定期的に評価していくといった単元や1学期間，そして1年間の計画のことである。個別の指導計画の書式は，全国各地でさまざまなものが作成されているが，基本的には，① 担任教師と保護者の願い，② 子どもの実態（学習や行動の達成度とつまづき），③ 長期目標（年間目標）と短期目標（学期目標），④ 支援や指導の具体的な手立て，⑤ 支援の経過とその評価といった項目が

個別の指導計画，個別の教育支援計画：個別の指導計画は児童生徒一人一人の状態に応じて決めの細かい指導が行えるように，具体的に指導目標と指導方法などを盛り込んだ，日々の授業や指導に直接かかわるものであるのに対し，個別の教育支援計画は移行や連携なども組み込んだより包括的な計画であるといえる。どちらも特別支援教育推進のための具体的な道具となる。

個別の指導計画

学校・学年	みなみ小学校 3 年生	指導場所	きた小学校 通級教室
氏　　名	山田太郎（男・8 歳 5 か月）	指導者	鈴木花子（他教員 3 名）
指導期間	H20 年 4 月〜H21 年 3 月	指導曜日	週 1 回（木）4 時間

| 実態 | 医療機関で 5 歳のときに協調運動障害，不注意優勢 ADHD の診断を受ける。WISC－Ⅲでは全検査 IQ106 で知的偏り，遅れは見られない。気の散りやすさ，集中力のなさ，手先と全身運動の不器用さがある。ノートをとりたがらない。書くことや体育，楽器の操作などはやりたがらない。考えや気持ちを表現することが少なく，引っ込み思案になりがち。からかわれたり，注意されたりすると泣いて固まる。穏やかな感じの友達が 1 人いる。 | 本人の願い：特になし（どうにかしたいとは感じてはいる）。通級で学ぼうとする意識もある。
保護者の願い：友達関係が広がってほしい。勉強面で自信をつけてほしい。固まらないでほしい。
担任の願い：書くことに対する苦手の軽減。からかわれたときの対処方法を身につけてほしい。 ||

| 長期目標 | 【行動・生活面】
①注意集中力の改善（指示の聞き漏らし，ケアレスミスを減らす）
②先生に対して自分の気持ちや要求を伝えることができる
【学習面】
③授業中に大事な板書をノートに書き写す
④漢字の書き取りや計算問題で自分で見直しをする
【身体運動面】
⑤鉛筆，リコーダーへの苦手意識の改善 |||

短期目標（1 学期）	手　立　て	評価（7 月 20 日）
・大事な指示や説明の時には耳を傾ける。 　　　　　　　　（行動・生活面①）	・大事な説明の時には，強調して注意を促す。 ・視覚シンボルの使用	声かけやシンボルの使用で聞く時とそうでない時の区別はつくようになった。
・通級指導の最後の振り返りの時間に感想を言う。 ・指導者に反射してもらうことで自分の感情を認識する。 　　　　　　　　（行動・生活面②）	・視覚シンボル（感情）を用いた振り返り表の活用 ・指導者が児の感情を察して，反射（言語化）	表情シンボルで具体化してあるものだと，適切な気持ちを一つ選んで表現できている。指導者に気持ちを打ち明けることも増えた。
・キーワードや単語を書き写す ・視写スキルの向上 　　　　　　　　　　（学習面③）	・キーワードのみを書き写すように望む。 ・楽しめる書字教材の使用	声をかければキーワードのみ 1, 2 個書くようにはなった。書字に対する抵抗感は強い。書字教材は楽

図 5-2
個別の指導計画

ある（花熊，2005）。盲・ろう・養護学校ではすでに学習指導要領の中に，個別の指導計画を作成するように言及されており，特別支援教育の実施を前に，それに基づく教育実践が行われていた。近年では，特殊学級や通級指導教室において，そこに在籍する LD や ADHD，高機能自閉症等の子どもにも盛んに作成されている実態もある。**個別の指導計画**は，学級担任が特別支援コーディネーター，特別支援教室（通級指導教室も含む）の教師などと連携・協力して，校内委員会で検討しながら作成することが望ましい。

　一方で**個別の教育支援計画**（図 5-3）は，より長期にわたる視点から，教育のみならず，福祉，医療，労働等のさまざまな側面からの取り組みを求めるもので，「障害のある児童生徒の一人一人のニーズを正確に把握し，教育の視点から適切に対応していくという考えの下，長期的な視点に乳幼児期

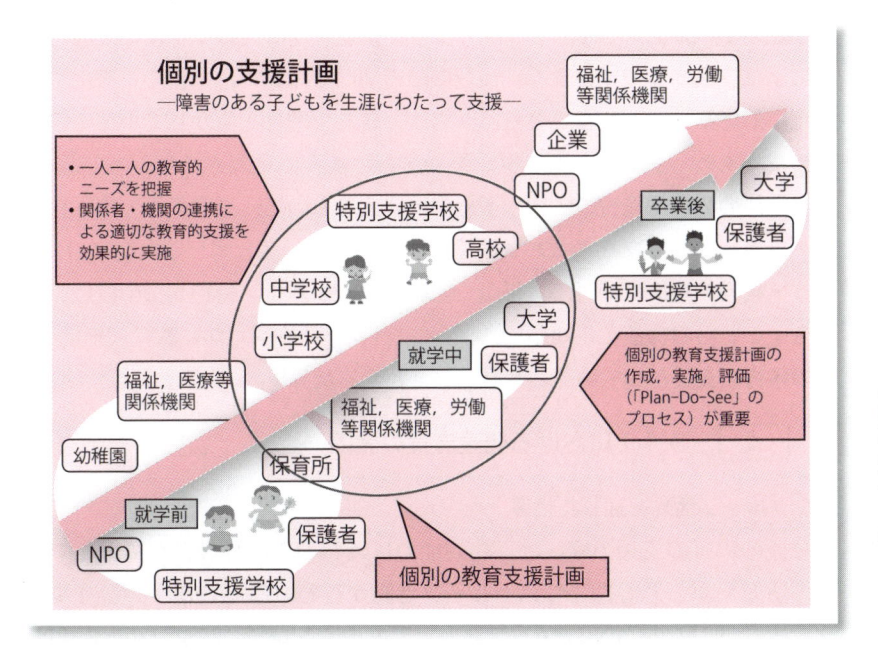

図5-3
個別の教育支援計画の概念図

（下司昌一『現場で役に立つ特別支援教育ハンドブック』日本文化科学社　p.74）

から学校卒業後までを通じて一貫して的確な教育的支援を行うことを目的とする」ものである。これにより，保育所や幼稚園から小学校へ，あるいは小学校から中学校へ進学する際や他校に転校する際にも必要な支援が途切れることなく一貫して継続されることが期待される（柘植，2005）。

個別の教育支援計画では，各自治体の役割が重要視され，保護者も参画するように求められる。また，保育所・幼稚園から小学校へ，小学校から中学校へ，学校から労働へといったように**移行計画**も含むものである。

❸ 特別支援教室と特別支援学校

特別支援教育においては，通常学級の支援の場以外に，障害種別にとらわれない支援の場が提案されている。一つが，**特別支援教室**である。これまでは，固定制の特殊学級（知的障害，情緒障害など），通級指導教室（情緒障害，言語障害など）といった教育の場があった。今後の特別支援教育のあり方について（最終報告）」(2003)では，「通常の学級に在籍した上で障害に応じた教科指導や障害に起因する困難の克服改善のための指導を必要な時間のみ特別な場で行う」特別支援教室の転換が提言された。

2005年度の中央教育審議会においても，現行の制度の見直しを行うことが適当とされる一方で，まずは固定制の特殊学級の弾力的運用をはかり，その実践を基にして特別支援教室への移行を計るといった構想が示された。今後，固定制の学級や通級教室がすぐになくなるということではなく，子どもの教育ニーズに柔軟に対応できるような特別支援教室に長期的に移行していくことであろう。

移行計画：学校から就労やその他の地域生活への移行を対象にした一人一人につくる計画は個別の移行計画（トランジッション・プラン）といわれる。

特別支援学校は，これまでの盲・ろう・養護学校に代わる学校で，障害種別により支援するのではなく，複数の障害部門を置いて，障害の重複化や重度化に対応しようとするとともに，培ってきた専門性を生かして小・中学校への支援も行うといったセンター機能をもつように意図されたものである。児童生徒の障害や教育ニーズの多様化に応えるもので，通常の小・中学校とのパートナーシップを形成していく専門的なリソースと言える。従来の盲・ろう・養護学校には幼稚部も併設している場合が多く，特別支援学校になっても，これらの機能を生かして，保育（保育所・幼稚園）から教育（小学校）への**移行の支援**をしていくことも重要といえるだろう。

4　ＳＳＴにおける発達支援の実際

❶　グループ活動を通した指導

発達の障害の支援の際には，知的能力に遅れのない軽度発達障害を中心に，幼児期から思春期までは**グループ活動**が行われる場合が多い。グループ活動を通した指導では**ソーシャル・スキル・トレーニング**（social skills training：以下SST），**心理劇**，**ムーブメント教育**などの専門的な手法が用いられることもある。特に，対人関係の形成や行動調整力の改善，社会的相互交渉スキルの向上には，SSTが行われる。青年期や成人へのSSTは葛藤場面や問題場面の話し合い，**ロールプレイング**などが行われるが，子どもの場合はほとんどが日常的な活動や遊びの中にSSTを組み込んで行っている（上野・岡田，2006；水野・岡田，2008出版予定）。幼児グループでは遊びや簡単なゲームや絵本の読み聞かせといった活動の中にスキルを学ぶ機会を設けていく。小学生になれば，ロールプレイングを行ったりすることもあるが，基本的には遊びやグループ活動，掃除や給食など日常生活の場でも指導が行われる。

❷　発達の障害へのSST

SSTとは社会生活や人間関係を営んでいくために必要なスキル（技術，能力，コツ）を具体的に指導していくアプローチ方法のことである。SSTは領域によっては生活技能訓練，社会的スキル訓練などとも訳される。発達の障害の子どもは，場の雰囲気や暗黙のルールなどが読み取れなかったり，行動がコントロールできずに友達に一方的に関わったり，自分の気持ちを表現できなかったりといったソーシャルスキルの問題を持ちやすいことが知られている。特に，自閉症，アスペルガー症候群などは，社会性の困難が中心障害でもあるために，ソーシャルスキルの問題は大きくなり，集団行動や対人関係で不適応を起こしやすいといえる。

SSTは，ゲームをして遊ぶ，仲間作り活動をするといった指導方法と混同

心 理 劇　☞　第4章
②-③ p.80 参照

ムーブメント教育：楽しみながら体を動かすことで，運動機能，感覚機能の発達を促していくアプローチ法

されやすいが，その特徴は，さまざまな技法を通してスキル（やり方）を教えていくといった点にある。教え方も，ただ単に言葉で「挨拶しなさい」「ありがとうと言ったほうがいいよ」と言った具合に直接的に教えるだけでなく，モデリングやリハーサル，フィードバックなどのさまざまなSSTの技法で子どもの状態に応じて工夫しながら指導していく。

　幼児や小学校低学年の場合は，基本的学習態勢（座る，聞く，取り組む），遊びへの参加，順番交代，アイコンタクト，小学校高学年や中学生の場合は，他者の視点取得や心の理論，会話のやりとり，感情の認知と表現，仲間との協力，仲間への共感，友人を作る，援助を求める，ストレスに対処するなど高度なものになっていく。教えるべきスキルは，発達段階だけでなく，子どもの障害特性や生活状況によっても違ってくる。スキルを教えてマニュアル人間を作ってしまうのではと誤解されることがあるが，子どもの生活や今後の人生に大切なスキルを考慮して，本当に必要なものに絞って教えていくといったことが行われる。また，スキル，つまり"やり方"のみを教えるだけでなく，感情の認知，自己理解，自尊心なども指導の重要なターゲットになり，技能とそれを支える心理的な側面双方の成長を促していくことが重視される。

> SSTの技法：実際のモデルを見せて学ばせることをモデリング，練習してみることをリハーサル，振り返ったり強化を行ったりすることをフィードバックという。その他にも，行動療法などの技法が用いられる。
>
> 心の理論：他者の考えや感情を理解する能力のこと。自閉症などのPDDは心の理論に障害があったり，獲得に遅れがあったりする。

❸グループ活動や遊びを通したSST

　子どもへのSSTは基本的には3〜10人程度の小集団で行われることが多い。ただ，時に学級などの大集団，指導者と1対1の個別でも行われるときがある．また，必要に応じて，個別セッションと大集団セッションをあわせて行うときもある．いずれにせよ，幼児や小学生の場合は，ゲームやレクリエーション，グループ活動，グループ作業などの設定された対人経験の場で行われることがほとんどである。ここではグループ活動でよく行われる活動を紹介する。これらはただ経験することが目的ではなく，遊びやグループ活動を媒介にスキルを教えていくことが目的となる。詳しく学びたい人は，上野・岡田（2006）を参照するとよい。

> 上野・岡田：上野一彦・岡田智編著『特別支援教育 実践 ソーシャルスキルマニュアル』明治図書 2006年を参照のこと

【サーキット】

- 対　象：幼児〜小学校低学年
- ねらい：順番交代（並ぶ・待つ）／指示に従う／協調運動の向上

　平均台歩き，トランポリンでケンケンジャンプ，5回風船トス，指令所などのコーナーがあるサーキットコースを作る。子どもたち順番にコースを一周するように言う。各コーナーをクリアできるように声かけや援助をしていく。順番待ちやコーナーをきっちりクリアできるように援助したり声かけをしたりする。1週するたびに，ニコニコシールをシール表に貼ってもよい。

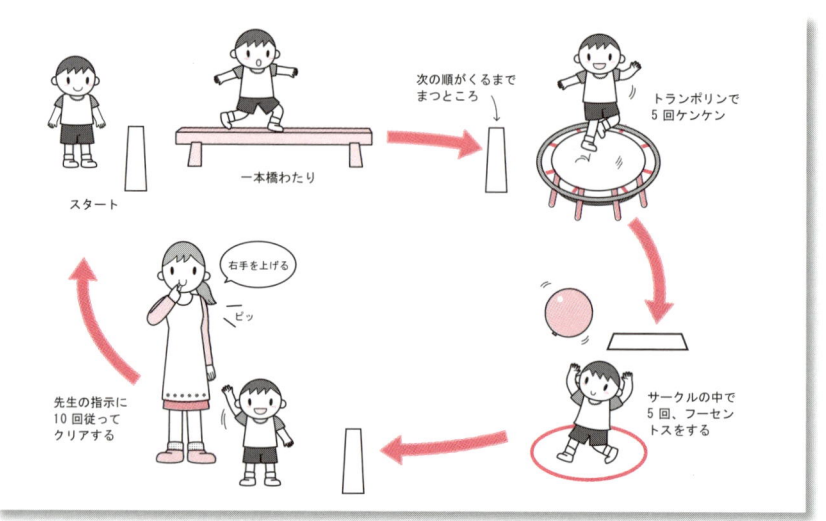

子どもの発達段階や行動統制，運動技能によってクリアする各ポイントを考えていく。

【ジャンケンチャンピオン】
● 対　象：幼児〜小学校低学年
● ねらい：勝敗の受け入れ

　全員でジャンケンをし、一番強いチャンピオンを決めて表彰する。一度だけではなく、毎回の指導に決まって取り入れると良い。一対一でトーナメント方式、勝ち抜け方式（前にいる先生に勝った人だけ残る）、多い勝ち（同じ手を出した人が多い方が残る）、体を使ったジャンケン、負けるが勝ちジャンケン等、工夫する。幼児や低学年の場合、上手くグーチョキパーを作れなかったり、出すタイミングがずれる場合がある。そのときには、手の形が描かれたカードを使っても良い。また、ジャンケンの強さの理解ができない子どもには、グー「石」、チョキ「はさみ」、パー「紙」といった絵がついたカードを用意して理解させる。

> ジョイントアテンション：他者が注意を向けている対象を感じて，自分も注意を向けること，つまり注意を共有すること。指差しをして大人の注意をあるものに向けようとする共同注視という行動は，通常，1歳前後に現れる。自閉症などのPDDはこの能力が欠けている場合が多い。

【落ちた落ちた】
● 対　象：幼児〜小学校低学年
● ねらい：注意深く聞く／指示に従う
ジョイントアテンション

　リーダーが「おーちた，おちた」と言ったら，子どもたちは声を合わせて「何がおちた」と聞く。リーダーは，「リンゴ」「カミナリ」「おかし」のどれかを言う。リンゴが落ちてくるのであれ

ば，手を前に出して拾う動作，カミナリだとおへそを隠す。おかしだと上を向いて口をあける動作をする。

【協力フライングディスク】
- 対　象：小学校低学年～高学年
- ねらい：対人やりとり（呼ぶ・応答する）

　みんなで輪になりフライングディスクを投げてキャッチする．何回続くかチャレンジする．ルールに「投げる前に相手の名前を呼ぶ」「相手が返事をしてから投げる」「みんなに回るようにする」を組み込み，相手の名前を呼ぶ，相手の様子に注意を向ける，協力するといったスキルを体験させる．年齢によってはぬいぐるみで行ってもよいだろう。

【ワニ池わたり】
- 対　象：幼児～小学生
- ねらい：協力する／動きを合わせる

　ペアになり、ペアで2枚のボード（縦横30cm程度のダンボール）を使って，その上だけに乗ってゴールを目指す。相手と協力して，体を寄せ合ったり，ボードを拾って前に置いたりといった協力をしていく。ボードから落ちてしまうと，ワニに食べられてスタートに戻る。相手の体を支えること，相手の届く範囲にボードを置くこと，相手のためにスペースを空けることなど具体的に教えてからこの活動に入るとよい。

【表情シンボルでのふりかえり】
- 対　象：幼児～小学校低学年
- ねらい：感情の認知と表現

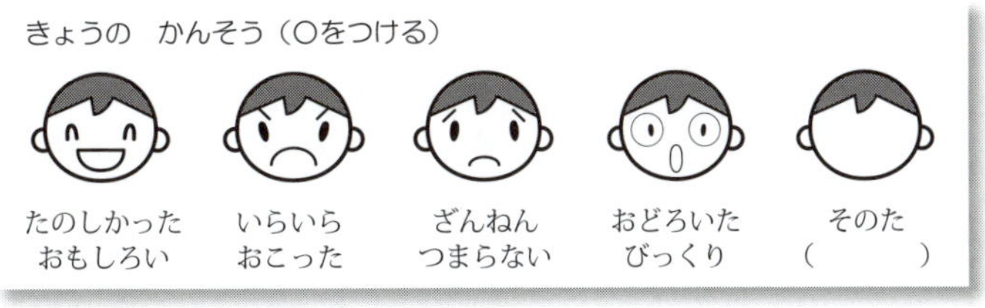

　ゲームをした後，グループ活動の最後などに振り返りを行う。感情の認知と表現を促すために，表情シンボルを用いて，どれかに丸をつけてもらう。扱う感情については，子どもの認知能力や言語能力の発達に応じて設定する。

❹ SSTにおける連携の実際

　療育や相談支援の際には，家庭や他の支援機関との連携は重要となる。療育機関や相談機関，特別支援教室などの専門的な場での支援においては，在籍している保育所や幼稚園，学校（在籍学級）との連携をとっていくことが必要である。SSTにおいては，学んだスキルを日常場面でも発揮できるようにするために大きな意味合いを持つ。指導場面で学んだことをいつでも，どこでも，だれに対しても発揮できるようになることをSSTアプローチでは汎化という。子どもがよりよく日常生活を営めるように，なおかつ，今後の人生をよりよく生きていけるように支援するのが発達支援の最終目的であるので，子どもの指導の際には常に汎化を意識していかなければならないだろう。

　また，連携をとることは，日常的にかかわっている保護者や担任の先生が，子どもをよりよく理解し，その子どもに応じた配慮や支援をしていくことで，日常生活を支えるといった役割をもつ。いくつか，**連携のポイント**を挙げる。

① 情報の共有

　子どもがどのような点で困っているか，どのようなことにつまずいているか，どのような支援や配慮が効果的であったか，現在取り組んでいる目標や学んでいるスキルは何か，興味関心や長所は何かといった情報は，よりよい支援のために重要である。したがって，子どもを支援する大人は情報を交換し合い，共通認識をもつことがポイントとなる。例えば，感覚過敏のある子どもの場合，その特徴をしっている保護者が先生に一言伝えておくだけで，不用意なストレスをかけないように配慮できるだろう。療育機関の指導者が，幼稚園の担任に「今は，自分の気持ちを絵カードで表すように練習しています」と伝えておいたことで，幼稚園でも絵カードを使って感情表現を促していき，コミュニケーション不全を改善できたという事例もある。子どもを支援する関係者は，保護者を中心に位置付け，連絡帳をまわしていくのもよいだろう。筆者の実践では，SSTアプローチにおいて，毎回の指導についてのお知らせを家庭や幼稚園に出して連携をとることを行った（連携ノート：図5-4）。

② 役割分担とコンサルテーション

　指導を行っている専門機関，日常の生活の場である家庭，保育所，幼稚園，学校とが連携をとるには，まず，それぞれの機関の支援の役割を明確にすることから始まる。相談療育機関，通園施設，特別支援の学級などでは，言語指導や感覚統合療法，グループ指導などで特定の子どもの発達の状況を向上させたり，子どもの障害についての保護者の理解を促したり，家庭養育上の相談を受けたりする。一方で，日常的な場である保育所，幼稚園，学校は，子どもの全体的な発達を促し，その年齢に応じた教育的課題を指導していく。

> 連携ノート　　　　　（5月14日）
>
> （　みなみ　ひがし　くん　）は
> 　　　5月14日のグループ活動で次のことを学びました。
>
> > 『借りたいとき「かして」と聞き，相手が「いいよ」と言ったら借りる』ということを「かりもの競争」のゲームをして取り組みました。
> > 　また，今日は「負けても平気」と言うことを学びました。「勝っても負けても，みんなでやれた楽しい。だから負けても平気」ということをゲームを始める前に意識し，見通しを持ってゲームに参加できました。
>
> 幼稚園やご家庭でも，子どもたちがこのソーシャルスキルを実践できるように，下記の配慮をお願いいたします。
>
> > 　人の物を触ったり，借りたりするときには，「かして」ということ，そして，相手の返事を聞いてから借りるということを促してください。できれば，ご家庭でそのような機会を設定していただいて，練習してもらえるとよいかなと思います。
> > 　幼稚園では，まず，先生を相手に練習していただくとよいかなと思います。かしてのシンボルカード使ってみてください。
>
> 引き続き，ご協力お願いいたします
> 　　　　　　　　　　　　　　　　　　　　　　　　おひさま教室
> 　　　　　　　　　　　　　　　　　　　　　　　　　　下山　上子
>
> 保護者　記入欄（5月16日）
>
> > 　いつも，ひがしへの御指導ありがとうございます。たろうは他者への意識が低いので，このように具体的に教えてもらえて助かっています。家でも，実践してみます。
> > 　　　　　　　　　　　　　　　　　　　　　　　　　　　　　　　　母
>
> 担任の先生　記入欄（5月18日）
>
> > 　シンボルカード役に立っています。来週は，運動会の練習があり，そちらに通園できませんがよろしくお願いいたします。運動会の練習は，結構本人は苦戦しています。また，アドバイスいただければ助かります。
> > 　　　　　　　　　　　　　　　　　　　　　　みどりの丘幼稚園　白田青子

図5-4
連携ノート

家庭では身辺や行動の自立などに代表される"社会化"の側面だけでなく，愛情を与えたり情緒的な安定の役割をしたりといった"安定化"の側面も持ち合わせる。それぞれの機関でどのような特色があり，子どもと保護者にどのような役割を持っているか意識して役割分担を行い連携をとっていくことが望まれる。

コンサルテーションとは，問題や課題を抱えている子どもを支援している人に対する援助活動のことを言う。つまり，ある子どもの対応のことで困っている先生の相談にのり，その先生がその子どもによりよく対応できるように援助していくといったような支援のこと。保育所や幼稚園，小学校では，巡回相談（指導）が行われ始めている。そこでは，専門の相談員（コンサルタント）が当事者である先生に子どもの見立てを伝えたりアドバイスしたり

コンサルテーション☞
p.108 参照

する。巡回相談でなくても，発達支援の専門家が専門機関で子どもを直接支援するだけでなく，幼稚園や保育所，学校にでむき，**支援のネットワーク**作りをしたり，コンサルテーションを行ったりしていくことも重要となる。保護者や通常の保育士や教員の多くは，子どもの発達の障害や心理社会的問題に戸惑い，どのように対応していけばよいのか分からないことがある。そのようなときに，発達支援の専門家の当面の舵取りが必要となるのである。

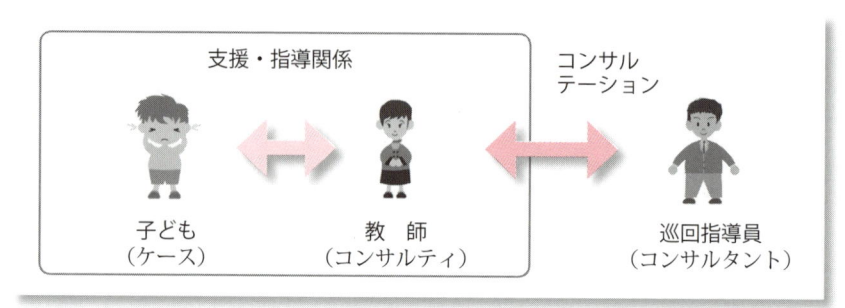

図5-5 コンサルテーションの関係

支援・指導関係　　　　　　　　コンサルテーション
子ども（ケース）　←→　教師（コンサルティ）　←→　巡回指導員（コンサルタント）

③ 本人と保護者中心のネットワーク

　発達支援をする際には，子どもと家族の個人情報を扱うことがでてくる。子どもの障害名，検査結果，家族関係，保護者の養育態度などなど，それらが外に漏れるようなことがあれば，支援する側が一変して被害を与える側に回ってしまう。また，保護者や本人の要望や感情を無視して，ことをすすめても，それはそれで子どもや保護者を傷つけることとなる。**個人情報の管理**を厳重にすること，**守秘義務**を認識することが重要となる。

　それだけでなく，各機関が連携をとる際には，保護者を介して情報交換を行ったり，保護者の許可を求めたりする。重度の虐待などの問題は除いて，基本的に保護者と本人をネットワークの中心に位置付け，ブラインドに事を進めないようにするのが重要である。知能検査，発達検査を行う際，もしくは専門的な指導療育を行う際でも，**インフォームドコンセント**の考えのもと保護者と子どもの承認が必要となる。また，それらの内容と結果は，保護者が持っているようにする。保護者が自分たちで考え，情報を収集し，子どものニーズに合うサービスを選択していく。本人と保護者が主体となり，賢い消費者になるように導くことも，重要な発達支援の一つであると考える。

（岡田）

> **インフォームドコンセント**：「説明と同意」の意味。医療の分野で発展してきた概念で，治療目的・内容を患者が理解できるように説明し，患者の承諾を得てから，治療にあたること。教育・保育・福祉等の分野でも重視されるようになった。

2　支援のネットワーク

1　地域のネットワークによるコラボレーション

❶　地域における「子どもの育ち」にかかわる援助機関

　子どもたちは，家族などの身近な人々だけでなく地域のさまざまな人々に見守られながら育っていく。現代社会は，互いに助け合う地域の子育て支援機能が低下していると言われがちだが，実際には，「子どもの育ち」を支える大人たちとはどのような人々が思い浮かぶだろうか。図5-6に示したように実に多様な人々が存在する。それぞれが独自の持ち味や特性・専門性をもちながら，互いに補い合って子どもの全人的な育ちを援助しているのである。子どもの年齢によってかかわる機関が移行していく面もあるため，自分がかかわっている地域において"どのような場合に，どのような資源があり，どのように活用できるのか"について把握しておくと，いざというときに役立つと思われる。

　「子どもの育ち」にかかわる主な援助機関について，特に発達支援の視点から表5-2にまとめた。機関によって，その対象とする子ども，構成員の専門性，援助の仕方は多様であり，それぞれの役割特性や機能を理解しておくことが大切である。

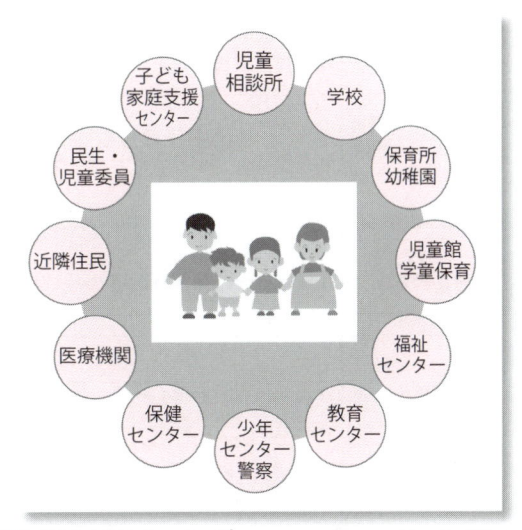

図5-6
子どもをとりまく地域のリソース

❷　地域のネットワーク

　地域における子どもたちへの援助のあり方は，社会全体の流れとして，単一の機関が抱え込むのでなく，さまざまな援助機関が関係しあいながら機能していく形態へと移行してきている。実際に複数の援助機関が子どもの育ちを支援していくときに欠かせないのが，「コラボレーション（協働）」である。これは，それぞれを"線"でつなぐ「連携」から一歩進めて，機関同士が柔軟に有機的に結び合うネットワークを基盤に，弾力的な"面"となって支援していこうとするあり方である。

　複数の機関がかかわる場合，それぞれの機関がばらばらに活動すると，混乱が生じたり効率が悪くなることがある。方針が異なったままのアドバイスを受けて，当事者である子どもと保護者が戸惑い，不信感を抱いたり，状況が悪化してしまうこともある。こうした事態を防ぐためにも，ネットワーク

コラボレーション：「協働」と訳されることが多く，"共同の"という意味と"働く"という意味とが含まれている。ヘイズら（2001）によれば，コラボレーションの本質的要素としては，①相互性，②目標の共有，③リソース（資源）の共有，④広い視野で考えること・見通しをもつこと，⑤対話の発展，の5点がある。コラボレーションとは，それぞれ立場の異なる者同士が，共通の目標に向かって，限られた期間内に互いの人的・物的資源を活用して，共同で問題の解決へ向けての対話と活動を展開することであり，「連携」より積極的な意味合いをもつ。

機関・制度名	構成員	機能
幼稚園 小学校・中学校 高校	教員，養護教諭，スクールカウンセラー，栄養士，事務主事，用務主事，校医，学校ボランティアなど	教科学習による学力の伸長だけでなく，学校生活における多様な経験を提供し，人格形成・社会性の発達・生活習慣の確立など，子どもから大人へ向けての全体的な成長発達に関する教育と援助を行う。
保育所	保育士，看護師，栄養士など	（保護者の就労等により）保育に欠ける乳幼児に対して年齢に応じた保育を提供する。子どもの生活全般にわたって保育するため，発達上の問題や児童虐待の問題が気づかれることも多い。
学童保育	指導員，保育士など	（保護者の就労等により）放課後，家庭に保護者がいない児童（小学校低学年）の保育を担う。
療育機関（福祉センター，民間療育センター等）	保育士，心理技術職，言語聴覚士，作業療法士，理学療法士，医師，ソーシャルワーカーなど	主に0歳から就学前の子どもを対象に，心身の発達上の問題について治療や援助を必要とする子どもとその保護者に対して，個別相談・療育，グループ療育，機能訓練等を行う。就学後も発達援助を行う民間機関も増えている。
教育相談室	臨床心理士，教職経験者など	主に幼児から高校生年代の子どもの育ちや学校教育にかかわる心理的な問題や発達の問題についての相談を行う。カウンセリング面接やプレイセラピー，心理検査等を用いて，保護者と子どもの相談を並行して行うことが多い。
児童相談所	児童福祉司，児童心理司，医師など	0歳から17歳の児童およびその家庭に関する問題についての相談・判定・指導・保護等を行う。相談業務は養護・保健・心身障害・非行・育成の5つに大別される。特に児童虐待に関しては，調査，保護等の措置を行う。
子ども家庭支援センター	行政職，社会福祉主事，心理技術職，保育士，保健師など	子育てに関する相談，子どもの一時預かり保育や交流の場の提供を行う。子どもと家庭を支援する関係機関のネットワークの窓口となり，情報集約・調整を図る。
保健センター	保健師，医師，心理技術職，保育士など	地域の住民の心身における保健サービスを行う。母子保健に関しては，乳幼児健診，母親・両親学級，訪問指導，発達相談，親子グループ活動など，継続的に見守りながら，必要な支援へとつないでいる。
医療機関（病院，クリニック等）	医師，看護師，心理技術職，メディカルソーシャルワーカーなど	発達障害等に関する診断と治療，精神疾患の治療や自傷行為がみられるときの緊急介入が可能である。治療方法は投薬の他，精神療法，デイケアなど病院によって様々である。
精神保健福祉センター	医師，保健師，精神科ソーシャルワーカー，心理技術職，作業療法士など	精神保健の向上および精神障害者の福祉の増進を図る地域精神保健の中核となっている。予防的な啓発活動・研修会，治療，デイケア，研究などを行っている。
警察・少年センター（少年相談）	警察官，心理技術職，補導員など	未成年の子どもの非行傾向，家庭内暴力，犯罪被害，交友関係などの相談窓口を設けている。
児童養護施設・乳児院	保育士，児童指導員，看護士，心理技術職，家庭支援専門相談員など	18歳未満の，環境上養護を要する（父母の死別，遺棄，家庭での生活困難など）子どもを養育する。虐待を受けた子どもが入所することも多く，その後の対応を行っている。
民生・児童委員	都道府県知事が推薦し厚生労働省大臣が委嘱する民間ボランティア	地域の身近な相談役として，担当地域の住民の支援に当たる。地域の目として問題を抱えた子どもや家庭を見守り，住民と行政，地域の学校や園をつなぐパイプ役となる。

表5-2 「子どもの育ち」の支援にかかわる機関

を基盤に協働していく援助のあり方は重要である。

　ネットワークづくりには，多くの自治体が設けている連絡協議会や委員会（定期的に各機関の代表者が出席し，情報交換や事例の検討を行う組織）などのシステム上の基盤づくりと，支援事例ごとに関係者間で連絡を取り合い，支援会議や関係者会議を実施するオーダーメイドのネットワークの積み重ね

とがある。いずれにしても，日ごろから顔の見える関係づくりとお互いの役割についての理解が大切である。特に児童虐待のケースなどは，多くの関係機関がかかわり，迅速に動くことが要求される緊急事態になることもあるため，すぐに動ける関係づくりが重要である。また，異動などによって担当者が交替することで途切れてしまうようなものでは不十分であり，責任をもって引き継いでいくことが求められる。

　ここで，子どもの状況に応じて，どのように地域のネットワークによる支援が広がっていくかについて，ひとつの事例を描出することで説明しよう（事例はすべて複数の事例から再構成した架空のものである）。なお，児童虐待については，詳しくは第3章を参照されたい。

事例 5-1　柔軟に変化していく支援のネットワーク

　小学校3年生のA子は，細身のおとなしい女の子である。1年生のころから遅刻や欠席が多く，学習にもあまり意欲がみられないA子を，学級担任を中心に養護教諭やスクールカウンセラーが気にかけてきた。母親が精神疾患を持つこと以外には詳しい状況がわからないまま，3年生になって欠席が増え始めた。A子の話から，父親は家に帰らず，母親は病状が悪いためA子を学校へ送り出すことが難しい状態であることがわかった。管理職の判断で，子ども家庭支援センターに気になる家庭として報告・相談しながら，地域の民生・児童委員や保健師から家庭へのかかわりも始まった。その中で，母親は，ようやく父親と離婚して生活保護を受ける生活へ踏み切った。しかし，A子と二人きりの新しい生活は母親にとって負担が大きく，A子は母親が心配で家の外に出られない面もあり，再び欠席がちとなった。情緒的にも不安定なようすが目立ってきた際に，教育相談室が紹介され，民生・児童委員が付き添って母親もしぶしぶながら通うこととなった。教育相談室では，母親の苦労をねぎらいながらも精神的な不安定さに危うさを感じ，A子の遊びのようすからもネグレクトや身体的虐待の影響を心配していた。

　この間，子ども家庭支援センターが主導して，学校，民生・児童委員，教育相談室，生活保護課，保健サービスセンター，児童相談所の各担当者が集まる関係者会議を開催し，ネットワークで支える態勢を整えてきたのであるが，それから間もなく，親子のやりとりの中で怪我が生じるような緊急事態となり，児童相談所の介入で一時保護の措置がとられた。その後，再び家庭生活への復帰を考える段階で，A子の保護先の担当者も加えた関係者会議が何度も開かれた。特にA子の安定と成長を願う学校は家庭に戻ることに反対していたが，家庭に戻った場合のリスクと対応策をそれぞれの視点から出し合い，話し合いを重ねていった。現実的な役割分担として，保護者の監督役＝児童相談所，母親の主治医と連絡をとりながら精神状態を把握していく役＝保健師，日常的な親子の話し相手・外出時のつきそい＝民生・児童委員，母親とA子それぞれのカウンセリング＝教育相談室，A子の教育および生活状況の把握＝学校，情報のとりまとめ役＝子ども家庭支援センター，が明確にされた。そして，関係者会議を継続しながら，家庭復帰後の親子の生活を見守ることとなった。

　ネットワーク援助を展開するに当たっての留意点をいくつか述べよう。

① 個人情報の取り扱い

　個人情報の保護と相談機関の守秘義務の視点は非常に重要である。コラボレーションにおいて情報を共有することは不可欠だが，その落とし穴としては，連携している気安さから安易に情報交換をしたり，どこから得た情報か

個人情報保護と守秘義務：個人情報保護の観点からは，連携の原則としては，当事者である保護者や本人に了承を得ることを前提とする。但し，子どもの心身の状況に緊急性がある場合，特に児童虐待や自殺防止に関することがらに関しては，この限りではない。また，医療機関や公的機関，相談機関には守秘義務が課せられているが，援助ネットワークも組織としての守秘義務を負うことで情報共有を図っている。

があいまいになりやすい点がある。場合によっては，当事者が傷ついたり不利益を被る結果になることもある。援助チーム内の集団守秘義務という認識のもと，共有する機関の範囲や情報の内容など必要性を慎重に見極めてやりとりすべきである。

② 支援者同士の対等性の保持と役割分担の明確化

それぞれの機関が自分の果たすべき役割を明確にし，お互いの機能を理解し合った上で，全体のコーディネーターとそれぞれの役割分担を確認する作業は欠かせない。支援の目標と方向性を共有しながら，お互いを活かし合う姿勢で取り組みたい。

③ 子ども（と保護者）を主人公とした支援

ネットワークで支えていく意識の強さから，支援の方向性を強く出しすぎて操作的になってしまったり，支援していく上での焦りや不安から支援者同士の間に対立や齟齬が生じたりすることもある。そのような危険を自戒しながら，共通する「その子にとってよいことをしていきたい」という願いに立ち戻って，何が必要とされているか，そして今何ができるかを見極めて，かかわりを考えていくことが大切である。また，特別支援教育の一例としては，子どもの育ちにかかわる一員として保護者もメンバーに加わり，学級担任や特別支援担当，学校ボランティアや療育機関スタッフ，教育相談室担当ら関係者が定期的に集まって支援会議を開くという形態が増えてきている。子どもと保護者の主体性を尊重し，育むような支援が求められていると言えるだろう。

④ 支援者間のふり返りと支え合い

背景や影響因が複雑なケースほど，かかわりは困難を極め，その効果が見えにくい場合も多い。支援者が抱きやすい不全感や罪悪感，あるいはどこかを非難したい気持ちに陥ることなく，必要な援助を提供し続けるためには，ネットワークの中でささやかな一歩の意味やプロセスを確認し，喜びあいながら，支え合っていく関係を築いていきたい。

2　子育て支援カウンセラーによる支援

❶ 子育て支援の多様なあり方

ここ数年，少子化や，仕事と子育ての両立困難，子育ての孤立化，子ども虐待の増加など，社会全体が取り組むべき課題として「子育て支援」の必要性が叫ばれている。社会が必要な支援と介入を行う方向への転換に伴い，**次世代育成支援**の視点から，各地域の行政対策としても「子育て支援」のさまざまな取り組みが工夫されるようになってきた。

例えば，東京都では各自治体に「**子ども家庭支援センター**」を設置することが定められている。子どもや家庭を対象とした相談や在宅サービスの提供，

次世代育成支援：家庭や地域の子育て力の低下に対応して，次世代を担う子どもを育成する家庭を社会全体で支援することである。平成15年度に「少子化社会対策基本法」および「改正児童福祉法」と並んで成立した「次世代育成支援対策推進法」に基づいて，すべての都道府県・市町村および国・地方公共団体（特定事業主）ならびに一般事業主に，5年を1期とした行動計画の策定が義務づけられている。

子ども家庭支援センター：子どもと家庭に関するあらゆる相談に応じ，関係機関と連携しながら，子どもと家庭を支援するネットワークの構築を図るための機関である。「先駆型」「従来型」「小規模型」の種類がある。機能は次の4つである（①②のみが従来型，小規模型である）。
①子ども家庭総合ケースマネジメント：総合相談，ショートステイや一時預かり保育などの子育て支援サービスの実施，子ども家庭支援ネットワークの構築とコーディネート，
②地域組織化：親子が交流するつどいの場（「子育て広場」など）の提供や子育てグループ活動の支援，ボランティア育成支援，
③要支援家庭サポート：軽度の児童虐待について在宅指導が適切な家庭や子どもが保護を経て家庭復帰した家庭についての見守りサポート，子どもの健全な成長が懸念される家庭への虐待予防的な訪問活動，育児支援を要する家庭へのヘルパー派遣，
④在宅サービス基盤整備。

関係機関によるネットワーク援助の調整や地域組織の育成を担っており，加えて「**先駆型**」として児童虐待防止機能をも備えた，多角的な子育て支援の中心としての役割を担う機関である。この他，母親が安心して就労できるように託児施設の拡充，保育時間の延長，病児保育等が検討されている。また，ファミリー・サポート・センターによる，育児援助を提供する者と依頼する者が会員となって，地域の中で助け合いながら子育てをする有償のボランティア活用制度，地域住民による子育てサポーター制度等の試みもなされている。保育所・幼稚園においても，地域に開かれた子育て支援機関として，子育て相談や未就園児サークル，園庭解放などが試みられ，役割を広げている。

　以上のような取り組みは，いわば支援を必要とする親子を"待つ"援助と言えるが，もう一方で"出向く"援助も行われるようになってきている。その一つとして，保育所・幼稚園を訪問して「子どもの育ち」を直接的・間接的に支援していこうとする「**子育て支援カウンセラー**（保育カウンセラー，キンダーカウンセラー等と呼ばれることもある）**活動**」がある。ここでは，そのひとつの形である東京都文京区で行われている子育て支援カウンセラー派遣の取り組みを紹介する。

❷　子育て支援カウンセラー派遣の取り組み

　文京区は，自治体の特徴としては，都心にあり，区民人口約18万人のうち子ども人口（0歳～14歳）は約10％と少ない。大学等の教育施設が多く存在し，教育に熱心な文教地区と言われている。公立幼稚園は10園，公立保育所は18園あり，うち1園は幼保一元化施設となっている。

　子育て支援カウンセラー派遣事業は，平成14年度より，教育委員会の管轄下にある教育センター教育相談室から「子育て支援カウンセラー」（臨床心理士など）を地域の公立幼稚園・保育所に継続的に派遣し，現場に即した

表5-3
子育て支援カウンセラーの活動内容

（平成18年度）

	幼　稚　園	保　育　所
人　数	2名	2名
担当園	1名が5園ずつ担当	1名が9園ずつ担当
頻　度	月1回	園の要望に応じて年3～8回
滞在時間帯	9時～16時	園によって異なる。10時頃～15時頃
相談活動	保育者とのコンサルテーション 保護者相談 「子育てトーク」への参加 園内研修	保育者とのコンサルテーション （保護者相談） 園内研修
一日の流れ	園長との打ち合わせ →登園から降園までの保育観察 　（子育てトークへの参加 　　保護者相談　　など） →降園後に，保育者との協議・検討	園長との打ち合わせ →保育活動の参加観察 →午睡時間帯に，保育者との協議・検討

コンサルテーション：ある専門家が，仕事上で自分の専門知識だけでは十分に対処できず困った状態にあるとき，同職種あるいは異職種の専門家に，情報や助言，指導を求めて相談することを指す。相談する側をコンサルティ，助言する側をコンサルタントと呼ぶ。お互いは対等な立場にあり，それぞれの独自性を尊重し合い協力する関係のもと進められる。

相談を行う活動としてスタートした。具体的な活動内容は表5-3の通りである。

心理援助の専門家が行う「子育て支援」のスタンスは多様であるが，本事業の場合，①訪問頻度（多くて月1回）を考えると，保護者との個別相談は継続性，受け入れ数ともに不十分であること，②一人の保育者への支援が，多数の子どもに対する支援につながり，コストパフォーマンスが高いことから，保育者へのコンサルテーションを相談活動の中心に据え，間接的支援に力点をおいた（図5-7）。

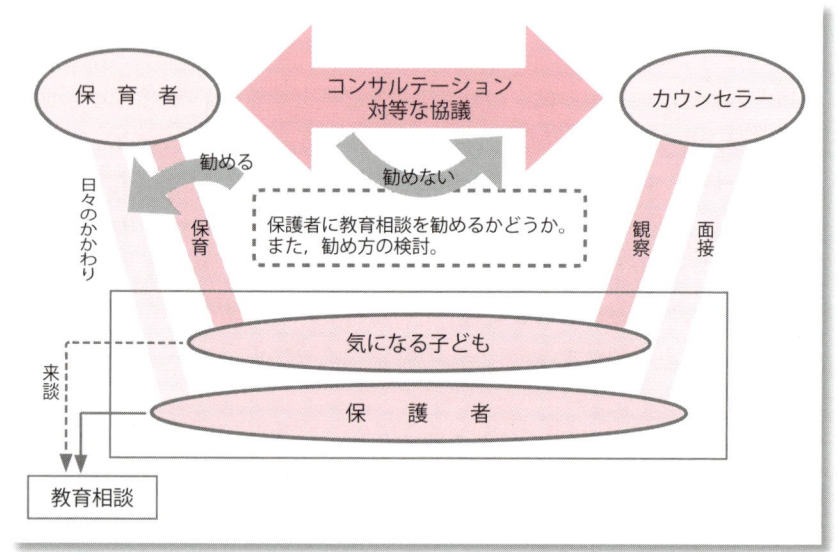

図5-7
子育て支援カウンセラーの活動システム

コンサルテーションを行うにあたっては，保育者と子育て支援カウンセラーはお互いの専門性をもつ対等な立場で，保育の視点と心理の視点を出し合い検討する。保育の中で気になる子どもに対し，心理学的な面からアセスメントや見立てを行い，保育者へ心理学的な視点を提供することで，子どもへの理解が深まり，保育に広がりや新しい視点がもたらされることを目指している。

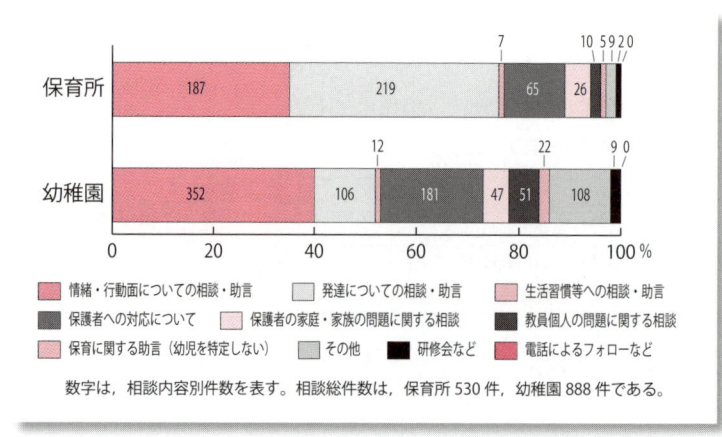

保育の現場で提示される相談の内容は，実に様々である。例として，平成18年度の訪問相談活動（訪問回数：保育所84回，幼稚園111回）での相談内容の内訳を図5-8に示す。主な相談内容としては，①情緒と行動の問題，②発達上の問題，③保護者への対応，④家庭や家族の問題（児童虐待を含む），が挙げられるが，これ

図5-8
子育て支援カウンセラー活動における相談内容
（平成18年度）

らが密接に絡み合っている場合も少なくない。ここで，実践例を2つみてみよう。（以下，子育て支援カウンセラーを「カウンセラー」と記す）

> **事例5-2　関心の偏りや独特な人とのかかわり方が気になる2歳児の発達支援**
>
> 　B男は，2歳としてはことばは豊富だが使い方が独特で，保育者と視線が合いにくい面があった。他児の遊びに関心を向けることが少なく，ひとりで電車の本をみては，保育者にお決まりのことばを言って欲しがることが多く，スキンシップをあまり好まないようだった。また，散歩に出かけたり帰ったりするときの気持ちの切り替えが悪い一方で，聞いていないようで聞いていて覚えていることもあるため，保育者はこのまま成長を見守るだけでよいのかどうか迷っていた。そこで，園長と相談の上，日ごろのようすを保育の観点別にまとめて，カウンセラーに相談した。
>
> 　カウンセラーは保育観察時にB男とかかわりをもちながら，発達の偏りがあることを認識した。しかし，まだ2歳の段階で特定の発達障害と断言することよりも，今，B男がどのように世界をとらえ，人やものとの関係をつくっているかを理解して，特徴に応じたかかわりを工夫していくことが大切であると考えた。そこで，保育者から日常の具体的な姿を聞きながら，B男の発達の偏りについてエピソードに即していっしょに整理していった。保育者は「今まで不思議に思っていたけど，そこが苦手だからなんですね。ということは……」と納得しながら，B男なりに人とのかかわりを求めている姿が明らかになっていった。そして，まず保育者との関係で，人とかかわって楽しいお決まりの遊びのレパートリーを増やしていくこと，なるべくことばで説明して見通しや状況理解をもちやすくしていくこと，B男の好きな電車の本を他児を交えて楽しむなど自然にかかわり合える機会をつくっていくことなどの方針が話し合われた。
>
> 　その後も，訪問の際に保育者はカウンセラーに経過を話し，観察のようすと合わせてB男の発達的変化を確認し合い，対応について検討しなおしながら，B男の育ちを見守ることとなった。

　この事例は，保育者の子どもの発達に関する気づきによって，より丁寧な発達支援につながった例である。子どもの発達の特徴が環境との間で'問題'という形になっていくことを回避したのであり，予防的な援助とも考えられる。コンサルテーションによって，子どもへの見方が広がり，保育者も安定してかかわっていくことができたと言えよう。

> **事例 5-3　ことばの遅れが疑われる 4 歳児の相談のつながり**
>
> 　4 歳の C 子は両親と 3 人で海外で暮らした後，3 歳半で日本へ帰国した。入園した幼稚園では，友達と一緒に遊ばず，一人でブロック遊びをして過ごすことが多かった。保育者は，ことばが少なく友達とのかかわりがもてない C 子が心配になり，カウンセラーに相談した。保育者は，カウンセラーの勧めにより，家庭での様子について両親と話をしてみることにした。母親は，初めは心を閉ざしがちであったが，保育者との信頼関係ができてくると「日本に帰ってきてから，同じ年頃の子どもをみて，もしかしたらことばの遅れがあるのではないかと思い始めた」と，気がかりに思うことを保育者に打ち明けた。そこで，保育者は，C 子の発達を専門的な観点からみた方がよいのではないかと感じ，母親にカウンセラーと話をすることを勧めた。カウンセラーは，訪問時に母親と園内で面談を行い，C 子の発達を継続して詳しくみていく必要があると判断し，専門機関を紹介した。そして，両親と C 子は専門機関を訪れ，発達援助を目的に定期的に通い始めることとなった。
>
> 　その後，母親は専門機関での助言を保育者に伝え，また保育者が母親といっしょに専門機関に足を運んで，C 子の発達援助の方向性や具体的配慮を確認しながら C 子にかかわっていった。また，カウンセラーの訪問時には，集団内での C 子の成長を共有し，保育者が日ごろ感じていることを意味づけたりしながら，成長を見守っていった。

　この事例は，保育者，保護者，カウンセラーの三者が，子どものようすに気がかりを感じ，それぞれがつながっていきながら，より専門的な発達支援を受けるに至った例である。カウンセラーが園内で保護者と面談する場合は，前述のように継続は難しく単発的な形となるが，子どもの発達面の説明・相談や保護者の子育て上の不安の受けとめだけでなく，このように専門的な療育機関や相談機関につなげていこうとする場合がある。文京区の場合，教育相談室に所属していることから，まず最初の相談窓口として教育相談を紹介しやすく，来談されて以降も連携がとりやすいという利点がある。

　以上のように，子育て支援カウンセラーとは，自らが保育の現場に赴くという相談スタイルをとるネットワーク援助の一つである。そのメリットとしては，① 問題が深刻化する前に子どもへの援助が開始できる，② 日常的な集団の力や場の力を活用した支援ができる，③ 必要な場合には最初の窓口となり，より専門的な援助機関へつなぐ役割を担える（橋渡し役割），④ 保護者や家庭の抱える事情のため主体的な相談はしにくく支援の届きにくい子どもにも，援助の手を伸ばすことができる（アウトリーチ的側面），⑤ 保育者の子どもの発達理解が豊かになり，全体的な保育の質が向上する，⑥ 日々紛れがちな日常の保育を振り返る機会を提供することで，園全体の保育が活性化する（ファシリテーター役割），⑦ 保育者がひとりで抱え込み，バーンアウトしてしまうのを防ぎ，相互に支えあう関係づくりを助ける，などが挙げられる。こうしたメリットを十分に活かせるようカウンセラー自身も研鑽していくことと，予防的な活動をどのように展開していくかが今後の課題である。

3 スクールカウンセラーによる支援

❶ スクールカウンセラー配置の動き

　スクールカウンセラー制度は，不登校やいじめ，軽度発達障害など子どもたちの問題に教育の専門家（教師）だけでなく，スクールカウンセラーが「心の専門家」として学校に入り，多面的に子どもや保護者，教員を支援しようとするものである。文部省（当時）が平成 7 年度より公立中学校に調査研究として導入し，154 校からスタートして以来拡大し続けている。平成 17 年度までに 5 か年計画で全公立中学校に 1 万人派遣をという動きもあったが，自治体によって差がある現状である。東京都では平成 15 年度に公立中学校全校に配置されるまでになっている一方で，20％台の自治体もある。

　このような国の補助による配置とともに，各自治体では，独自の制度として，小学校も含め，「スクールカウンセラー」「心の教室相談員」等名称はさまざまだが，心理援助の専門家を派遣する試みが増えてきている。

　スクールカウンセラーは，前節の子育て支援カウンセラーと同じように，教育の現場に赴いて，ネットワークの中でともに支援する心理援助職である。当初は，受け入れる学校側の戸惑いもあったが，学校とスクールカウンセラー双方が試行錯誤しながら，学校という場の特徴をふまえて様々に工夫を重ねてくる中で，定着しつつある。

❷ スクールカウンセラーの活動

　基本的な形態のひとつとして，東京都の配置事業として行われているスクールカウンセラー事業について説明する。

　スクールカウンセラーは，臨床心理士や精神科医，児童生徒の心理臨床を専門とする大学教授等の資格をもつ者が，非常勤職員として担当中学校に週 1 回 8 時間滞在し（年間 35 週勤務），校内に設けられた相談室の内外で，以下のような活動を行う。

  ① 児童生徒への直接的支援

　　児童生徒との個別カウンセリング，グループカウンセリング，心理アセスメントだけでなく，教室に入れない不登校生徒の別室登校のサポートや休み時間の自由来室など，居場所づくりや，適宜，学校内を巡回して授業観察や声かけを行う。

  ② 児童生徒への間接的支援

　　教職員との話し合いや保護者面接を通して，コンサルテーションや心理ガイダンスを行う。また，継続的なカウンセリング面接によって保護者をサポートする場合もある。

  ③ 連携活動

校内での各部会や職員会議への参加や，特定の児童生徒に関する支援会議の一員として，連携・協力していく。また，学外の機関（教育相談室，医療機関等）への紹介や連携の窓口となる場合もある。

④ **広報活動**

相談室便りの発行や講演会を通して，心理臨床の知識や理解を広め，身近なリソースとして活用しやすい状況づくりを行う。

⑤ **教師や保護者の支援力を高めるための活動**

教職員向け研修会，PTA主催の講演会・座談会などを通して，学校全体への心理教育的アプローチを行う。

このように，多種多様な活動内容があるが，それぞれが重要な意味をもち，かつ関連性をもって日々の支援が成り立っているのである。相談の内容については，不登校，いじめ他の友人関係の問題，発達上の問題，など多岐に渡るが，ここでは，発達支援の視点から，実際にスクールカウンセラーがどのような役割を担って働いているかについてみてみよう。自治体からの派遣により小学校で活動しているスクールカウンセラーの実践から，発達上の問題が背景にある具体例を2つ挙げる。

● 事例 5-4　　登校渋りの背景に発達上の問題を抱えていたD子

D子は，小学2年生になってしばらくして，朝，頭痛や吐き気を感じたり，学校に「行きたくない」と言うことが出てきたため，母親と担任が連絡をとり気にかけていた。近くの小児科で診てもらっても，特に医学的な問題はなかった。そこで，担任はスクールカウンセラーとも相談し，状況を整理していったところ，算数のある朝や，特別活動が予定されている日が多いことがわかった。また，実際のD子の学習も，特定の内容の理解と習得の難しさがうかがえたため，母親，担任，スクールカウンセラーによる面談がもたれた。そこでは，D子の発達に何らかの苦手分野があるかもしれず，その特徴を把握しながら援助していくことが，D子の気持ちの理解と登校意欲の回復に役立つだろうことを説明し，母親と相談の上，教育相談室を紹介することとなった。

教育相談室では，母親からの話とD子の発達検査から発達状態の把握を行い，D子は認知発達の偏りや抽象的な概念理解に難しさを抱えており，いわゆる「LD」児への学習支援が必要な状態であることが明らかになった。教育相談担当者は学校を訪問して，担任，スクールカウンセラー，特別支援コーディネーターである養護教諭とD子の発達像を共有し，学校では，スクールカウンセラーが担任の相談にのりながら，D子の発達特徴に応じた学習の配慮・工夫がなされていった。教育相談室では，母親との相談面接と並行して，D子が情緒的に安定していくことを目的として継続的なプレイセラピーが行われた。プレイセラピーを通して，D子の「困難な課題にも自分なりのペースで乗り切る」というテーマが表れ，'くじけそうな気持ち'と'がんばる意志'との間で自分らしく挑んでいくペースをつかみ，元気になっていった。そのようなD子の心のありようはスクールカウンセラーに伝えられ，学校での配慮に活かされた。

教育相談終結後も，学校での支援はスクールカウンセラーのサポートによって，各担任に引き継がれていった。

この事例のように，一見不登校につながる問題のようだが，その背景には子どもの発達上の問題も関係している場合がある。スクールカウンセラーは，

子どもの「心の専門家」として，まずD子の状況をみたて，学校内での連携，続いて学校外のネットワークをつなぐ役割として機能していったのである。

このスムーズな連携の土壌としては，担任とスクールカウンセラーが気軽に相談できる信頼関係を築いていたこと，スクールカウンセラーが学校行事や保護者会の折に児童や保護者と顔を合わせる機会を設けていたこと，教員とスクールカウンセラー間のコンサルテーションが定着していたことなどが挙げられる。日ごろの関係づくりや，スクールカウンセリング活動の理解を広めておくことが，必要に応じて迅速に対応するときの地盤となるのである。

> **事例5-5　学校で荒れるE男を悪者にしない支援**
>
> 　E男は，学習の成績は良好で，まじめで明るい少年だったが，小学5年生になるころから，友達とのトラブルが頻発し，担任に反発して荒れることが多くなった。乱暴な言動を注意すると，余計に興奮してパニックのような状態に至ることもあった。困った担任はスクールカウンセラーに相談した。
> 　スクールカウンセラーは，まずはパニック状態の緊急対応として，あれこれ説得しようとするのでなく，E男が落ち着ける避難場所を設けることを助言し，勤務日は相談室も居場所として位置づけ，トラブルが起きた後，可能な範囲でいっしょにふり返る機会を提供することとした。それと並行して，E男の状態について担任からの話や授業や休み時間の観察から情報収集を行ったが，それらのエピソードからは「アスペルガー症候群」に類する発達特徴がうかがえた。そこで，担任を初めとした教員に，E男の対人関係の持ち方の特徴と対応のコツを整理して解説し，理解と配慮を求めた。
> 　一方で，担任から度重なるトラブルを聞いて心配した母親が，意を決してスクールカウンセラーのもとに来談した。スクールカウンセラーは，E男自身が悪いのではなく，いくつかの対人関係上の感じ方や行動の傾向の特徴を挙げながら，「コミュニケーション上の悪循環の中でE男自身，自尊心が傷つき苦しんでいる。E男の被害感を和らげてあげながら，背景にある発達特徴を明らかにして学級の雰囲気も含めた周囲の環境を整え，対応していくことが必要である」という考えを話していった。数回の面接を重ねる中で，「E男が少しでも楽になって，もとの明るい子に戻れるのなら…」と母親は発達障害への援助を専門とする医療機関を受診することを決めた。
> 　医療機関では，生育暦や検査等から，改めて「アスペルガー症候群」の発達特徴をもつことが示され，一時的な処方として，気持ちを落ち着かせるための服薬を用いながら，心理士によるE男の定期的なカウンセリングが継続された。母親は，担任とスクールカウンセラーへ医療機関の方針と助言を伝え，学校での対応が続けられた。そうするうち，トラブルが全くなくなるということはないものの，沸点が下がるように頻度は少なくなっていった。E男自身も，友人のおふざけのひと言を聞き流せるようになったり，自分から水を飲みに行って頭を冷やすようにしたりなどの変化がみられ，クラスメイトも再びE男のジョークのおもしろさや正論の正しさを認めたり，細かな言動は多めにみたり声をかけあうなどのようすが見受けられるようになった。

このように，スクールカウンセラーは，学校内にいながらも外部性と専門性を保ちつつかかわる存在として，表に現われた問題にとらわれてE男を悪者にすることを防ぎ，また，トラブル自体をなくすことを目的とするのでなく，E男と周囲の成長をサポートしていくあり方を学校全体で模索していく方向へと促す，という役割も果たしている。子どもの発達可能性を信じなが

ら，前向きに取り組んでいく臨床者として，また柔軟な社会を育もうとする控えめな変革者として，出すぎず，退きすぎず，決め付けずに，独自の味をもつ学校の一員として，活動を積み重ねていくことが大切であろう。

(岩城)

第6章　地域をつなぐ発達支援

江ノ島のおうちの雪

1　地域社会と発達支援

1　人間の発達と人々のかかわりの必要性

❶　発達をめぐる状況

　子どもたちの発達にとって豊かな人間的環境は欠くことができない。子どもたちは自分自身の力で成長していくとともに，この環境による影響を受けとめながら成長していく。子どもたちは，誕生とともに手厚く養育されることが必要であり，その時の経験はその後の成長にとって大きな意味を持つ。

　そもそも人間の誕生と，その後の生存および成長発達は周囲の人との関わりが無くては成り立たない。人間は実はとても頼りない状態で生まれてくる。誕生後に生存にとって必要な体温を維持することも，食べ物を得ることも一人では実現できない。それらは親や周辺の人達との関わりでもたらされる。その意味では人間は自分の力で生きていくことができるように十分に成長して生まれてくるとはいえない。そのような状態のもとで人と人とのかかわりや社会との関係を持ちながら生存を果たすとともに，人間的な成長を実現していく。ポルトマン（A.Portmann）はこのようにして生まれてくる人間の姿を「**生理的早産**」（physiological premature delivery）といっている。

その後も人間にとって人と人とのふれあいは重要である。ハーローは，霊長類を使った実験で生物は食べ物だけでなく，ふれあいをもとめながら生きていることを示している。霊長類では心の成長にとって他の個体とのかかわりが重要であることが論究されている。

幼児期において母親や自分自身を親身になって世話をしてくれる他者との間に見られる親密で親和的な行動を**愛着行動**というが，このことは人間的成長にとって人とのかかわりが必要であることを示している。近ごろ，この愛着を軸とした関係は親と子など特別な関係の間で形成されるだけでなく，広く他の社会的な関係にまでつながりを持った**ソーシャル・ネットワーク**（social network）として築かれることの重要性が指摘されている。人間的なふれあいや社会との関係は人としての生存や，成長発達にとって欠かすことができないのである。

❷ 支援が人の生活や社会に果たす役割

現代の子育てを取り巻く状況において，積極的に支援を行っていくことの必要性が見出される。このことは，現代社会において必ずしも子どもたちの成長発達を取り巻く状況が十分に整えられているわけではないことを意味することでもある。しかし，同時に人間的な成長発達にとって人や社会とのかかわりが不可欠であり，重要な意味を持つのであるならば，支援を通じて示される人の成長発達へのかかわりは，支援というスタイルをとりながらも，人や社会との関係を形成するものとなっている。つまり，支援には必要なサポートを行うという意味とともに，もう一つ支援は人と人とのかかわりを生む機会となり，このことによって人と人との社会的関係を構築するという意味がある。つまり，支援には，支援という実質的な役割があるとともに，同時にこのことを通して人間相互の社会関係を構築するという意味があるといえる。

2　発達支援の現代的問題

❶ 子育てや子どもたちの生活をめぐる状況

子どもたちは，生まれた時点から豊かな人間的かかわりや環境のもとで育てられることが必要である。しかし，現実には成長発達の途上にある子どもたちを取り巻く社会情勢には厳しいものがある。例えば，本来大切に養育を受けるべきである子どもたち自身が虐待や暴力などの被害に遭っている。

児童虐待については2000（平成12）年に「児童虐待の防止等に関する法律」（児童虐待防止法）が制定された。そこでは身体的虐待，性的虐待，育児の拒否や怠慢（ネグレクト），心理的虐待の4つに分けられている。その後，2004年に改正されたが，その際，対象が虐待を受けた児童から，「虐待を

受けたと思われる児童」にまで広げられた。子どもたちは親などの保護者から成長期において暴力や言葉による心理的虐待によるストレスなどを受けた場合，それは，その時点でのストレスや心的外傷だけでなくその後の成長や人格形成にまで大きな影響をおよぼす。さらに，成人した後に子ども期に虐待を受けて成長した親が，わが子に再び虐待を引き起こしてしまう場合もあるなど，家庭生活そのものや，さらには世代間にまで引き継がれてしまう場合もあるなど深刻である。

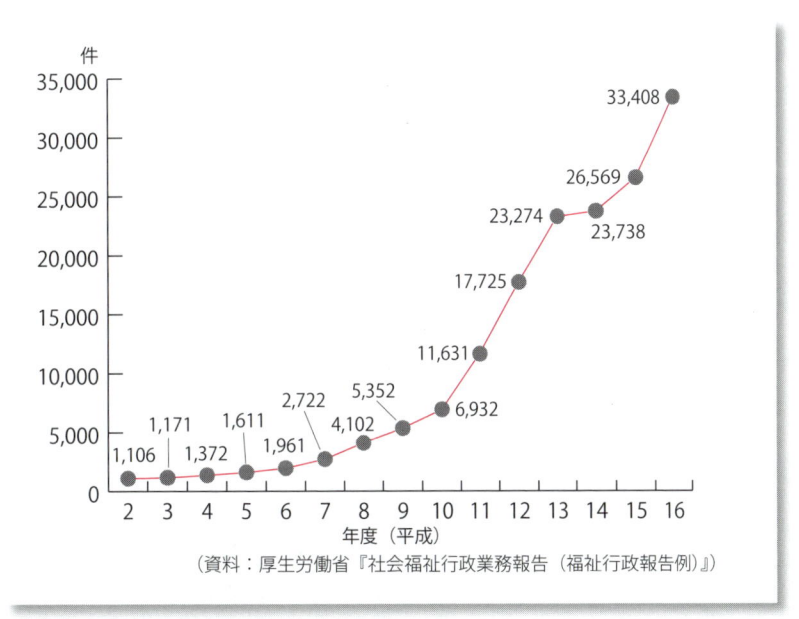

図6−1
児童相談所における虐待対応件数の推移

（平成18年版厚生労働白書）

　平成18年の厚生労働白書によると，全国の児童相談所に寄せられた相談対応件数は，2005年度では34,451件となり，児童虐待防止法制定以前の1999年度の11,631件と比べると約3倍に増えている。（平成18年版 厚生労働白書）

　また，子どもたちが犯罪に巻きこまれる例も多い。平成17年における子どもの被害件数は34,459件で，前年より2,595件減少した。その内，全刑法犯被害件数に占める子どもの被害件数の割合が高いものに性的な犯罪や暴力行為などがある。また，児童買春や児童ポルノなど，成長期にある少年・少女の心身に悪影響をおよぼすものがある。これらは少年・少女の福祉を害する犯罪であり，**福祉犯**ともいわれる。

　現代の情報社会ではインターネットを通じて子どもたちが被害にあったり，犯罪に巻きこまれることも多い。ネット上で子どものプライバシーが侵害されるなどの状況も目立ってきている。

表6−1
子どもの罪種別被害状況の推移（平成8〜17年）

（平成18年版警察白書）

	平成8	平成9	平成10	平成11	平成12	平成13	平成14	平成15	平成16	平成17
殺　人	100	106	121	87	100	103	94	93	111	105
強　姦	61	82	63	65	72	60	90	93	74	72
暴　行	122	180	180	221	477	630	724	945	1,115	1,136
傷　害	157	178	203	206	338	450	467	536	615	546
強制わいせつ	1,063	1,229	1,199	1,391	1,668	2,037	1,815	2,087	1,679	1,384
公然わいせつ	27	31	22	32	27	50	48	79	120	132
略取・誘拐	133	98	84	100	115	91	108	133	141	104

（件）

2　少子化と発達支援

　2005年の**合計特殊出生率**は1.25で過去最低であった。合計特殊出生率はその年次の15歳から49歳までの一人の女性が生涯の間に産む子どもの数である。1989年には1.57となりそれまで最低であった1966年の1.58を下回り1.57ショックといわれた。現在は，合計特殊出生率がこれに以下になると人口減少が始まるという**人口置換水準**（年によって変動があるが，おおむね2.1といわれる。）を下回っている。社会が存続する上で必要な人数は算術的にはこの人口置換水準を上回った子どもが生まれてくることが必要であるといわれているが，その水準に達していない。つまり，人口減少社会と向き合っている状態である。社会的要請として少子化に歯止めをかける，あるいはその軽減をはかることが求められている。この意味からも支援を充実させることが重要である。

　少子化の社会では，子どもにとっては兄弟・姉妹の数が少ないなかで成長することになる。また，現代は核家族化が進行している。これらのことは，子どもたちを取り巻く人間関係の希薄化や多様性の減少をうながす要因ともなっている。子どもたちの成長にとってさまざまな多くの人達との交わりのもとで生活し，多様な人間関係を経験することが大切である。

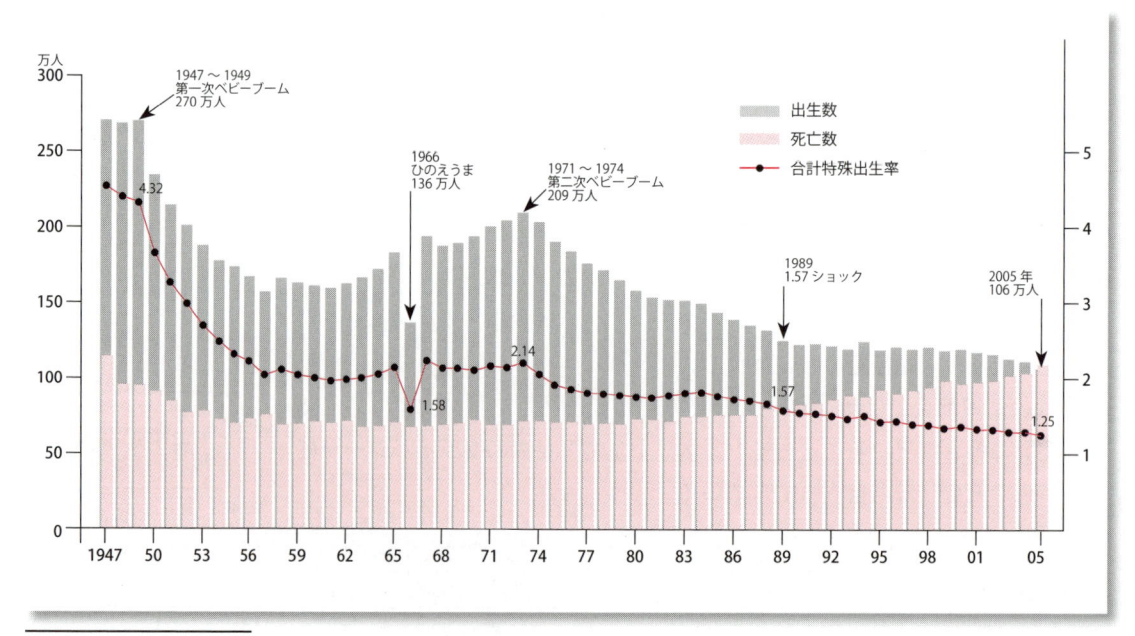

図6－2
出生数・死亡数・合計特殊出生率

（平成18年版厚生労働白書）

3　高齢社会の発達支援

　年齢15歳以上を老年人口といい，総人口に占める老年人口の比率を高齢化率という。この高齢化率が7％を超えると高齢化社会といわれ，14％となるとその社会は高齢社会といわれる。わが国はこれをはるかに超えている。わが国の平均寿命をみると2005年は女性85.49年，男性78.53年である。

この**平均寿命**は世界でも高く，また高齢化の進んでいる国となっている。

高齢者は自らの子育ての経験を有するなど，支援の実施者としての知恵や知識，技術を備えている。子育ての支援は高齢者自身の活躍の場としても意味がある。これまでわが国では高齢者は，親子に祖父母を加えたいわゆる大家族のもとで，高齢者が孫の世代の子どもを育てることや，親の子育ての相談相手になるなど効果的な役割を果たしてきた。しかし，現代では**核家族化**の進展とともに，そのような機会は減少してきている。家庭におけるこのような変化とは別に，新たな形態として高齢者が子育て支援に携わるということも行われている。例えば，宅幼老所として，幼児を高齢者のグループホームなどで預かることが地域で行われている。

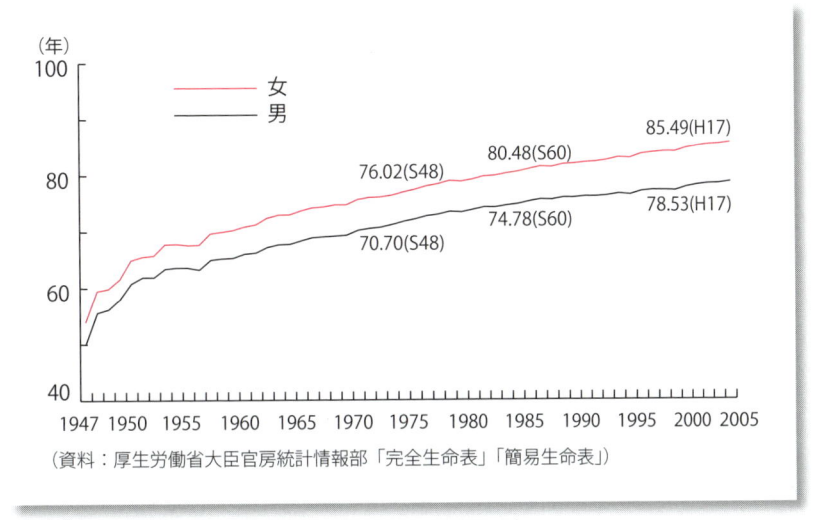

図6-3
平均寿命の年次推移

（平成18年版厚生労働白書）

4　家庭の変化と発達支援

家庭のあり方そのものに変化があらわれている。それは，核家族化の進展と単独世帯の増加ということである。図6-4のグラフによると核家族世帯は昭和45（1970）年には56.7％であったが，平成12（2000）年は58.4％になっている。親と子，孫が同居する三世代世帯は12.2％から7.5％になっている。同時に大きな変化は単独世帯が増えていることである。単独世帯は20.3％から27.6％へと増加している。

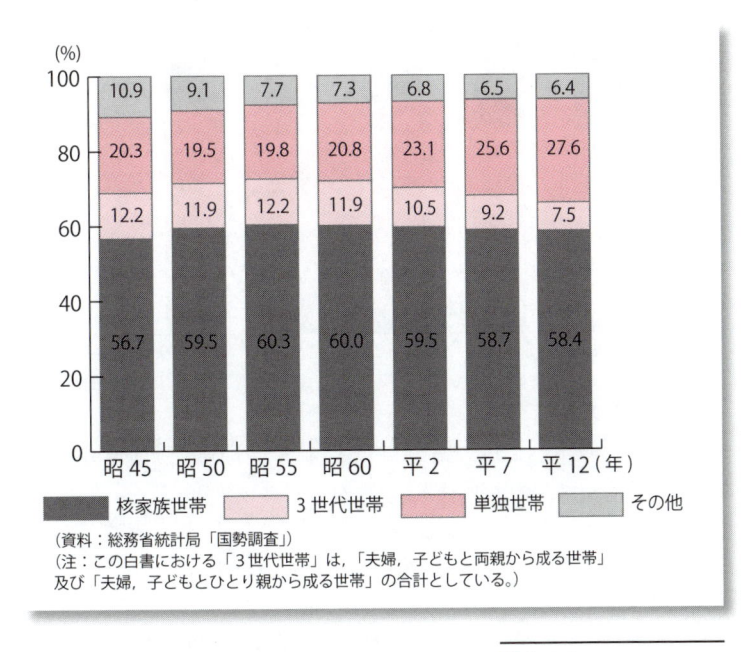

これらの動向から世帯規模が小さくなってきていることがわかる。核家族といわれるように親と子を中心とした家族構成となり，祖父母を含めた大家

図6-4
世帯類型別構成割合

（平成18年版厚生労働白書）

族は減少してきている。そのために，家族の中で子育てにかかわる人が少なくなり，また人間関係の経験も親と子を中心とした関係に留まることになる。

家族においては別の変化も見られる。それは，家族の成員（メンバー）である女性が社会進出していることである。夫婦共に働く共働き世帯は2000年に942万世帯であったのが，2005年には988万世帯と増加している。反対に，同じ期間，夫婦のいずれか片方が働いている世帯は916万世帯から863万世帯へと減少している。女性が安心して就業できるためにも，また家庭での子どもたちの育成のためにも支援が求められる。

5 社会の変化
① 男女共同参画社会

1999年に，男女共同参画社会基本法が公布，施行された。この法に基づいて具体的に取り組むべき施策を示した男女共同参画基本計画が2000年12月に策定されている。ここでは，男女が職業においても，また生活においても性別によって差別を受けないこと，家庭生活と仕事など他の活動面が両立することなどが示されている。社会のめざす方向や政策として男女がともに社会に参画することを基本とすることが示されている。従って，これは単に女性の職場進出を保障することだけでなく，社会で整備されるべき制度やシステムも含めた生活全般のあり方に関するものとなっている。

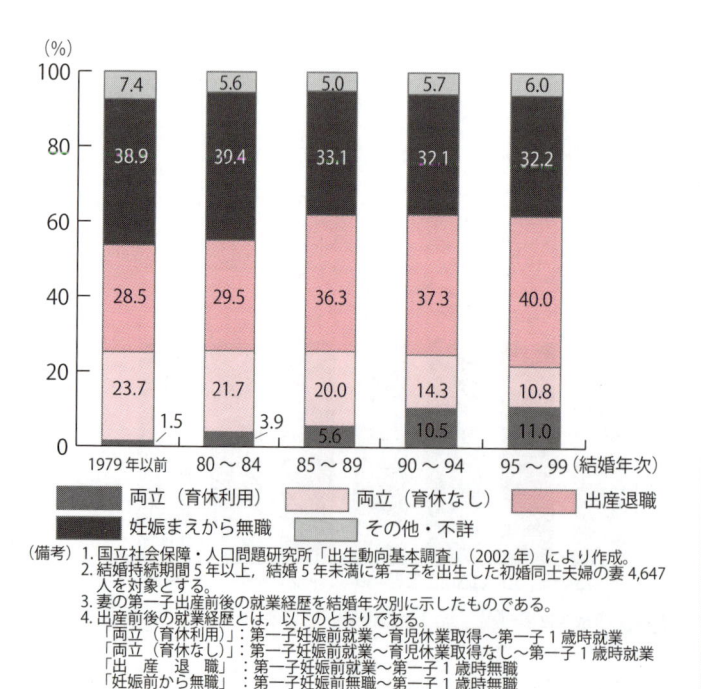

これにより女性も雇用や出産時の不安もなく，安心して出産ができて，出産後も女性も継続して働くことができる社会の実現が求められている。このことは男性も育児・家事の役割を担うなど男性としての活動のあり方にもかかわっている。グラフからもわかるように，女性の退職では出産退職が依然として多い。それは育児休業制度を導入した後もあまり変化がない。そのため，育児休業制度はそれが導入されることと共に，使いやすい状態で整備されていることが必要である。そのためには，職場の意識を変えていくことも必要となる。

図6-5
出産前後の妻の就業状況

（平成18年版厚生労働白書）

② 情報化の進展

情報化の進展は技術の進歩とともにめざましい。情報化は，インターネットなどを通じた**グローバル**な展開と同時に，家庭におけるパソコンの普及や「携帯」などによる**情報のパーソナル化**とともに人々の身近な生活にまでおよんでいる。情報化は職場や地域生活，家庭や個人の生活など社会のすみずみにまでわたっている。現代は「いつでも」，「どこでも」，「誰でも」，「どのようなことでも」ネットワークを意識することなく情報にふれることができ，また実際に活用することができる。このような社会を「**ユビキタス**社会」という。

情報化が社会に与える影響にも大きなものがある。メールや携帯の普及は人々のつながりを容易にした。それは，空間としても，遠隔の地にある人のつながりにしても，瞬時に可能としている。いつでも，誰とでも，情報のやりとりが可能となり，さらにメディアに盛られた音楽や映画などのコンテンツの利用も急速に進んでいる。

情報化社会は，情報利用が社会に急速に拡大するという量的な進展とともに，情報の個人利用というパーソナル化が急速に拡大している。一人一人の個人が大量の情報を，不特定の多数に発信することが可能である。そのような情報を受け取ることも容易である。ホームページやブログの普及はこれを端的にあらわしている。

しかし，このような動向とともに，これに伴う危険性も大きい。時には犯罪の被害に遭うこともあり，また人権やプライバシーが侵されることも生じている。メールでの言葉の行き違いが犯罪にまで発展する例がある。

情報リテラシーがしっかりと認識され，正しく情報を発信し，受けとめるとともに，互いに傷つけあうことなく，利用することが必要である。情報リテラシーについての教育は急速に進められなければならない。

情報を通じてもたらされるさまざまなメディアやいわゆるサブカルチャーは子どもたちの生活にも身近なものとなっている。その中には，青少年の発達にとって好ましくないものも多数含まれている。「**ヴァーチャル・リアリティ**」という言葉がいわれるように，メディアの中での仮想の出来事をあたかも実体験として受けとめてしまうことも指摘されている。また，人間関係において実際の交流がないままに，メールやネット上での関係で人と人との結びつきが形成されかねないこと，メールなどを介した関係のもとで親子関係や友だち関係なども希薄化されてしまうことがある。

他方，情報化などＩＴ技術の普及によってもたらされた長所も多い。ＩＴ技術は子どもたちの安全にとっても大きな役割を担ってきている。**ＧＰＳ**を用いた位置管理などによって児童生徒の登下校を含めて所在地点を確認できるシステムが構築されている。

ユビキタス（ubiquitous）：もとはラテン語。「どこにでもある」を主な意味とする。生活のどこにでも情報がある社会をいう。ひるがえって情報社会において，いつでも，どこでも欲しい情報，必要な情報に触れ，手に入れることができることができる社会をあらわす。

情報リテラシー：読む能力，書く能力を一般にリテラシー literacy という。情報リテラシーという場合，情報を作成する能力も言うが，それだけでなく多くの情報を収集し，読み取り，整理し，活用する能力。また，発信する能力をさす。この中には，他人を誹謗・中傷しない，プラヴァシーを侵さないなど，ネットを使用する際に守るべきエチケットも含まれる。また，テレビやさまざまなメディアが伝える情報の読み取りや利用の能力も含めてメディアリテラシーという。

ヴァーチャル・リアリティ（virtual reality）：仮想現実。コンピューター・シュミレーションなどをとおして，実体験に近い感覚が得られる。本来，疑似体験であるが，ゲームなどで仮想の環境や行動を体験することで，現実と仮想と区別した認識が希薄化する状態をあらわす。

GPS（global positioning system　全地球測位システム）：（人工）衛生測位システムを活用。複数の衛生からの信号を同時に受信することにより，位置情報を得る。地図情報として活用され，カーナビなどに用いられている。携帯などと連結して，位置情報を得ることができるため，小学生の登下校の安全確認などに使われてきている。

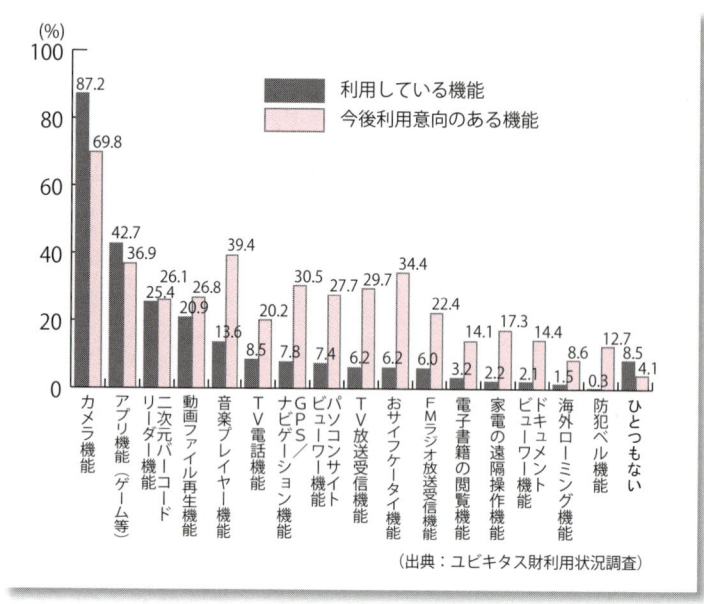

図6－6
携帯電話・PHSの利用機能と利用意向
（平成18年版情報通信白書）
（出典：ユビキタス財利用状況調査）

また、いつでも、どこでも連絡を取り合える状況はたとえば親子の意思疎通の上でも効果的である。親が働いている場合、ネットを通じて親子が連絡や意思疎通をはかることができる。また、ネットを通じて心の内を伝えあえることができるということもある。

情報化はその功罪が正しく認識され、有効に活用されることによって子どもたちの生活や成長発達にとって効果的に作用できるといえる。しかし、その危険性も十分に認識され、しっかりとした情報リテラシーが習得され、その上で活用されなければならない。

2 発達支援の考え方

1 支援についての考え方

❶ ノーマライゼーションおよびニーズ教育の視点

障害と向き合う場合の視点を、生活や人間のありかたとして端的に示すのが**ノーマライゼーション**の考え方である。また、現代ではニーズ教育を軸とした支援を踏まえながら、**個別教育**（パーソナル・エデュケーション personal education）へと展開してきている。地域においてはインクルージョンの考えとともに、**コミュニティ・インクルージョン**が唱えられている。

ノーマライゼーション（normalization）は「常態化」ともいわれる。1950年代デンマークの**バンク・ミケルセン**から始まる。ノーマライゼーションについて具体的に示しているのがスエーデンの**ベンクト・ニイリエ**である。ニイリエはノーマライゼーションの具体的なあり方として8つのノーマライゼーションを提唱し、「**ノーマライゼーションの育ての父**」といわれる。

8つのノーマライゼーション
① 一日のノーマルな生活のリズム
② 一週間のノーマルな生活のリズム
③ 一年間のノーマルな生活のリズム
④ ライフサイクルにおけるノーマルな発達的経験

⑤　ノーマルな個人の尊厳と自己決定権
⑥　その文化におけるノーマルな性的関係
⑦　その社会におけるノーマルな経済水準とそれを得る権利
⑧　その地域におけるノーマルな環境形態と水準

2　ソーシャル・ネットワーク

　地域や住民による連携した支援はソーシャル・サポートといえる。障害や発達について個別的な人と人のつながりで行われるサポートも重要であるが，同時に社会的な仕組みや連携にもとづいて支援が行われることが必要である。それらには人や組織，機関などによる連携がある。実際に，支援は個別的な人のつながりから多くの人と人とのつながり，人と保健所や社会福祉協議会，市町村役場やなどの行政といった組織や機関，地域とのつながりで行われることになる。

　人の成長発達では，妊娠，出産においては保健師や保健所，医師，などの連携がある。誕生後においては，家族の父親，母親，兄弟などその子を取り巻く人々からの協力・支援や，検診にかかわる保健所，児童相談所，保育所，幼稚園などがある。障害においてはその内容に応じて医師や介助者などの人的支援者，福祉施設などが関係する。

　このような人や地域，組織，機関などが連携して支援する仕組みや機能を**ソーシャル・サポート**（social support）という。そこで形成されるつながりを**ソーシャル・サポート・ネットワーク**（social support network）という。

　現在，ソーシャル・サポート・ネットワークではIT技術の進歩とともに情報機器も含めたネットワークが構築されている。遠隔地の医療診断でも情報機器を用いて遠くにいる医師と患者や，医師相互を結んで行われている。また，障害や障害にある人についての情報交換，連絡は大量の情報を即座に共有することを可能にし，支援に活かされている。

3　支援リソース

　発達について支援を行う際に，その活動や行為を支える方策や手段，人材，施設，機関や団体，組織などを支援の**資源**（resource：リソース）という。これらのリソースは，支援の対象を中心として，支援を効果的に果たすための役割や機能のかかわりとして構成される。

　リソースには，主なものとして**人的リソース**，**物的リソース**，**経済的リソース**，**環境リソース**，**文化的・生活的リソース**などがある。例えば，人的リソースには家族や兄弟・姉妹，地域住民，またボランティア活動などを通して協力する若者や高齢者等々などの人材が含まれる。物的リソースには車椅子，床が低い構造で車椅子や足の不自由な人でも容易に乗車できる低床自動車，

補聴器などの福祉機器などがある。環境リソースには住環境としてのバリアフリーの住居，エレベータやエスカレータなどを設けた建物，さまざまな支援施設などがある。経済的リソースとしては助成金やバザーなどの収益，寄付による財源などがある。また，地域において近隣どおしが助け合う相互扶助の習俗・習慣，人々のつながりなどは文化的・生活的リソースといえる。

リソースは，障害や発達の状態で異なったものとなる。それは，リソースは求められる支援に応じて果たす役割が異なるからである。例えば，発達についても段階が異なるとそれを支援するリソースは異なる。幼児期では子どもたちの発達を促す上で役立つ遊具や遊び場，兄弟の存在などがリソースとなり，また家族を支援する一時預かりなどもリソースとなる。児童期では就学に向けた支援や放課後の学童保育などがリソースとなる。青年期では，就労に向けた職業体験を得る**インターンシップ**，就職相談機関などがリソースとなる。

表6－2で生涯段階に応じた主な支援リソースの例を示した。障害の場合も，同じように障害に応じてリソースは異なったものがもとめられる。

子どもたちの発達や障害にかかわって多様な資源が，豊に存在することが望ましいが，それが存在することだけで十分に機能が果たされるわけではない。資源の効果的な活用や運用が必要である。

表6－2 生涯段階と主な支援リソース（資源）の例

生涯段階	子どもたちの生活	支援リソース	支援の方向
乳児期	養　育 成長発達 健康な生活	・祖父母の存在，保育所，保健所の支援など， ・病気などの時の通院支援，病児の一時預かり	健康，成長の維持・増進
幼児期	幼稚園，保育所など通園	・幼稚園や保育所への第三者による送迎の支援 ・子どもの一時預かりなど	就　園
児童期	就　学 行動域の拡大	・学童保育（児童館など） ・地域の人による登下校の安全パトロールなど ・学校ボランティア　社会体育によるクラブ運営 ・児童相談所，児童養護施設など ・スクールカウンセラーなど	就　学 集団生活 社会生活
青年期	自立した生活 職業生活の開始	・職業体験できる職場 ・就職相談など就労支援	自　立 社会的位置づけ

＊それぞれの段階を越えて重なる資源（リソース）があるが，一つの段階で示したものは他の段階と重ならないように示した。

3 現代の支援

1 行政と支援

　行政において多くの支援が行われている。障害者などに対する支援は社会事業や福祉行政として行われてきている。現代では，民間によるボランティア活動も含めて幅広い支援が行われている。

　法や制度が整備されるとともに，さまざまな活動が展開されている。補助金や助成金などの資金面での支援などもある。事業では，行政と **NPO**（Non-Profit Oraganization=非営利団体）など民間の団体と協力して事業や活動を行う「**協働**」（**コラボレーション**：collaboration）として実施されるものも増えている。

　障害児および障害者に関連して 1990 年以降に行われてきている施策などについて主な歩みを示した。全体として自立をめざすものとなり，生活の領域も施設から地域における生活の実現へという方向性が示されている。コミュニティ・インクルージョンを踏まえた方向性のもとで進められている。小中学生など学齢段階にあるものに対しては**ニーズ教育**などを踏まえ，**特別支援教育**として整備されてきている。

> ●主に障害にかかわる施策など
> - 1995 年　　　障害者プラン：ノーマライゼーション 7 カ年計画
> - 1997 年　　　「改正 障害者の雇用の促進に関する法律」特例子会社の設立にかかわる要件を緩和
> - 2002 年　　　改正「障害者の雇用の促進に関する法律」グループ企業で障害者雇用を促進
> - 2003 年　　　新障害者基本計画　2003 年から 10 年間のプランを策定
> - 2004 年　　　発達障害者支援法公布
> - 2005 年 4 月　発達障害者支援法施行
> - 2005 年　　　障害者自立支援法施行
> - 2006 年　　　改正障害者雇用促進法施行
> - 2006 年 6 月　学校教育法一部改正「特別支援学校」と「特別支援学校教諭免許状」
>   ・特別支援学校：盲・聾・養護学校の区分をなくす。地域の特別支援教育のセンター的役割も担う。

　地域との連携は学校でもさまざまに整備されてきている。その方向は学校評議員の導入や，2003 年の中教審（中央教育審議会）中間報告で「地域運営学校」について盛り込まれたり，**コミュニティ・スクール**の導入についての検討または，実践研究が行われるなどに現れている。

　学校ボランティアの活動がある。これは学習や，クラブ活動，生活指導などの面で地域住民や企業などが協力するものである。それは学習面だけでなく，登下校の支援，精神面や健康面についての相談員としての活動，学習支

援ボランティアなどにわたっている。

　小中学生の学習においても，地域のボランティアによって学校を支えるシステムが整備されてきている。担任教師と共に**ティーム・ティーチング**を行うこともある。地域の伝統行事や郷土の**伝承文化**についての学習，農業や企業などの職場体験，学習サポートなど幅広い領域で地域住民や若者によるボランティアが活動している。登下校における安全の確保では高齢者も活躍している。不登校の小中学生に対する中間教室の指導員としての活動が行われている。

　育児，子育ての支援にかかわるものでは，少子化対策を踏まえ，女性の就労を支援する施策が進められている。就学前の幼児については保育園での長時間保育や病児の一時預かり保育など，働きやすく，子育てのしやすい社会環境整備が進められている。学齢段階では学童保育や放課後児童対策などが行われている。**男女共同参画社会**をめざすもののように社会のあり方にかかわる施策もある。

学童保育や放課後児童対策：小学校の学齢期にある子どもを対象として行われる。学校終了後，帰宅しても子どもだけで過ごさなければならない児童に対して，児童館や学校の空き教室などに子どもたちが過ごす場を設けるものである。

● 主に少子化対策および子育て支援にかかわる施策など
- 1992年　育児・介護休業法施行「育児休業，介護休業等育児又は家族介護を行う労働者の福祉に関する法律」
- 1994年　エンゼルプラン策定「今後の子育て支援のための施策の基本的方向について」
- 1995年　育児・介護休業法（＝育児休業，介護休業等育児又は家族介護を行う労働者の福祉に関する法律。1999年4月から全ての事業所対象に施行）
- 1999年6月　男女共同参画社会基本法
- 1999年12月　（新）エンゼルプラン　少子化対策推進閣僚会議が「少子化対策推進基本方針」としてまとめたものを具体的に行うための実施計画
- 2000年11月　健やか親子21　2010年までの母子保健分野の国民運動方針（当時，厚生省）
- 2000年12月　男女共同参画基本計画
- 2000年　児童虐待防止法「児童虐待の防止等に関する法律」
- 2001年　待機児童ゼロ作戦　同年7月の閣議決定「仕事と子育ての両立支援策の方針について」に基いた施策
- 2002年9月　少子化対策プラスワン（厚生労働省）
  4つの柱
  ①男性を含めた働き方の見直し　②地域における子育て支援
  ③社会保障における次世代支援
  ④子どもの社会性の向上や自立の促進
- 2003年7月　少子化社会対策基本法
- 2003年7月　次世代育成支援対策推進法
- 2004年6月　少子化対策大綱
  「若者の自立とたくましい子どもの育ち」
  「仕事との家庭の両立支援と働き方の見直し」
  「生命の大切さ，家庭の役割等についての理解」
  「子育ての新たな支え合いと連携」
- 2004年12月　新々エンゼルプラン（子ども・子育て応援プラン）
  2005年から5年間取り組む。
  4つの重点：若者の自立・働き方の見直し・子どもや家庭の大切さの理解・地域の子育て支援
- 2005年　次世代育成支援行動計画（一般事業主行動計画）

●児童福祉・社会福祉に関する制度・宣言などの歩み
1918年　大阪府知事林市蔵など，方面委員制度創設
1924年　ジュネーブ宣言：児童の権利に関するジュネーブ宣言
1936年　方面委員令制定。
1948年　世界人権宣言（国連総会採択・宣言）
1959年　児童権利宣言（国連総会採択・宣言）
1971年　知的障害者の権利宣言（国連総会採択・宣言）
1975年　障害者の権利宣言（国連総会採択・宣言）
1976年　国際人権規約発効（1966年 国連総会採択）
1981年　国際障害者年と定める
1982年　障害者に関する世界行動計画
1989年　児童の権利に関する条約（わが国の批准は1994年）
1991年　精神障害者の保護及び精神保健の改善のための諸原則
1992年　障害者の社会への完全な統合をめざして－世界行動計画の継承
1993年　障害者の機会均等化に関する標準規則
1947年　児童福祉法
1951年　児童憲章

> **社会福祉6法**：社会福祉事業はいわゆる福祉6法で定められている。福祉6法（社会福祉6法）とは，以下のものを指す。「生活保護法」「児童福祉法」「身体障害者福祉法」「知的障害者福祉法」「老人福祉法」「母子及び寡婦福祉法」

●社会事業などの流れ
1874年　恤救(じゅっきゅう)規則制定・施行
1883年　池上雪枝　神道教導職にあり，大阪北区で私設感化院開く
　　　　現在の児童自立支援施設につながる
1885年　高瀬真卿(しんけい)　東京感化院開く
1887年　石井十次　岡山孤児院開く
1890年　赤沢鍾美(あつとみ)新潟静修学校開く
1891年　石井亮一　知的障害者施設「滝乃川学園」開く
1899年　留岡幸助　岡山県に生まれる。家庭学校開く。児童自立支援施設の先駆。三能主義「能く働き，能く食べ，能く眠らしめる」
1899年　横山源之助　『日本之下層社会』著す
1929年　救護法
1950年　生活保護法

［2］ 行政と地域住民の協働による支援

　協働（コラボレーション）は，県や市役所・市町村役場などの行政と地域住民，企業，団体，NPO法人などの民間が「**公益**」の実現をめざしてそれぞれの長所を出し合いながら協力して事業を進めていくことであり，また，公共サービスを提供していくことである。協働では，地域や住民ニーズにあったきめ細かいサービスが提供できるようにすることや，行政への住民参画，行政の効率化などをねらいとしている。方法としては事業の委託，資金の提供，人的連携などがある。内容は，子育てや，宅老所，高齢者介護，障害者支援などの福祉，環境や観光，保健や健康にかかわる事業，街づくりなど幅広く行われている。

　行政において協働を進める場合，行政職員の意識改革や職務を地域住民に分かりやすく説明することなどが必要である。協働によって行政と民間による連携を円滑に進めるためにいわゆる協働連絡員といった**コーディネーター**

> **協働（コラボレーション collaboration）**：行政と地域住民が行政に住民が参画し，ともに地域生活の向上をめざすとともに，行政の効率化などをめざす。「協働化条例」を設ける自治体もあらわれている。「協働」によって次の利点が考えられている。住民サイドからの新たな発想の展開，行政からの支出を得て事業を行うことで資金が環流する効果，きめ細やかで柔軟な対応が可能，経済効果，効率にもとづいた運営などがある。反対に，事業参加に対する公平性，事業に対する責任の確保などが求められる。

図6-7
協働の仕組み

阪神淡路大震災：1995（平成7）年1月17日午前5時46分，淡路島北部を震源として発生。兵庫県南部地震と呼ばれる。淡路島，神戸，西宮など兵庫県を中心として死者6400人以上，全壊した家屋10万4000件以上の大きな被害を生んだ。これを契機に災害対策の重要性，中でも日常的に取り組むことが大事であることが改めて受けとめられた。また，行政と住民が一体となって取り組むことの重要性が認識された。

認定NPO法人と税制：「福祉，環境，まちづくりなどの特定非営利活動を行うNPO法人のうち，一定の要件を満たすものとして国税庁長官の認定を受けたものに対して支出した寄附について・・・税制上の優遇措置が講じられている。」これは平成13年10月1日から施行されている。これには大きく，個人が行う寄附の場合，法人が行う寄附場合，相続や遺贈のもとで行う場合，「みなし寄付金制度」がある。これらは13年以降，14年，15年，17年，18年の税制改正を通じて整備されてきた。（「認定NPO法人の手引き」平成18年版より）

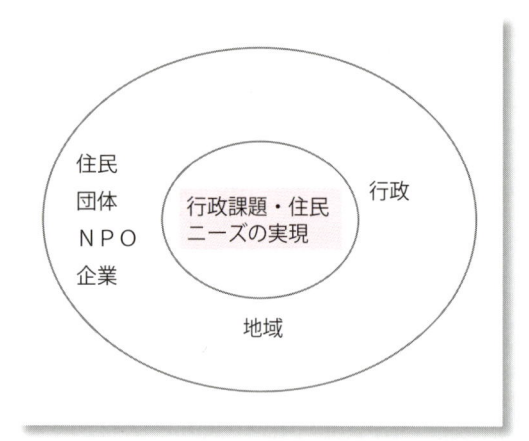

の役割を果たすものを配置することも行われている。他方，協働に携わる住民や企業など民間においても，公共の担い手としての意識形成などの改革がもとめられる。事業を進める際に必要な事業管理，会計などの実務能力の向上も必要である。また，協働を進める際には，事業へ参画するチャンスを公平にすることが大切であり，そのためのルールの確立も求められる。

3　ボランティアや地域住民の活動による支援

1 ボランティア

　ボランティアは1995年の阪神淡路大震災を契機として急速に広まった。阪神淡路大震災の時には全国からボランティアが駆けつけ，支援に果たした役割は大きい。このことからボランティアの役割についての認識も急速に広まり，この年は，「ボランティア元年」ともいわれる。

　ボランティア活動には，報酬を求めない「無報酬性」，営利を目的としない「非営利性」，対象として特定の個人や団体のためでなく，広く地域の住民や団体を対象とする「公平・公開」，内容として環境や福祉，教育など生活に結びつくなど公益をねらいとした活動であるという「公益性」，みずから進んで行う活動であるという「自主性・主体性」などを特徴とする。

　活動には個人で行う場合，グループで行うもの，認定NPO（Non-Profit Oraganization=非営利団体）法人として組織的な活動を行う場合などがある。NPOそのものには認定を受ける場合と受けない場合があるが，認定を受けた場合を認定NPO法人という。NPO法人は，1998年に施行された一般的にNPO法といわれる「特定非営利活動促進法」に基づいて認定される。

　認定を受ける場合には，活動の対象についての要件や運営組織及び経理について，事業活動について，情報公開についてなど一定の条件を満たすことが求められる。認定されると「法人格」を取得することになる。このことによって，税制上の優遇が適用されたり，また責任を持った活動として社会的な認知を得るなど社会的信用を増すといった特徴がある。

　ボランティアは若者だけでなく，高齢者によっても担われている。特に，近年はいわゆる団塊の世代の多くの者が定年退職をむかえる時期となり，ボランティアなど社会貢献活動への進出が期待される。学校での教材作りなどにかかわる学校ボランティアには退職後，地域に住む住民が加わっている。児童館で学童保育にかかわる高齢者ボランティアもいる。

❷ 災害時における支援

災害が発生した場合，障害児や障害者にとってその対応は非常に重要である。

支援には，障害に対する支援の面と，生活実現の上で必要な支援がある。例で示すと以下のようになる。前者の障害に対する支援では，例えば投薬が必要な場合には実際に薬を手渡すだけでなく，それを供給できるルートを確保することが必要である。医療上の手当が必要な場合には，医師などと連絡を取り合いながら対応していくことが求められる。後者の生活上の支援では，車椅子や補聴器など日常生活で必要なものの修理などがある。また，例えば身体障害者で車椅子で生活している場合，地震などで出入り口が狭められる，家で使用している家庭用のエレベーターが使えなくなり，家の出入りや，家の中での移動ができなくなることがある。このような場合に介助をすることとともに，壊れた部分の復旧を支援することなどがある。

聴覚障害や視覚障害の場合には情報伝達についての支援が必要である。いずれの場合も緊急情報や伝達が届かないことがある。聴覚障害では音声による情報伝達が困難となる。そのような場合には音声以外に文字で放送する，ＦＡＸやメールを活用するなどがある。視覚障害でも，情報伝達では大きく書いた**拡大文字**などによる工夫が必要である。また，この他の障害では，例えば身体障害の人の入浴の介助なども求められる。リフトで入浴していた場合などは電力が途絶えると入浴できなくなる。そのような場合に支援が必要である。

災害に対する支援では普段の生活のなかで準備しておくことが必要である。例えば**防災マップ**を作成しておくことは重要である。障害の方の住む場所を記した地図とともに，一人一人個別に常備薬なども含めた障害の状況，かかりつけの医院，家族の様子，最寄りの避難所，緊急の連絡先などを記入した記録簿を備える。また，近隣で済んでいる人の様子を把握しておくこと，支援の場合の連携のシステムを設けておくことなどが必要である。

支援では，障害の人を介助するなどのサポートをしている家族やボランティア，支援に携わっている者などに対する支援も必要である。**レスパイトサービス**としての支援である。災害時においては障害の子だけでなく，そこに生活するものが同じように被災者である。これらの人に対する支援が障害の子にとっても支援を行うことになる。具体的には，介助を交代する，あるいは一時預かりを行うなどの直接的な支援活動とともに，障害を持つ子どもをかかえた家庭の生活を支援するという間接的な支援がある。

また，**PTSD**（post traumatic stress disabilities：心的

前頁☞**団塊の世代**：第二次世界大戦後（1945）のベビーブーム時に生まれた者が人口構成の上で多くの人口が集中する世代を構成している。この世代を団塊の世代という。この世代にある者がここ数年で一斉に定年退職をむかえる時期に来ている。社会貢献に向けた活動が期待される。

レスパイトサービス（respite service）：障害を持つ親や，障害者介護に携わる人，支援者のための休息サービスである。介護などの場合，介護者に労力の上でも，気配りなどの上でも多くの負担がかかる。そのため，休息などが必要である。その時に，介護者に替わって一時的に被介護者などを一時的に預かって，介護者が休息できるようにするサービスである。同様のものに，レスパイトケア（respite care 休息介護）がある。

写6-1
ボランティアセンターで待機するボランティア

（2007年中越沖地震・柏崎市）

外傷後ストレス障害）やさまざまなストレスに対するケア，心の障害からの立ち直りに対する支援などが必要である。これらの支援は，災害後だけでなく，災害の渦中にある時点から心がけていく必要がある。

4 発達支援の実際

1 若者が支援する不登校対策事業

❶ 不登校の概念

不登校は文部科学省の調査によると平成13年に小中学校合わせた人数がこれまでのピークとなった。その後わずかに減少した時期もあったが，依然として12万人以上と多くのものが不登校の状態にある。一時期わずかに減少したが最近では増加する傾向も見られる。

不登校についてはこれまでにさまざまな対応がとられている。それには教育支援センターや適応指導教室の設置，**スクールカウンセラー**の配置などがある。近年では家庭，学校，地域による連携した対応がとられている。イギリスやアメリカでは**ホーム・エデュケーション（ホーム・スクーリング）**なども行われている。わが国ではフリースクールや通信制教育，サポート校などが実施されている。**スクールソーシャルワーク**として児童生徒の生活や学習などについて個々の児童生徒を対象として一人一人にあった支援を行うという動きもあらわれている。

スクールソーシャルワーク（school social work）：ソーシャルワーク自体は社会福祉を中心として用いられている用語である。福祉における支援技術としてケースワーク，グループワーク，コミュニティ・ワークなどがある。それぞれに役割があるがその内，対人支援を中心とするものである。携わる人をソーシャルワーカーという。支援では親和的な信頼関係（ラポール）が重要となる。

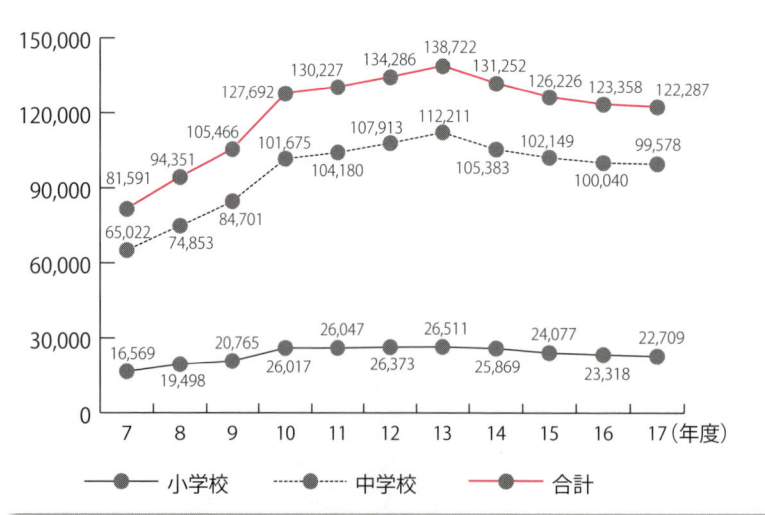

❷ 不登校についての認識の変遷

不登校は文部科学省の学校基本調査や「児童生徒の問題行動等生徒指導上の諸問題に関する調査」において「何らかの心理的，情緒的，身体的あるいは社会的要因・背景により，登校しないあるいはしたくともできない状況にあるため年間30日以上欠席した者のうち，病気や経済的な理由による者を除いたもの」と，している。

不登校についてのとらえ方とその対応についての考え方はさまざまである。したがって用語も登校拒否，不登校などの用い方がされている。不登校

図6-8
不登校児童生徒数の推移

（平生18年版文部科学白書）

は生き方やありのままの姿をあらわすものとして，個人の意思や気持を尊重して対応するという考えもある。また，学校での学習や生活実現を追求する対応もある。

これまでに以下のような経過がある。昭和 36（1961）年には児童福祉法が改正され，情緒障害児短期治療施設が設置された。このもとで該当するもの，もしくは類似するものとして登校拒否，かん黙，学業不振などが持ち込まれていた。

文部省による学校基本調査では昭和 41（1966）年から，登校拒否児童生徒として「学校ぎらい」を理由に 50 日以上欠席した児童生徒を調査，平成 3（1995）年度からは 30 日以上欠席した児童生徒を調査している。

平成 1（1989）年 7 月に「学校不適応対策調査研究協力者会議」を発足させる。これは当時，登校拒否児童生徒が著しい増加傾向にあるということを受けたものである。

不登校への対応が大きく変更されたのは平成 4 年である。文部省(当時)は，平成 4（1992）年 3 月に都道府県教育委員会宛に通知をした。そこでは「登校拒否問題への対応について」として，「登校拒否はどの児童生徒にも起こりうる。」という見解を示した。また，「出席」について「学校外の施設で相談・指導を受け学校復帰への努力を続けている者に対して，一定の条件を満たす場合には，これらの施設で相談・指導を受けた日数を指導要録上の出席扱いにすることができる。」という考えを示した。それは，不登校に対する考えの上でも，また出席の扱いについても大きな転換点を示すものであった。また，現在では不登校の理由としていじめに対する回避もあらわれている。

平成 14 年 9 月に「不登校問題に関する調査研究協力者会議」を発足させる。これは，前年の平成 13 年に不登校児童生徒がおよそ 13 万 8000 人とこれまでの最高となったことによる。平成 15(2003) 年の同会議では，「今後の不登校への対応の在り方について（報告）」において「不登校に対する基本的な考え方」として「将来の社会的自立に向けた支援の視点」「連携ネットワークによる支援」「将来の社会的自立のための学校教育の意義・役割」「働きかけることや関わりを持つことの重要性」「保護者の役割と家庭への支援」などを示した。

現在，不登校は，スクールカウンセラーやメンタルフレンドの設置なども含め，児童生徒一人一人に応じた指導などがおこなわれているが，地域でサポートをしていく**サポートセンター**の設置もみられる。**フリースクール**なども居場所づくりという意味も持ちながら取り入れられている。学校でも不登校とならないための魅力づくりやきめ細かな対応がはかられている。

●主に教育および不登校に関する施策など

昭和36年（1961）　　　　児童福祉法改正　情緒障害児短期治療施設　設置
平成1年（1989）7月　　文部省通知　学校不適応対策調査研究協力者会議　発足
平成4年（1992）3月　　会議報告「登校拒否（不登校）問題について
　　　　　　　　　　　　　　　　　―児童生徒の『心の居場所』づくりを目指して」
　　　　　　　　　　　　　・登校拒否はどの児童生徒にも起こりうる。
　　　　　　　　　　　　　・学校外の施設で相談・指導を受け学校復帰への努力を
　　　　　　　　　　　　　　続けている者に対して，一定の条件を満たす場合には，
　　　　　　　　　　　　　　これらの施設で相談・指導を受けた日数を指導要録上
　　　　　　　　　　　　　　の出席扱いにすることができる。
平成7年（1995）　　　　スクール・カウンセラー配置
平成9年（1997）　　　　文部省「登校拒否問題への取り組みについて」生徒指導
　　　　　　　　　　　　資料　第22集
　　　　　　　　　　　　「登校拒否問題に対応する上での基本的な視点」として
　　　　　　　　　　　　「登校拒否はどの児童生徒にも起こり得るものであること」
　　　　　　　　　　　　「学校，家庭，関係機関，本人の努力などによってかなり
　　　　　　　　　　　　　の部分の改善や解決ができること」
　　　　　　　　　　　　「児童生徒の自立を促し，学校生活への適応を図るために
　　　　　　　　　　　　　多様な方法が検討される必要があること」
　　　　　　　　　　　　「児童生徒の好ましい変化を積極的に評価すること」等
　　　　　　　　　　　　を示す。
平成14年（2002）　　　不登校問題に関する調査研究協力者会議　発足
平成15年（2003）　　　不登校問題に関する調査研究協力者会議
　　　　　　　　　　　　報告書「今後の不登校への対応のあり方について」
　　　　　　　　　　　　　―　一層の働きかけと早期の対応を。
平成16年（2004）　　　「地域子ども教室」始める。緊急3カ年計画として
　　　　　　　　　　　　子どもの居場所づくりを目指す。

2　具体的な支援

　大学生，短大生などを中心とした若者が不登校の小中学生を支援する活動を行っている。

　長野県では1995年より，県教育委員会が主催する不登校対策事業が行われている。この事業に地域の若者がボランティアとして参加する形で行われている。事業は不登校対策を中心として行われ，県下2カ所で行われている。

　内容は野外での自然体験を中心とした集団によるキャンプ活動である。参加対象は小学校4年生から中学3年生である。不登校の小中学生から，そうでない小中学生，また自閉症や知的障害，注意欠陥多動性障害などの小中学生も参加する。1回の活動に，小中学生50〜60人，ボランティアの若者約30名がスタッフとして参加する。実施期間は1泊2日の短期キャンプと6泊7日の長期キャンプとして組まれている。キャンプにはスーパーバイザーの役割を担うカウンセラーも加わっている。短期キャンプは長期キャンプに対する事前キャンプとしてインテーク・キャンプの意味をもっている。スタッフ・ミーティングはケース・カンファレンスとして毎日行うなどの特徴を持っている。余裕あるプログラムを設け，小中学生の自主的・主体的な活動が可能となる運営をしている。キャンプの初日と最終日には保護者を対象とした説明会と個別相談の場を設けている。

これまでに12年間行われ，参加した小中学生は延べ2289人，その内不登校の小中学生は371人である。スタッフとしてボランティアで参加した若者は1338人にのぼる。不登校の小中学生について結果を見てみると，活動後に登校を始めるものが約23％，意識や行動の肯定的な変化を示すものがおよそ70％であり，合計するとおよそ93％のものが肯定的な変化を生んでいる。

▶ キャンプの日程とプログラム ◀

● 1泊2日の短期プレキャンプ日程

第1日目	●受付（〜11:30）　●昼食　①出会いの集い　②仲間づくりゲーム ③野外炊飯　④ナイトレクレーション　⑤入浴　⑥就寝 ＊保護者交流会（13:30〜14:30）
第2日目	①朝食　②ネイチャーハイキング　③昼食　④荷物の整理 ⑤別れの集い 解散（14:00）

● 6泊7日の長期キャンプ日程

第1日目	●受付（〜11:30）　●昼食　①出会いの集い　②仲間づくりゲーム ③野外炊飯　④ナイトレクレーション　⑤入浴　⑥就寝 ＊保護者交流会・個別相談（14:00〜16:00）　　　　　　［テント泊］
第2日目	①朝食　②クラフト作り　③昼食　④ネイチャーハイキング ⑤夕食　⑥入浴　⑦就寝 　　　　　　　　　　　　　　　　　　　　　　　　　　　　［室内泊］
第3日目	①朝食　②野営準備　③昼食　④野営（ソロキャンプ） 　　　　　　　　　　　　　　　　　　　　　　　　　　　　　［野営］
第4日目	①撤収　②入浴　③朝食　④荷物の整理　⑤昼食 ⑥チャレンジタイム　⑦夕食 　　　　　　　　　　　　　　　　　　　　　　　　　　　　［室内泊］
第5日目	①朝食　②乗馬体験　③昼食　④買い物 ⑤野外炊飯（グループごとのメニュー）　⑥入浴　⑦就寝 　　　　　　　　　　　　　　　　　　　　　　　　　　　　［自由泊］
第6日目	①朝食（野外朝食作り）　②お楽しみタイム　③昼食 ④グループ活動（キャンプファイヤー出し物準備）　⑤夕食 ⑥キャンプファイヤー　⑦入浴　⑧就寝 　　　　　　　　　　　　　　　　　　　　　　　　　　　　［室内泊］
第7日目	①朝食　②荷物の整理　③野外炊飯準備 ④お別れパーティー（お家の人と一緒に） ＊保護者交流会（10:00〜11:30）　　　　　　　解散（14:00）

写6－2
森の中のキャンプ。飯盒で食事をつくる

❸　学校と地域が一体となった支援

　長野県M町の小学校では「ふるさとクラブ」が行われている。参加する小学生は3年生以上である。各学年を貫いた縦割りで参加し，学年を通じて行われている。主な活動に「和太鼓クラブ」「郷土料理」「人形劇」「自然体験」，スポーツでは「ドッジビー・クラブ」などがある。これらは教師が担当するとともに地元の高齢者，企業，農家や個人ボランティアなどさまざまな住民が協力する。協力は講師をつとめるという協力，畑や田などの農地の提供な

どがある。例えばアウトドア体験では地元住民と大学生が野外活動を教える。テントの立て方や寝袋（シュラフ）の使い方などを野外で教える活動を行う。人形劇では劇の演じ方だけでなく，人形の作り方も教える。

　この活動に当たっては活動ごとに担当の教員がいる。とともに，全体的なコーディネイト役として担当する教師がいる。

　小学生は，地域のお年寄りなど住民から直接に教わり，学んでいく。同様の活動を企業が協力することもある。これらによって地域の人々との交流もはかられる。同時に，地域の特色についても学ぶ機会となっている。

　このことは学校が地域との協力関係を築くうえでも効果的である。学校から地域に対する情報発信となっている。このことによって活動をベースとした小学生との直接的なかかわりを通して学校についての理解を深めていく。これらによって地域では日頃から学校や子どもたちに関心が向いていくことになり，学校を支える支援が地域全体に広がっていく。　　　　（上原）

▶ ふるさとクラブ計画表 ◀

クラブ	活 動 内 容
●料　理	お菓子・郷土料理・手作りおやつなど
●手　芸	手芸作品・かご作り・編み物など
●チャレンジ工作	巣箱作り・木工品・おやきなど　＊お年寄りとの交流
●人形劇	人形制作・練習・町公民館や福祉施設での発表会など
●和太鼓	太鼓の練習・音楽会や各種イベントでの発表
●焼き物	焼き物全般・陶芸・遺跡見学など
●ふるさと探検	自然観察・町有林でのアウトドア体験など
●デジタルメディア	ふるさとニュース制作・ホームページ作成など
●花を楽しむ	花壇づくりなど
●いろいろスポーツ	ドッジビー・ソフトバレー・マレットゴルフなど
●インドアスポーツ	屋内スポーツを中心とした活動(バスケットボール・バドミントン・卓球他)
●外で思いっきりスポーツ	校庭での球技を中心とした活動(サッカー・ソフトボール・陸上他)
●演　劇	演劇

＊活動時間は木曜日 14：00 ～ 15：30。　5月～9月の間，一月に1～2回実施。

第7章　保育実践のための事例研究

クリスマス

● **事例研究を学ぶ意義**

発達支援の実際を学ぶときに，実践の事例を通じて学ぶのは非常に有効な方法である。事例研究の意義について，河合隼雄（1976）の次のようなことばがよく引用されてきた。

「一個人の全体性を損なうことなく，その個人の世界を探求した結果は，臨床家が他の個人に接するときに共通のパターン，あるいは型を与えるものとして普遍性をもつ」

つまり，事例研究とは，その事例の有する「個別性」を徹底的に検討することを通して「普遍性」を追求するというアプローチである。本章の4つの「事例研究」に取り上げたテーマは異なるが，それぞれの執筆者が心理臨床，教育臨床の場で実際に関与し，何らかの形で公表した臨床実践事例である。ただし，学習の素材となるように省略・簡略化されている。

それぞれの事例研究は，本書の他の章の基礎理念を理解した上で，次のように活用されることを期待する。

① 個々の事例の問題性を把握し，それに対してなされた問題解決のための一連の対応について理解を深める。

② 事例を相互学習の素材として取り上げ，事例の分析・討議を通して，自己の分析力，判断力を培うとともに，一つの事例に対する異なる考えや立場のあることを知り，視野を広げる。

③ 実践研究あるいは実践報告を行う際，「事例研究法」を用いた研究成果として参考にする。

なお，本章の事例は，匿名性の保持のため，本質を損なわない程度に変更を加えている。

> **事例研究 1**
>
> 生活基盤の変化により
> 　　　著しい不安がみられた子どもとの心理面接
> 　　ーH太との「行為描画法」ー

1　行為描画法

　「関係状況療法」の一技法である「行為描画法」は，臨床者（人）との関係を基盤に，描画（物）を媒介として，「"ふるまうこと"と"描くこと"を臨床場面において相互に組み合わせて用いる技法であり，人とのかかわりや自己の発達を促すことを目的とした発達臨床に有効な臨床技法」（篠田美香，1993）である。具体的には，「① 状況や人とのつながりのとらえにくいまま，自分ひとりの世界の中で絵を描いている子どもに，② 臨床者が働きかけ，心理劇の場面を設定し，③ 描画空間や行為空間において，『ふるまいながら，描きながら，ふるまいながら……』というように"ふるまう"ことでなされる体験と"描く"ことでなされる体験がつながりをもつようにして，人との間でさまざまなやりとりが経験される。そしてそのことで，ともに理解し合い，共感し合う関係を作り出し，人間関係の発展を体験していくように展開されていく」（篠田　前述）ものである。

　臨床実践場面では，相互の信頼関係を基盤としたともにかかわり合う状況があり，その流れの中に取り入れて活かしていく。描画の完成度を問うのではなく，例えば，子どもが描く傍らで，描かれたキャラクターの台詞を想像してつぶやいたり，風景や相手役，道具などを子どもの活動の邪魔にならないように創造的に描きいれたりなど，描画表現をコミュニケーションの通路として，臨床者がいっしょに参加し創っていくのである。

2　事　例

　H太は，小学1年のときに両親が離婚し，仕事をもつ母親と二人暮しの小学2年生の男児である。両親の不和は長かったようで，H太は常に家族がどうなるかわからない不安定な状況におかれていた。「自分の知らないうちに，父や母は自分を置いていってしまうのではないか」という"見捨てられ不安"が高まり，一時期は母が付き添って登校する状態が続いたこともあったという。そして，父母の離婚と前後して交通事故にあい，リハビリの必要から数か月間の施設生活をおくることになったのである。母親は今後の生活基盤をどこにするかについて考えている最中であり，経済的にも精神的にも余裕のない時期であった。H太は，母親が面会から帰る時はしがみついて泣き叫び，男性看護師が引き離さねばならないほど荒れ，夜間には頻回なナー

スコールで人恋しさを訴えた。そのような著しい情緒不安定に加え，本来は外で駆け回って遊ぶのが好きな活発な少年であるＨ太は，補装具をつけての歩行などのリハビリにはなかなか従わず，衝動的な行動が目立っていた。

　臨床者（以下Ｉと記述する）は，入所期間中，週１回１時間の心理面接を行い，時には母親の面会に合わせて母子合同面接（子ども，母親，臨床者が同時に一室で面接する）も行った。

❶　Ｉ期：出会いから信頼関係を築いていく時期

　初めてプレイルームにやってきたＨ太は，乱暴にふるまうことで自分を大きく見せようとしているかのようであり，大人に対して，無邪気に慕ってくる様子と斜に構えた様子が入り混じっているところが印象的であった。プラレールで遊びながら，Ｉが家族や入所のことに触れると，ことば少なく不満気にふるまう。Ｉは「好きでこんなとこに来たんじゃないもんねー！」「お母さん忙しいばっかりで！」と気持ちを代弁するようにつぶやくが，「放っといて」とばかりにはねつけるようなＨ太の居方に，言い知れない彼の孤独を感じた。Ｈ太はＩを試すように，わざとビンゴゲームの玉をあふれさせたりしたが，Ｉは「わー大変！」「おっと，またＨ！」などと"その場でいっしょに心を動かしながらともにいる人"として存在することで，Ｈ太との信頼関係をつくっていくことを心がけた。

❷　Ⅱ期：行為描画法の導入 ─ 描画を通したやりとりの始まり

　Ｈ太はＴＶアニメや漫画のヒーローストーリーを好んで読み，また，それらの絵を描くことが得意だった。お互いの信頼関係が形成されたころ，Ｈ太の描いた漫画のキャラクターを見ながら，Ｉは「私も描いてみようかな…こんなの」と手元の紙に，そこに何気なく乗っているかのようにアリを一匹描く。Ｉは「アリは川を越えてやってきたんだー」と言いながら，川を描き，アリの歩いてきた軌跡を点々と描いていく。それに興味を示したＨ太は，上の方に飛行機に乗った人間を描き，銃を打ち込む線を描いてアリをやっつけていく。Ｉが「せっかくケーキがあったのに……」と悔やみながらもう一匹のアリを登場させると，またＨ太がやっつける。まるでＨ太は，対象のはっきりしない怒りや，求めているものがわからない憤りをそこにぶつけているかのような勢いであった。その一方で，Ｈ太は「もう一回もう一回」と繰り返し次のアリの登場をせがみ，「どうやってアリ描いたの？」と自分でも描いてみるなど，アリに愛着を覚え，弱いアリを自分の一部として感じていったようでもあった。

3　Ⅲ期：「強いアリと弱いアリ」―同席した母親の前で

次の週，H太の希望で母親の面会時に設定した合同面接の場では，Ｉが「この間の，お母さんもいっしょに描く？」と誘うと，H太は「見てて」と母親を傍らに置いておいた。

Ｉが描く「アリ太」に対して，H太は大きなケーキを丸のみにして，大きなウンチを出す「デカアリ」を勢いよく描いていく。そして，アリ太をデカアリのウンチに埋もれさせる。Ｉが何とか穴を掘って出ようとするアリ太を描くと，また埋もれさせ，最後は死なせてしまう。（描画3－1）

4　Ⅳ期："冒険"の場面展開 ―"こうなりたい自分"の模索

数回後に，H太の話から母方の祖母を慕っている様子が窺えたため，Ｉは「アリ太はおばあちゃんに会いに行くんだー」と紙上にアリを描いた。H太は山や川など次々と困難な情景を描き込んでいき，Ｉが描くアリ太にうろうろと探させる。そしてついには山の下に描かれた洞窟に「アリ太は入っていった」。H太は続けて「そこには家があった」と言うのに応じて，Ｉは新しい紙に古びた屋敷を描いた。するとH太は屋敷の中を描いていき，アリ太が探す場面が展開する（描画3－2）。

Ｉの描くアリ太がやっと二階にたどりつくと，その前にH太はヤマタノオロチ❶を出現させる。アリ太が助けを求めると，H太はスサノオノミコト❷を登場させ，ヤマタノオロチの一本一本の首を切り落として退治してくれる。しかし，アリ太がお礼を言おうとすると，H太は「振り返ると消えてしまった」とまぼろしであったかのように言い，アリ太が屋敷を出て行くように促した。

5　Ⅴ期：アリ太になってたどる"自分"

次の回に，H太の祖母が上京して数日間いっしょに過ごすことになると聞き，Ｉはおばあちゃんアリを描いて，アリ太に会いに行く場面を設定した。するとH太は，病院を描いて，そこから治って戻ってくるアリ太の役になっ

描画3－1
強いアリと弱いアリ

描画3－2
アリ太の冒険

ておばあちゃんと再会する。そして，二人で自宅に帰るが，H太は「お母さんがだめだって，忙しいから」とおばあちゃんを泊めずに，タイムトンネルで田舎に帰してしまう。そして，終わり際に，「もうアリなんて変なのいやだよ」と描画による表現を一区切りにした。

❻ Ⅵ期：その後の経過 ― 残された課題

　その後，H太は，施設生活の日常では一応の安定をみせるようになるが，面接時は，個別の部屋ですごしたがらず，仲間とすごす広いプレイルームにⅠを招き，母親に求める役割をⅠに補わせるように，甘えたり，そばで見守らせておくような関係を体験していった。また，入園している仲間との関係では，強い自分を試すかのように，ゲームやスポーツの場面では支配的なかかわりが主になっていった。約半年間に渡る経過を経て，退所を前にした母子合同面接で，母親に対して「やさしくなってほしい」とつぶやき，自分の本当の気持ちを伝えることができたものの，「実体なく膨らんでいく"強くて役に立つ自分"と"弱いがやさしさをもつ自分"を，どのように統合して"本当の自分"になっていくか」を今後の課題として残しながら，施設内での臨床活動は終了した。

③ 解説・考察

　さまざまな事情から施設生活を送ることとなったH太の心の内はどのようなものであっただろう。入所前までのエピソードからも，H太の気持ちの奥には，突然の事故やそれに伴って家庭を離れて生活しなければならないことへの不本意さ，自分の知らないところで生活基盤が変わってしまうかもしれない不安と抵抗感，家族の危機に働きかけることができない自分の無力感と焦り，などがうかがえよう。そして，出会ったときのH太のようすからは，それらが自己の内で混沌として抱えきれず，出口を求めているように感じられたのである。臨床者としては，Ⅱ期に，H太の奥にくすぶって出口を求めている感情を，ことばによって暴くのではなく，H太にとって抵抗のない形で表出していくことを大切にしたいと考え，そのひとつの方法として行為描画法を導入している。

　では，臨床者はなぜ初めにアリを描いたのだろうか。臨床者のその場でのインスピレーションによる即興的なものではあったが，臨床者にとっては，アリは小さな存在だが，行動に自在さがあり，へこたれないというイメージを抱いていた。さらに，"どこからともなくやってきた"アリを"ここへやってきた"H太が自由に自分のイメージを付与して動き出してほしい，というような願いがあったように思う。そして，描きながらの交流を通して，臨床者とH太両者によってアリのイメージが創られていったといえるだろう。

それでは，H太にとってのアリはどのような存在であっただろう。Ⅲ期の強いアリと弱いアリの攻防は，弱い自分を臨床者の描くアリ太に肩代わりさせておき，それに対して強大な"自分を弱くしているもの"の正体を自ら演じようとしているようにも感じられる。また，臨床者に自分が日々感じている"弱い故の憤り"を体験させようとしている面もあったかもしれない。そして，描きながら，"自分"を閉じ込める力はどんどん肥大していき，明らかになっていくようにも見える。その力は，もしかしたら，家庭から離して閉じ込めている施設や，原因である怪我を負わせた変えようのない運命，そして抵抗できない理不尽で強大な親（大人）たちを象徴していると受けとることもできよう。そのような圧迫にさらされている自分の現状を，母親に見せることで訴えていた面もあったかもしれない。

　そしてⅣ期，H太の分身かもしれないアリ太は，おばあちゃんを探す冒険にでかける。そこで出現した9つも首のあるヤマタノオロチは，H太にとって，漠然とした不確かな困難や圧力が，そんなにもたくさんあるのかと思わせるに十分であろう。しかしそれだけでなく，退治してくれる強い英雄が登場したことは，H太自身に理想の"強い自分"も存在すること，また，力のある自分に成長していきたいという思いが生まれ始めていることが感じられる。但し，その"強い自分"はまだまぼろしに近い状態であり，願望や未来像として確認されたところなのだろうと考えられる。

　このように，行為描画法を用いて，H太自身が役割やふるまいを選びながら，自己のこころの世界を象徴的に描き出し，アリの姿を借りて普段は表に出せないさまざまな感情を表現していった。Ⅴ期におばあちゃんと再会するアリ太の場面は，アリ太というキャラクターに等身大の自分を重ねて表現していったように感じられた。慕っているおばあちゃんに自分の求める母性を感じながら，多忙で自分のことで精一杯にみえる母親の姿と，怪我を治して母親といっしょにいたい自分の気持ち，という現実の中での葛藤を自ら明らかにし，それを認めていく過程が体験されたのではないだろうか。その一方で，実際に依存しようとすると崩れそうな現在の関係状況に直面し，これ以上の限界を感じてか，行為描画法から離れていったのかもしれない。

　このように，臨床者がともにいて，どのような感情を出しても受けとめられ，大切にされる中で，子どもは自分自身と向き合い，働きかけ，あるときは自分に対してさまざまに攻め立て，揺さぶりをかけていくことができる。そうすることで，弱さも，強がりも，怒りも，甘えも，責任感も，希望ももった自己のあり方が明らかになっていく。誰しも，大人に支配された弱い自分は見たくないものであり，否定したいものであろう。H太も初めは，外に向けて怒りを表出している。それが，次第に自分自身を問い直すこととなり，"今は弱いけれど，いつか強くなって家族の役に立つ自分"のイメージを見出す。

子ども自身が，現在の自分のさまざまな面を認め，"こうなりたい自分"という願望と，このような自分として生きていてよいという自信をもてるようになることが大切であり，そのような基盤のうえに，伸びやかな自我の発達が促されていくのである。　　　　　　　　　　　　　　　　　（岩城）

> **事例研究　2**
>
> 障害のある子どもの親相談
> ー子どもの就学前期に焦点を当ててー

1　親が障害のある子どもを受容していくプロセス

❶　発達に「障害」のある子どもの親の直面する困難

　発達に「障害」のある子どもの親は特別な親ではない。しかし，子どもの発達に「障害」のあることから派生するさまざまな困難に取り組みながら親子関係を築いていく。これまで，親の直面する困難として次の4点が挙げられていた（渡辺，1982：武藤，1983）。

　第1は，親が子どもの障害に初めて直面して受ける心理的衝撃である。親は生まれたわが子に「障害」のあることを知った時に受ける心理的な衝撃の大きいことと，それを乗り越えて，現実の子どもをわが子として受け入れていくことの困難さがある。

　第2には，特に子どもの発達早期の親子関係におけるコミュニケーションの困難である。「障害」のある子どもは，乳児期に子どもの側から親へ働きかける力が弱かったり，少なかったりすることが多い。したがって，親の側で子どもの反応を通常より一層敏感に読み取り，子どもに受け取りやすい方法で返していくというきめ細かな親子間の相互交渉を続けていくことが必要とされる場合が少なくないのである。

　第3は，子どもの発達に必要とされる療育的なケアーや生活習慣のしつけなどを日常的に行うなど，親としての役割遂行には多大な時間と労力と精神力を要する場合が多い。しかもそれは一時的なものでない場合も少なくないという養育上の困難である。

　第4として，親は，子どもの発達早期から医療機関，療育機関などの各種の専門機関にかかわる必要度が高い。さらに子どもの成長につれて保育所や幼稚園などの保育施設への入所，さらには就学，就労にあたり，親自身で交渉や運動を行わなければならないことも多く，一般の子どもの親が経験するよりもはるかに多様な社会的行動のためのエネルギーを費やさなければならない。

このように，親が直面する困難を乗り越えていくことは，子どもの発達支援への親役割の遂行であるが，それにとどまらず，親自身のライフサイクルを生き生きと歩むということも追求されなければならない。このような親の身体的，心理的，社会的な成長の歩みは，親の「障害受容のプロセス」という概念でこれまで多くの研究がなされてきていて，発達支援を学ぶときに必須であるとされるようになってきた。

❷ 親の「障害受容」のこれまでの考え方

障害受容プロセスの考え方について，時代が進むにつれて大きく三つに分けてとらえることができる。以下，各々について簡単に述べる。

① 段階説（ステージ理論）の系譜

親の障害受容プロセスの研究は段階に分けてとらえることから始められた。1950年代頃から，日本内外で，子どもの治療や教育に携わる医師や教師が，親の面接や手記に接して，親が障害のある子どもをもつことのショックや苦悩から立ち直り，子どもを受容していく様相が変化することに着目して，それぞれの段階説を発表した。内外の段階説を加速させたのはケネルとクラウス（Kennell & Klaus, 1975）の研究である。彼らの研究グループは，二分脊椎の子どもの母親194人に面接した結果，両親ははっきりしたいくつかの情動反応の段階を経験するとした。ある段階でそれぞれの問題を処理するために両親が必要とした時間の長さはさまざまであるが，各段階の発生順序は，大多数の両親が示した子どもに対する反応の自然の経過を表したものであると説明されている。以下にその概略を示す。

① 第一段階：ショック

　自分の子どもに障害があると知った両親の最初の反応は耐え難いショックである。普通の感情が急に崩れ落ちるような反応と感覚に陥る。この初めの時期は不合理な行動の時期であって，よく泣いたり，どうしようもない気持ちになったり，時には逃げ出したい衝動に駆られたりする。

② 第二段階：否認

　両親の多くは，自分の子どもに障害があるのを認めるのを避けようとしたり，大きな打撃を何とかして和らげようとする。両親はそのような状態から逃げ出したいという気持ちがしている。

　第2段階と第3段階の間に，医師を次々に変えるドクターショッピングという段階がある。それは一種の取引きの段階である。この段階では宗教への回心や慈善事業への献身などがしばしば見られる。

③ 第三段階：悲しみ，怒りおよび不安
   否認の段階に引き続き，悲しみや怒りの強い感情が起こったりする。最もよく見られる情動反応は悲しみである。ほとんどの親が子どもに愛着を感じることに躊躇を覚るという。
④ 第4段階：適応
   不安と強い情動反応が徐々に薄れて行く。情動的な混乱が静まるにつれて，自分たちの置かれている状況になれ，自分たちも子どもの世話ができるという自信を持つ。
⑤ 第五段階：再起
   この段階では，両親は子どもの問題に対する責任に対処する。

　クラウスらの述べた先天的奇形を持つ子どもたちの誕生後から生じる両親の5段階の反応は，障害のある子どもの両親の反応にほぼ該当するとして，以後これを受けて日本における研究も多様に発展していった。

　いずれの研究も，両親の適応には長い過程を必要とすること，その過程は段階的な理解ができること，最終的な段階は単に子ども受容の局面から見るのでなく，親自身の人生観—価値の転換などによってとらえられ，すべての過程において親支援の重要性を強調している。

　障害受容の段階説は，人々に障害のある子どもの親の悲嘆や怒りなどの情緒反応が正常なものであることを理解させる点で優れているといえる。これは親を支援する立場のものは理解しておくことが必要であり，親のその時々の心理的な状態を熟知して支援の方策を立てることが必要となる。この段階説の共通する点は，障害を知ったために生じる親の混乱は，時間の経過とともに回復するということが前提となっていることである。しかし，この直線的な段階説を次第に警戒する考えが出てきた。段階説の特徴は「経過・躍進モデル」と呼ばれるように，障害を知ったために生じる混乱は時間の経過のうちに回復する，すなわち障害受容の到達点は唯一であり，終了が約束された正常な反応であるとする点にある。つまり障害の受容をすべての親が越えなければならない課題とみなした場合には，親に過重な心理的負担を強いることにもなり，親の困難さを増すことになるというのである。

② 段階説を超えて—循環説の提起

　渡辺（1982）は精神分析医としての立場から，親が期待していた健康な子ども像とその親像を失うという二重の対象喪失と，多くは多大な労力と時間のかかる障害のある子どもの養育を引き受けることは，それ自体が深い持続的な努力を要する人間的な営為であるとして，「対象喪失の悲哀の仕事」という精神分析において示される概念で説明し，その心的過程は病的なもの

ではなく程度や期間はさまざまであるが一般的に生じる正常な反応－「慢性的悲哀」－であるとした。専門家が，親に悲哀を乗り越えることを過度に励ますことは親がこの自然な感情を表明することをむしろ妨げ，かえって親が現実を否認する傾向を強める要因となっているとしている。

　南雲（2002）は，親の障害受容はを考えるとき，① 自分自身から生じるもの（自己受容）と，② 他者からおわされるもの（社会受容）の二通りあるが，これまで自己受容に焦点が当てられてきて，社会受容に目が向けられなかったことを指摘している。このことについて，佐鹿，平山（2002）は具体的に論じていて，親の障害受容は一度だけでなく，子どもの発達の過程で発達課題を達成しようとするたびに訪れてくるとし，それらの障害受容の危機的状況がライフサイクルの中でいくつかの時期において現れてくると考え，「障害のある子どもと親の危機的時期・状況」の10段階を仮定した（表7－1）。そして親がわが子の障害を受容していく過程を支援する上では，子どものライフサイクルと発達課題および親のライフサイクルにおける課題を合わせて検討することの必要性を指摘した。とりわけ子どものライフサイクルとの関連では，幼稚園に入園する時期，就学期，就職を決める時などの時期をあげ，親支援の必要性を提起している。

　以上，障害のある子どもの親の障害受容の考え方を概観した。これまでの発達臨床経験から，子どもの小学校就学期には，程度の差こそあれ，障害受容プロセスにおける大きな危機状況がとらえれている。就学期を前にした時期における親支援は，就学相談という形式で広く行われてきてはいるが，それはとかく学校選択が最終的な目的とされることが多い。そこで，次に，子どもが小学校就学期を迎えた親相談（カウンセリング）の実践事例をとりあげ，そこで親がどのような問題を抱えているかという親の課題意識の内容を把握して，発達支援システムにおける親支援のあり方について考えていきたい。

表7－1
障害のある子どもと親の危機的時期・状況

①誕生（障害を受けた時期）から障害が予測された間の時期	
②生後3か月～3歳	乳児健康診査などで専門病院を紹介された時 専門病院などを受診しようとする時・した時障害がわかった時，診断・説明を受けた時
③3歳～4歳	集団生活，幼児教育を選ぶとき
④小学校入学時期	就学前検診，小学校選択
⑤中学校・高等学校入学時期	進学にあたっての学校選択（特に肢体不自由児など）
⑥学齢終了時	高校卒業後の進路について
⑦成人式を迎える時期	その後の生活を選択する時期
⑧30～40歳代	親の加齢が進んでくる時期
⑨50歳以上	親が自分の死後を考える時期
⑩一生を終える時期	（親よりも先の時がある）

2　障害のある子どもの親相談の実際

❶　事例の概要

①　相談の全経過

　来談者であるBさん（以下「母親」と記す）は，子どものAさん（女児，以下Aと記す）が3歳8か月時に，発達相談を希望して大学付設の相談室に来室した。この事例は，Aの3歳8か月から6歳8か月までの3年間にわたる母親との面接経過である。

　AはC市の1歳6か月健診でことばの遅れを指摘され，2歳から市のD療育センターで療育を開始した。その後Aは，3歳4か月時にDセンターで「自閉性発達障害」診断されている。4歳9か月からは，Dセンターと市内幼稚園に並行して通いながら，さらにこの相談室にも通うようになった。

　家族はAの両親とAが5歳8か月の時に出生した妹の4人である。

D療育センター：☞p.91, 104参照

自閉性発達障害：☞p.26参照

②　相談の構造

　相談は，ほぼ月1回1時間のペースで継続された。

　Aが3歳9か月から4歳9か月までは母子同室の合同面接で行われた。プレイルームでAと子ども担当のセラピストにより繰りひろげられている遊びの傍らで，親担当セラピストと母親が話をしていたが，子どもの側からの誘いがあれば，ともに遊びに参加することもあった。これは，新しい場所に慣れにくいAの不安定な行動が目立ったことと，母親が子どもの接し方に困っているとの訴えがあったことによるものである。

　Aが4歳9か月から5歳5か月までは，3組の母子が参加して母子別室のグループ面接となった。他の2児はAと同年齢で幼稚園に通っていて，友達に関心はあるものの交流が難しく，少人数で仲間遊びの楽しさを経験させたいという主訴で来室していた。親グループの相談は主相談者と副相談者が担当した。

　第2子出産のための中断の後，Aが5歳9か月から6歳8か月までは，母親に，第2子を含めた家族関係の訴えが多くなり，再び母子別室の個別相談となった。

③　相談の技法（カウンセリング・テクニック）

　この事例では，相談技法として関係療法の一つである「三者面談法」の手法が多く適用された。関係療法は次のように分類することができ，三者面談法は3者関係的療法の一つである。

　　Ⓐ　1者関係的療法：日記作文などを活用する方法，ゲシュタルト法，［描画法］など

三者面接法：松村康平監『関係学ハンドブック』関係学会　1993　を参照

Ⓑ　2者関係的療法：面接療法，物媒介2者関係療法，対話法など
　　　Ⓒ　3者関係的療法：三者面談法，役割技法など
　　　Ⓓ　多者関係的療法：多者面談法，心理劇法，社会劇法

　「三者面談」は，一般に主相談者，副相談者と来談者の三者で行われる。主相談者は解決の方向を見とおしながら，面談を主としてすすめていく役割をとる。副相談者は，主相談者の補助をしたり，来談者の共感者となったり必要に応じて解決の手がかりとなる情報を場面に投入したりする役割を取る。しかし相談が進められていく過程では，場面によってそれぞれの役割は機能的に変化し，交代されて，三者のだれもが主導的な役割をとることが可能である。二者相談では，相談者と来談者との間に問題解決への期待を主とした（教えてほしい，のような）勾配関係が生じやすく，とかく相談者への情緒的な依存も生まれやすい。「三者面談」では，副相談者を媒介として課題が客観化され，来談者に自己洞察をが得られやすい点で発達支援や保育カウンセリングに有効な手法である。

　なお，本報告では，子どもの相談経過は省略する。

❷　母親の課題意識の変容

　相談の全経過について，母親の発話内容をもとに**プロセス分析**をした結果，大きく4期分けることができた。ここでは各期の概要についてのみ記述する。（＜　＞内は母親の発言の内容）

①　第Ⅰ期　子どもの障害の理解を深め，療育プログラムへの適応をめざす時期

　子どもの障害が告知され，療育が始められているこの段階では，母親は，Aの発達面に障害特有の発達課題があることを受容しているようにみえた。子どもの気になる行動を障害の特異性との関連で理解し，それをどのように伸ばし，あるいは修正していくかについて，全面的に療育プログラムを信頼し，それへの適応をめざしているようにみえた。

　＜興奮してテンションが高くなることや，子どもの体がくにゃくにゃしていることが
　　気になることなど訓練して変えたい。一方的な会話を直したい。＞
　＜医師に相談して薬を飲ませるようなことを考え始めている＞
　＜Dセンターでの子どもの様子をきちんと把握しておきたい＞

　しかし，Dセンターにおける療育の成果を認めつつも，Aが療育で期待される目標と異なる行動が多いことや，通園する他の子どもが教えなくてもできるのに，Aができないことがあることなどに敏感になり，療育の目標を他の子と同じように達成させることに心を砕いている。

　＜Dセンターでとりわけ落ち着きがない。折角獲得したものもくずれてきた。去年と

プロセス分析：カウンセリングなどの事例の経過研究でよく用いられる研究法。カウンセリングにおいて，来談者の精神内界やカウンセリング関係の変容プロセスを分析・考察し，新しい知見を得ようとするもの。

比べて先生の指導に従わない〉
　〈同じ発達傾向の子どものグループなのに，Aは他の子どもと比べると特徴があるようだ〉

② 第Ⅱ期　「障害特性」の視点から，子どものもつ「発達特性」の視点への転換の時期

　この時期に，AはDセンターと並行して地域の幼稚園に通い始めた。また，妹の誕生もあり，環境の変化によりAにそれまでとは異なった様子が見られ始めた。家族関係や幼稚園での仲間関係など，それぞれの場所で，母親が介入しなければならないことが増えて，Aの行動に困惑することが多くあったが，一般の発達のプロセスにもよくあることで，この子なりの表出であると受け止めるようになってきた。

　〈弟に関心を示すが危険なことをするので困る〉
　〈母にアピールする，Aの気持を察してあげなくてはと思うが〉
　〈母の顔見てわざと困ることをする〉
　〈幼稚園では子どもに関心があるのだが，人に嫌がられないかかわりを身につけてほしい〉
　〈学校選択に際し，何を基準にして判断するのかわからない〉
　〈折り紙に凝りだす。細かいところまで覚えていて驚く〉

③ 第Ⅲ期　子どもの発達特性の受容に葛藤が生じ，行動化する時期

　この段階では，母親は周りで動き出した小学校就学を強く意識して，突然のように子どもの活動の場を複数（例えば運動やソーシャルスキルを目的とした治療グループや余暇活動）増やして親子とも多忙になりだした。Aの巧緻性に富んだ作業や対面的に敏感な発達の特徴などは障害特有ではあってもかけがえのないAの発達特性と理解し受容していたかにみえたが，学校の選択も絡んで「小学校に入る同年齢の子ども」のイメージが母親には膨らみ，学校に入るまでにはAをそのイメージに少しでも近づけておきたいという気持ちとの葛藤が生じ，そのどちらにも適応する親の役割をとることに腐心していたのではないかと考える。

　〈大人になって人が関わりやすい人間になってほしい。就学までに何とかしたい〉
　〈なんで絵はうまいのにお箸はちゃんともてないのか，生活習慣の基礎を整えたい〉
　〈たぶん健常の子と遊ぶ機会も減るので今のうちに良い経験をしてほしい〉

④ 第Ⅳ期　子どもの発達を再受容し，環境調整の役割に積極的に動く時期

　母親は学校の選択にも積極的に動き多種の学校関係者と多くの面談をもった。最終的には特別支援学級に在籍することとなったが，「あまり一生懸命

チャンチャンとしないほうが良いというのがわかってきました。」と述懐している。「親の役割は，親と先生とが良い関係を作ることで，子どもは学校に安定して通ってほしい」と述べるなど，Aと学校と親との共同で何がなされていくかという期待が育ってきたものと考える。「これまでだいぶ肩に力が入っていましたね」とふり返る余裕もみせた。

〈Aの全部をAだと思って認めて，どこかを削除できないから，ちょっとづつ変わってくれればいい〉

〈学校が嫌いでないことが一番の願い〉

〈色々課題はあるが，一番の願いは子ども同士の関わり。あとはできるところでいいと思う〉

3 考察－実践事例から学ぶこと

本事例は，親が障害のある子どもを受容していくプロセスについて多くの示唆を与えている。親の内面には，子どもの障害を肯定する気持ちと否定する気持ちの両方の感情が常に存在し，障害を認めた後も外部の条件によって「悲哀」が呼び覚まされやすい傾向を作るということ，また，親の障害受容は一度だけでなく，子どもの発達の過程で発達課題を達成しようとするたびに訪れてくるとという指摘を実証する事例である。

母親であるBさんは，子どもが幼い時から専門の療育機関において早期療育を受けており，この発達相談においても子どもの発達上の課題や日常の対応に困惑する行動に関してのエピソードを比較的満遍なく落ち着いた雰囲気で話し続け，子どもの障害を受け入れ療育目標をよく理解して養育しているようにみえた。しかし，相談の過程で明らかになったことは，それは，子どもの障害が告知されて以来の年月，困難を一つひとつ克服することをハードルにして走ってきた「よい障害児の母」というイメージに自らを適応させる努力の積み重ねであったことが窺える。就学期が近づくにつれて，子どもにとっての負担がかかることを懸念しつつも，それまで参加していた場に加えて発達の諸側面に効果が期待される場を新たに数箇所も増やした。小学校の選択にあたり一般の子どもの発達過程を視野に入れたイメージが強くなり，就学までにそれに子どもを近づけておきたいと，それまで意識下に押さえていた葛藤が新たに生じ，障害受容プロセスにおける危機状況の現われとみることができるであろう。

子どもの就学期は，子どもにとってばかりでなく親自身にとっても特別な時期であり，親のライフサイクルの課題の一つとしてあげられている。小此木（1982）は，子どもが小学校などへ参加することにより，学校との交流が始まり，子どもたちにふさわしい未来を選択するという親役割を達成するという，子どもたちばかりでなく親もまた社会化された理想像の役割を果た

すことが期待されていくのだと述べている。本事例の過程では，就学期という時期に，母親にとってこれまで子どもの障害を受け入れ自分なりに容認しうる親役割を生きてきたが，一層社会化されたより理想的な親役割を果たすことを求められると感じ，その緊張感を過激にも見える行動に移して危機を乗り越えようとしたことが推察される。　　　　　　　　　　　（武藤）

事例研究 3
就学前のグループ指導プログラム

1 就学にむけての支援の必要性

　日本では，1歳6か月児健康診断，3歳児健康診断といった乳幼児健診システムがあり，発達の障害などのスクリーニングが行われてきた。最近では，就学時健康診断に加え，5歳児健診なども各自治体で実施されている場合もある。最近の障害の概念の広がりと共に，乳幼児スクリーニングシステムが拡充してきており，発達の障害は比較的早期に発見，診断されるようになってきた。障害の早期発見は，早期からの保護者の障害理解，家庭・保育・教育での適切な支援につながり，障害を改善したり，二次的な問題を予防したりすることに貢献する。最近の通園施設や医療機関の実情を見ても，個性の範疇なのか障害なのか線引きが難しい，いわゆる"軽度発達障害"の幼児の利用が急増している。それに伴い，これらの障害への早期療育の受け皿の拡大も望まれている。

　就学前の療育は，学校教育側からしても重要視されている。学校現場の声の中には，社会性や集団行動に乏しい幼児の増加が，小学校低学年のうちからの学級崩壊が問題につながっているとの指摘もある。

　また，発達の障害のある子どもが社会的ルールが多くなる就学後に不適応を起こしてしまうといった場合も多い。勉強も運動も遊びも自信を持って生産的にこなしていく児童期に，授業に参加できずに学べない，仲間関係が築けず思う存分遊べないなどといったことがあれば，その後の人格形成や能力の発達に影響してしまうことであろう。そのため，就学への準備として，就学後に必要な技能や能力の習得を促していくことは重要となる。

2 就学前のグループ指導の実際

❶ グループ指導の概要

　ここでは，民間の療育機関で行った就学前の療育実践を紹介する。高機能PDDの診断やその疑いがある幼稚園の年長児4名が対象（表7−2）で，4月〜3月までの1年間（月3回，1回1時間），合計30回の実践である。

　1セッションの流れは，① 始まりの会5分（日直の仕事：挨拶・出席確認・個別のお約束の確認・今日の予定の発表），② 歌の時間5〜10分（もしくは発表），③ 遊びの時間20分（言語・認知・コミュニケーションの課題），④ 運動の時間10〜20分（サーキット，ボールゲーム，鬼ごっこなど），

Aくん 男・年長	医療機関でADHD，アスペルガー症候群の疑い。幼稚園での集団行動はほぼスムーズだが，過度の正義感やルールへのこだわりがあり，他児を注意したり，間違いを指摘したりする。興奮すると，奇声を発したり，ふざけすぎたりする。田中ビネーＩＱ105，K-ABC認知処理106
Bくん 男・年長	アスペルガー症候群の診断。多動・衝動性も顕著。出し抜けの発言が多く，順番待ちや順番交代も守れない。相手にお構いなしに一方的にしゃべったり，遊びを仕切ったりするので友達と一緒に遊べない。WISC－Ⅲ全検査ＩＱ116，田中ビネーＩＱ124
Cくん 男・年長	医学診断なし。友達にかかわらない。気に入らないことや見通しが立たない場ではしゃべらず，緘黙状態が続く。調子がよいと，大人相手にダジャレを連発したり，一方的に話し出したりする。慣れるまで集団参加は拒否する。K-ABC認知処理114
Dくん 男・年長	言語発達遅滞の診断。一人遊びを好み，マイペース。穏やかでおとなしく集団場面では受身的であるが，負けたり，嫌なことを言われると，泣き出したり，手が出たりする。指示理解や言葉での表現が難しいときがある。WISC-Ⅲ全検査ＩＱ88，言語性IQ79，動作性IQ101

表7－2
就学前グループ指導の対象児

⑤お話の時間5～10分（絵本の読み聞かせ，感情の認知など），⑥ 終わりの会（振り返り，お約束の確認，王冠の授与，挨拶）から成り立つ。保護者は，別室で待機しモニターを通して，子どもの指導の様子を見たり，保護者同士で話し合ったり情報交換をしたりすることができる。セッション終了後は，今回のプログラムの説明を保護者にして，何を学んだかを伝えた。また，2か月に1回，1時間の保護者面談（全5回）を行った。指導者は，臨床心理士2名，研修ボランティア2名（大学院生，大学卒業後）の計4名である。1名はリーダーとなって前に立ち，2名は個別に子どもの補助にまわった。他の1名は記録をとった。

❷ 指導方法と指導内容

指導は，対象児の課題でもあり，就学後の生活や学習に必要となる，① 集団参加，② 簡単な行動調整（順番待ち，負けの受け入れなど），③ 基本的学習態勢の形成（着席，静かに聞く，課題遂行など），④ 言語・コミュニケーション技能の向上，⑤ 運動の発達促進（粗大運動，協調運動）が狙いとなった。年度当初はグループ活動に慣れることや①が主な目的となり，子どもたちが安心して楽しめるゲームや活動といったプログラムを組んだ。セッション5以降は徐々にグループ活動のルールや個別のお約束を取り入れていき，②～③の目的のプログラムを組んだ（セッション12を表7－3に示す）。

指導方法は，対象児は対人的やりとりに困難があり，他者にかかわる意欲が少ないので「仲間や指導者と活動することでの安心感や達成感を随伴させる」，暗黙のルールがわからなかったり，相手や状況の変化に応じて行動できなかったりすることから「個別目標やルールの具体的・視覚的提示」，情緒的コミュニケーションの向上と感情の自己認知を促すために「子どもの感情や状態の反射」，具体的に適切な行動を知り強化するために「個別目標に

表7-3
就学前グループのプログラム（セッション12）

時間	活動	内容	ねらい	介入
導入 5分	始まりの会	・日直の仕事（挨拶，出席確認） ・予定の発表，個別の約束の確認	・活動の見通し ・お約束の意識	姿勢，声の大きさ表の提示
歌 5分	じゃんけんポンでなにつくろう	・じゃんけんで「蝶々」「カタツムリ」などを作っていく。児にもリーダーをやってもらう。	・模倣（見る） ・注意集中（見・聞）	歌わない子には模倣だけでOKとする。
遊び 5分	船長さんの命令（4回目）	・「船長さんの命令です」とつけた指示には従い，単なる指示には従わない。「村長さん」などにも従わないようにする。	・聴覚的注意 ・指示理解	よく聞けていたことを中心にフィードバック。
遊び 10分	カードゲーム「ぼうずめくり」（2回目）	・百人一首のカードの束から「坊主」を引いたら，手札をすべて捨てて，「姫」を引いたら捨て札をすべてもらう。	・順番交代 ・悔しさの認知と統制 ・勝負経験	「坊主」はだれでも悔しいことを事前に教示。
運動 20分	サーキット（3回目）	・4つのコース（①平均台歩き，②10回風船トス，③蜘蛛歩き，④指示ツイスター）をクリアして，ポイントをためていく。	・協調運動 ・指示理解 ・順番待ち	前の様子を意識させ，順番待ちさせる。
お話 10分	・童話「リトル・レッド・ヘン」	・パネルシアターで読み聞かせ。3場面（怒・悲・嬉）の主人公の気持ちを表情シンボルで考えさせる。対象児の同じような感情エピソードについても聞き出し，話し合う。	・着席 ・静かに聞く ・共同注意 ・感情認知 ・クールダウン	表情は指導者がやってみせ，その後子どもたちにも示す
まとめ 5分	終わりの会	・日直（今日の感想，挨拶） ・個別での約束の振り返り	・振り返り	ポイント数の王冠を授与。

対するシールを使った即時フィードバック」，クールダウンと個別のお約束の確認をするために「タイムアウトの活用」，家庭でも肯定的にフィードバックしてもらうために「強化子の家庭への持ち帰り」などが中心となった。

❸ 指導経過と考察

グループ活動は，基本的に子どもたちが楽しめる活動をベースにしている。当初，A，B，Dは指導者との関係を中心に楽しく参加できていた。セッションを重ねるごとに，仲間同士での相互交渉が増え，指導時間以外でも追いかけっこをしたり，持参したカードや携帯ゲームの見せあいをしたりするようになった。ただ，Cは「歌」「運動」の活動は拒否していた。また，しゃべるのも拒否していて，楽しそうだと思う活動のみ（トランプ，お話，クイズなど）参加していた。個別に対応すると小声で発声するときもあったが，発声しないことや参加しないことについては強要せずに，指導者が一人付き添い，活動を座ってみているように促した。その後，2，3回活動を見てから「歌」「運動」などは見通しが持てると，参加する活動できるようになった。発表については，セッション半ばにはできるようになった。

行動調整や基本的学習態勢については，「静かに聞く」「丁度よい声の大きさ」「姿勢をよくする」「人を注意しない」「順番交代」「くやしくても怒らない」「話している人を見る」など具体的にブレイクダウンし年間を通して扱った。これらは，その都度，視覚的にルール化・お約束化して提示し，即時に

強化子の家庭への持ち帰り：行動を増やす働きかけを強化という。そのために提示する刺激を強化子という。本節では，お約束を行えているときにポイントをつけ，視覚的にフィードバックし，指導の最後にポイントの総数を折り紙の王冠に替えて，自宅に持って帰ってもらった。お約束とがんばった成果を家庭でもフィードバックしてもらったり，お約束を家庭でも実践してもらうことが狙い。般化の一つの手段である。

フィードバックすることで，子どもたちは身につけていった。Bは注意集中や衝動性の問題，低緊張や協調運動の問題が強くあり，これらについては重点的な課題にもなった。姿勢維持のため背もたれのない椅子にしたり，「今は誰先生がしゃべっているかな？」といった個別の**プロンプト**を多用したりした。さらに「静かに聞く」といったお約束を，「【しずかに】カードが出たら，静かにする」➡「手を挙げてから質問する」➡「先生がしゃべっているときには静かにする」➡「人が説明中はしゃべらない」といったようにスモールステップにして，1年間で取り組んでいった。

　仲間関係についても深まりをみせた。対象児はみな幼稚園では一方的になったり，孤立していたり，一人遊びを好んだりして，お友達関係が築けていなかった。グループ活動では，仲間と触れ合ったり，簡単な協力をしたり，助け合うような**仲間関係づくりの活動**を多く取り入れた。指導者が媒介になって相互交渉を膨ませ，一緒に遊べるように促した。対象児の相互交渉の困難さや親和動機の程度によって，友達関係には差が出たが，グループ活動後には駅まで一緒に帰ったり，一緒に遊んだりしていた。どの保護者も，行動の形成や技能の習得ができたこともあるが，仲間と楽しく遊べて，友達関係が築けたとことが一番嬉しかったとのことであった。

（岡田）

> **プロンプト**：適切な行動を引き出すために手がかりを与えること。いわゆる「お助けヒント」。例えば，「静かに」と指示を与えるときに，「口チャックの絵カード」や指導者が口の前で指でばってんを示したりする。

> **仲間関係づくりの活動**：例えば，「サーキット」の運動の時間では，2人ペアになりコーナーをクリアする課題（2人で風船運び，新聞電車など）を取り入れた。カードゲームでは，「名前と顔写真」「名前と好きな遊び」の神経衰弱。レゴブロックを使って，順番交代しながら1個ずつくっつけて行き2人で作品を作っていく「協力レゴ」など。

事例研究　4
特別支援教育における発達支援

1　発達段階に応じた支援の必要性

　小学校や中学校では，平成19年度から特別支援教育が本格的に始まっている。義務教育の期間は，小学1年生から中学3年生まで，つまり，生活年齢でいうと6歳〜15歳までである。この9年間の間に，積極的に遊びや仲間関係，勉強をこなして能力を開花させていく学童期，仲間関係を深めて親密な関係を作ったり，自立への葛藤をはらんだ荒波を乗り越えたりする思春期，自分の将来や生き方を模索する青年期を送っていく。これらの時期は，人格形成や社会自立に向けた大事な期間と言える。これらの一般的な発達段階の心理社会的発達や認知発達，それらの時期への配慮をまとめると表7-4のようになる。就学後の9年間は，それぞれの時期に沿った支援が望まれる。本節では，小学校2年生から中学校2年生までの7年間に渡る支援を取り上げ，発達段階に沿った特別支援の実際について報告する。

表7-4 発達段階に沿った支援

発達段階	特徴	主な指導配慮・指導内容
幼児 3歳～6歳	・言葉が思考の道具になり始める ・自己中心性 ・基本的信頼感が基礎 ・人間関係の広がり 　（養育者から集団へ）	・学習態勢（座って聞く，課題を行う，指示に従う，ルールを知るなど） ・社会的参照（表情，言動など）をベースにしたコミュニケーション ・他者との楽しさや興奮の共有 ・集団や対人関係における安心感，達成感
児童期 6歳～10歳	・具体的な思考 ・自他の識別 ・心の理論が成立 ・学業，運動，遊びなどのコンピテンス（経験の蓄え，生産的な学習）	・仲間関係，遊び，学業などを維持していくためのスキル ・自己コントロールに言葉を使っていく ・心の理論を基にしたコミュニケーション ・できること，できないことの自己理解 ・劣等感と過剰なプライドへの配慮
思春期 11歳～	・抽象的な思考 ・ルールや感情などを論理的に捉える ・集団（仲間）同一性 ・社会自立へ準備期間	・論理的に他者の心や社会のルールを捉える ・小さくても友人関係をつくり，維持していくことへの支援 ・社会自立への準備（自分の特性理解，自立へのスキル，進路，適正，自己決定）

2 特別支援教室での支援の実際

❶ Eの事例

　Eは小学校2年生の時に，「気に入らないことを言われると，キレて暴力をふるう」「一人でいることを好み，仲間関係が深まらない」とのことで通級による指導を週1回受けることになった。

　入級審査時に，専門家と特別支援の教員により，WISC－Ⅲ知能検査と行動観察が行われ，全検査IQ 120，言語理解124，知覚統合120，注意記憶118，処理速度80であり，知的能力には優れていたが，社会性の弱さ，手先や全身運動の苦手さ，マイペースさが顕著であることが示された。

　乳幼児期は，母親への後追いがなく，人見知りもせず，母親の記憶では手のかからない子どもであった。言語の発達は標準よりも早いが（初語10か月，二語文1歳7か月），運動発達には若干の遅れ（はいはい10か月，初歩1歳3か月）があった。乳幼児の時には抱っこされること，大きな音などに敏感で，大泣きすることが多かった。偏食も強く，肉や魚，緑色以外の野菜は頑として食べなかった。白いご飯，ふりかけ，ゆで卵は好んで食べた。3歳から保育所に通いだしたが，ブロックや砂遊びなど一人遊びを好みあまり友達とはかかわろうとはしなかった。3歳からひらがなの読み書きがでて，絵本などを一人でも読んでいた。大人とはお話ししたり，一緒に遊んだりすることは好んだ。保育所では集団行動には問題は示さなかった。

　小学校に入ると，1年生の1学期は登校渋りがみられたが，生活にも慣れて，スムーズに学校生活を送った。しかし，1年生の3学期から，友達とのトラブルが頻発した。騒いでいる級友を「うるさい」と突然殴ったり，廊下を走っていたり授業中しゃべっている友達のことを注意して喧嘩になったりした。友達と遊ばないだけでなく，運動会の練習や班での活動などの集団行

動を徐々に拒否するようになった。

❷ 通級による指導（小学校低学年）

2〜3年生まで週1回5時間，通級した。通級では，Eが適応的な対人関係を作れるように指導を行った。「あったか・チクチク言葉」「教室のルール」「順番交代」「他者の表情や反応に注意を向ける」といったソーシャルスキル指導が小集団で行われた。教室での適応に必要なスキルを具体的に学んだだけでなく，通級の仲間と仲良くなり，放課後など約束して遊ぶようになり，対人関係に広がりを見せた。また，在籍学級でも担任や他の教員のサポートもあり，パニックになって怒り出したり暴れたりする前に，タイムアウトの部屋（保健室）で気持ちを落ち着けることができるようになった。また，社会性の困難や感覚過敏といった障害特性について，特別支援コーディネーターや在籍学級の担任が配慮を行っていった。不安やイライラが高ぶったときには休憩することを保証したり，うるさい環境や怒鳴り声を減らしたり，食べられない給食は残してもよいことにしたり，見通しを持って行動できるようにE君スケジュール表，お約束表（ルールや気をつけることなど）を作ったりした。在籍学級では，仲間とのトラブルは減り，困ったときやトラブルのときには担任教師や通級の教師に相談できるようになった。

> **ソーシャルスキル指導**：上野一彦・岡田智編著『特別支援教育 実践 ソーシャルスキルマニュアル』明治図書 2006年を参照のこと

❸ 通級による指導（小学校高学年）

4年生のときに，発達障害に詳しい医療機関でアスペルガー症候群と診断された。随伴症状として，衝動性の高さ，感覚過敏（聴覚・触覚・味覚）も指摘された。小学校4年生からは，ソーシャルスキルの指導も高度なものとなった。このころ，対人トラブルは減ったものの，人へのかかわりが一方的になりがちで，人の話を聞いたり，相手の意見を受け入れたりできないことが顕在化してきた。通級での指導は，「話し合い」「他者の視点の取り入れ」「社会的状況を理解し行動する」「問題場面はじっくり考える」といったことが指導内容となった。話し合いスキルは，「話し合いの手順を知る」「相手の話を聞く」「自分の意見を提案する」「意見を一つに決めること」「決まったことには従う」といった下位スキルに分割され，遊びや活動での役割やルールを決めるときの話し合いを通して指導が行われた。他者の視点の取り入れについては，日常的に指導者が相手の表情や反応に注目するようにフィードバックしたり，「スイカ割り」「ブラインドウォーク」「レゴの伝達」といった心の理論ゲームを行ったりした。社会的状況の理解に関しては，ソーシャルストーリー，コミック会話といった自閉症スペクトラムへの支援技法も用いながら，Eの日常生活においてつまずくことを丁寧に整理し，適切な行動を促していった。

> **心の理論ゲーム**：岡田智「対人関係に困難がある子どもの指導」（上野一彦・花熊曉 編『軽度発達障害の教育』2006 p.136）を参照のこと。
>
> **ソーシャルストーリー**：グレイ，C『ソーシャルストーリーブック 書き方と文例』クリエイツかもがわ 2005
>
> **コミック会話**：グレイ，C『コミック会話』明石書店 2005

❹ 心療内科でのカウンセリングによる支援（小学校6年生〜中学生）

　Eは私立中学校を受験した。6年生から受験のために塾に通いだし，猛勉強が始まった。そのことから，家で物を投げたり，母親や姉に暴言を吐いたりすることが頻発した。受験のストレスと思春期の混乱もあり，志望校の幅を広げ，塾の回数や家庭での学習量も減らしていった。同時に，医療機関での投薬とカウンセリングも始まった。受験も無事に終わり，志望校ではなかったが私立中学に入学した。その中学校では，特別支援教育やスクールカウンセラー等の支援体制がないことから，心療内科で臨床心理士によるカウンセリングを月1回続けることになった。カウンセリングでは，1か月間にあった悩みやうまくいかなかったことについての報告が中心となった。問題があれば，問題解決法による事実関係の整理を行い，適切な解決法について考えた。Eからは，「友人ができない」「部活の顧問が厳しい」「友達に言いすぎてしまい，離れていってしまった」などの問題があがった。Eは中学校ではパソコン部に入部し，特定の仲のよい友達が2人でき，安定して中学校生活を送るようになった。中学校2年生の半ばまで13回の面接を行ったが，面接の半数は，おしゃべりをしたり，将棋やオセロを行ったりした。安定して適応して中学校生活を送っていたので，2年生の2学期で継続面接は終結となった。

❺ まとめ

　Eの場合は，比較的アスペルガー症候群の症状が軽かったこと，知的能力が高かったこと，保護者の理解とサポートがよかったことが重なり，中学校では適応していけるようになった。実際は，このように成功していくケースはあまり多くはない。思春期には，強迫症状を呈したり，不登校になってしまったり，非行や触法行為などを犯すものも多い。重要なのは，早期発見，早期支援で，それにより2次的な問題を予防することといえる。また，障害特性や発達段階に沿いながら効果的な支援を行っていけるかどうか，学校，医療，家庭，地域がどのように連携して支援のネットワークを組んでいくかが，今後の特別支援教育の展開を左右することであろう。　　　　（岡田）

引用・参考文献

第1章

三宅和夫・内田伸子『発達心理学』日本放送出版会　2006　p.17

菅原ますみ他「子どもの問題行動の発達　Externalizing な問題傾向に関する生後11年間の縦断研究から」『発達心理学研究』第10巻1号　1999　p.32-45

菅野幸恵「母親が子どもをイヤになること　育児における不快感情とそれに対する説明づけ」『発達心理学研究』第12巻1号　2001　p.112-123

Erikson,eh. The life cycle completed:a review. New York:W.W.Norton&Co.1982 ; 守屋国光『生涯発達論』風間書房　2004　p.62, 70

鯨岡峻・東洋他編『発達心理学ハンドブック』福村出版　2006　p.5, 56

下山晴彦『発達臨床心理学』講座臨床心理学5　東京大学出版会　2001　p.7

第2章

桜井茂男『楽しく学べる　最新教育心理学』図書文化　2004

宮本茂雄・鈴木克明『障害児の発達と教育』学苑社　1983

奥山眞紀子「愛着障害の治療」『精神治療学』第20巻増刊号　2005　p.294-297

武藤安子・上原貴夫・高山佳子『発達の障害と支援の方法』樹村房　2001

内山登紀夫『アスペルガー症候群を知っていますか？』日本自閉症協会東京支部　2002

若井淳二・水野薫・酒井幸子『障害児保育テキスト』教育出版　2006

阿部芳久『知的障害児の特別支援教育入門』日本文化科学社　2006

竹田契一『ＡＤ／ＨＤ・高機能広汎性発達障害の教育と医療』日本文化科学社　2007

杉山登志郎・原仁『特別支援教育のための精神・神経医学』学習研究社　2003

第3章

武藤安子『発達臨床―人間関係の領野から―』建帛社　1993

巷野悟郎監修　こどもの城小児保健部編『知りたい！子どものからだと心　身近なＱ＆Ａ』中央法規出版　2001

楡木満男・松原達哉 共編『臨床心理学概論』臨床心理学シリーズ②　培風館　2004

杉山登志郎「発達障害のパラダイム転換」『そだちの科学』8号　日本評論社　2007　p.2-8

土屋明美「心理劇における評価について―関係学の立場から―」『心理劇』第4巻第1号　日本心理劇学会　1999

松原達哉 編『心理テスト法入門　第4版―基礎知識と技法習得のために―』日本文化科学社　2002

日本遊戯療法研究会編『遊戯療法の研究』誠信書房　2000

土屋明美監修　関係状況療法研究会編『関係状況療法　今・ここで・新しく生きる―人間関係をゆたかに』関係学研究所　2000

武藤安子編『発達臨床―人間関係の領野から―』建帛社　1993　p.139-141

岩城衆子・三浦幸子・武藤安子「家庭外（施設内）生活をおくる人との心理劇的技法の展開―関係における"不在"の自己イメージの変容」『第1回日本心理劇学会大会発表論文集』　1995

岩城衆子・篠田美香・武藤安子「人間関係の発達における事例的研究1―相談場面における関係構造の変化　人間関係の発達における事例的研究2―描画表出にみる三者関係の形成」『第47回保育学会大会発表論文集』　1994

厚生労働省「子ども虐待対応の手引き」

川﨑二三彦『児童虐待―現場からの提言』岩波書店（岩波新書）　2006

広岡智子『心の目で見る子ども虐待』草土文化　2004

「特集：子ども虐待へのケアと支援」『そだちの科学』2号　日本評論社　2004　p.1-121

西澤哲「子ども虐待がそだちにもたらすもの」『そだちの科学』2号　日本評論社　2004　p.10-16

西澤哲「子どもの虐待への心理的援助の課題と展開」『臨床心理学』第1巻第6号　金剛出版　2001　p.738-744

斎藤学編『児童虐待［危機介入編］』金剛出版　1994
信田さよ子『子どもの虐待防止最前線』大月書店　2001

第4章
ブラゼルトン「母と子のきずな　母子相互作用」『周産期医学』医学書院　1983
D.N.Stern, The inter personal world of the infant. 1985（小此木啓吾・丸田俊彦・神庭靖子・神庭重信訳『乳児の対人世界　理論編・臨床編』岩崎学術出版社　1989）
Leutz.G.A. 1985 Mettre sa vie en scéne. Le psychodrama.（野村訓子訳「心理劇－人生を舞台に－モレノの継承と発展」関係学研究所　1987）
土屋明美「心理劇の諸技法」『関係学ハンドブック』日本関係学会　1994　p.82-83
松村康平「発達と接在共存」五味重春他監『幼児の集団指導』日本肢体不自由児協会　1979
松村康平『幼児の性格形成』ひかりのくに　1976
松村康平「関係学の現状と展望」『関係学研究』No.10　Vol.1　1982　p.93
松村康平・三神静子「人間発達の理論的考察－玩具の機能的特性との関係」『関係学研究』No.13　Vol.1　1985
松村康平・三神静子「玩具の関係学的研究－人格発達を促進する玩具の機能的特性」『関係学研究』No.15　Vol.1　1987
松村康平・三神静子「玩具の関係学的研究－人格発達を促進する玩具の機能的特性」『関係学ハンドブック』日本関係学会　1994　p.268-271
武藤安子・吉川晴美共編『かかわりを育む保育学』樹村房　1997　p.37
矢吹芙美子「模倣・ふり遊び・ごっこ遊び・心理劇における響き合いの関係」『大妻女子大学家政系研究紀要』41　2005　p.145-155
吉川晴美「集団指導の理論」五味重春他監『幼児の集団指導』日本肢体不自由児協会　1979　p.66
瑞穂優・武藤安子「前言語期の"乳児・もの・人"の三者関係の形成過程」『日本家政学会誌』No.48　Vol.10　1997　p.865-874

第5章
上野一彦・花熊暁編『軽度発達障害の教育』日本文化科学社　2006
文部科学省・特別支援教育の在り方に関する調査研究協力者会議「今後の特別支援教育のあり方について（最終報告）」文部科学省　2003
柘植雅義「今後の特別支援教育」下司昌一編『現場で役に立つ特別支援教育ハンドブック』日本文化科学社　2005
上野一彦・花熊暁編『軽度発達障害の教育』日本文化科学社　2006
上野一彦・岡田智『特別支援教育 実践ソーシャルスキルマニュアル』明治図書　2006
「特集：コラボレーション」『現代のエスプリ』第419号　至文堂　2002
高野久美子「（連載）相談窓口から「そだち」をみる③地域のサポートネットワーク―よりよく結び合うために―」『そだちの科学』3号　日本評論社　2004　p.122-126
柏女霊峰「子育て支援と行政の取り組み」『臨床心理学』第4巻第5号　金剛出版　2004　p.579-585
岩城衆子他 "子育て支援カウンセラー" 訪問相談の活動―文京区における地域子育て支援の試み―」『第25回日本心理臨床学会大会発表論文集』　2006
村山正治「スクールカウンセラー事業の最近の動向―学校臨床心理士ワーキンググループ　第26報―」『日本臨床心理士雑誌』第49号（第15巻1号）　2006　p.29-34

第6章
A. Portmann, Biologische Fragmente zu einer Lehre vom Menschen 1969 Schwabe,S.58
「持続可能な社会保障制度と支え合いの循環」『平成18年版　厚生労働白書』厚生労働省
「多様な可能性に挑める社会に向けて」『平成18年版　国民生活白書』内閣府
「教育再生への取り組み/文化芸術立国の実現」『平成18年度　文部科学白書』文部科学省
「生徒指導資料第22集　登校拒否問題への取り組みについて　小学校・中学校編」平成9年 文部省
「ボランティアのシチズンシップ再考」『ボランティア白書　2005』日本青年奉仕会

H.F. ハーロー著　浜田寿美男訳『愛のなりたち』ミネルヴァ書房　1989　p.31-
明和政子『心が芽ばえるとき－コミュニケーションの誕生と進化』NTT出版　2006　p.101-
マイケル・ルイス，高橋恵子編『愛着からソーシャル・ネットワークへ－発達心理学の新展開』新曜社　2007
アドルフ・ポルトマン著　高木正孝訳『人間はどこまで動物か－新しい人間像のために』岩波書店　1961

第7章
河合隼雄「事例研究の意義と問題点－臨床心理学の立場から－」『臨床心理事例研究　3』1976　p.3-10
武藤安子「事例研究法をめぐって」『日本家政学会誌』Vol.50　No.5　1999
篠田美香「行為描画法」武藤安子編『発達臨床―人間関係の領野から―』建帛社　1993　p.139-141
渡辺久子『ライフサイクルと家族の病理』講座家族精神医学3　弘文堂　1982　p.233-253
武藤安子『今日の家庭教育』建帛社　1983
クラウス，ケネル『親と子のきずな』医学書院　1982　p.332-333
南雲直二『社会受容－障害受容の本質－』荘道社　2002
佐鹿孝子，平山宗宏「親が障害のあるわが子を受容していく過程での支援―障害児通園施設に來所した乳幼児と親へのかかわりを通して―」『小児保健研究』No.61　Vol.5　2002　p.677-685
武藤安子『発達臨床―人間関係の領野から―』建帛社　1993
小此木啓吾『家族ライフサイクルとパーソナリティ発達の病理』講座家族精神医学3　弘文堂　1982　p.13-28
山本和子・小原敏郎・武藤安子『関係学研究』No.33　Vol1.　2006
上野一彦・岡田智『特別支援教育　実践ソーシャルスキルマニュアル』明治図書　2006

さくいん

あ 行

ICIDH　21
ICF　21
ICD-10　22
愛着形成　22
愛着行動　116
愛着障害　36
アスペルガー症候群　22, 26
アセスメント　24, 43
移行計画　95
移行の支援　96
インクルージョン　89
インターンシップ　124
インテグレーション　89
インフォームドコンセント　102
ヴァーチャル・リアリティ　121
運動面に苦手さ　27
AAC　28, 32
ADHD　28
ADL　34
SST　28, 53, 96
NPO　125
エリクソン　14
LD　22, 23, 29

か 行

核家族化　119
学習障害　22, 29, 30
拡大・代替コミュニケーション　28, 32
拡大文字　129
学童保育　126
感覚統合療法　31
感覚の異常　27
環境説　7
関係状況療法　54
関係的存在　67
関係の質　8
観察法　45
環境リソース　123
危険因子　61

吃音　31, 42
機能的統合　90
基本的信頼感　37
基本的生活習慣　41
虐待　24, 57
QOL　17, 34
境界線知能　25
境界知能　25
協働　103, 125, 127
虚弱　23, 35
筋ジストロフィー　34
グループ活動　96
グローバル　121
経済的リソース　123
軽度発達障害　21
言語障害　23, 31
言語発達の遅れ　31, 32
行為障害　39
公益　127
構音障害　31
合計特殊出生率　118
肯定性の原理　74
行動療法　53
広汎性発達障害　22, 23, 26
交流保育　91
コーディネーター　127
国際疾病分類第10版　22
心の理論　97
個人情報　102, 105
子育て支援カウンセラー　107
子ども家庭支援センター　106
子どもの権利条約　57
個別教育　122
個別の教育支援計画　93
個別の指導計画　93
コミュニティ・インクルージョン　122
コミュニティ・スクール　125
コラボレーション　103, 125, 127
コンサルテーション　101, 108

さ 行

サポートセンター　131
三者関係　71, 75
GPS　121
支援のネットワーク　102, 103
視覚障害　23, 33
資源　123
自己構造化　67
次世代育成支援　86, 106
肢体不自由　23, 34
児童虐待　116
児童虐待防止月間　60
児童虐待防止法　58
自閉症　22, 26
自閉症スペクトラム障害　27
弱視　33
周産期　23
集団と個　78
守秘義務　102, 105
受容　54
巡回指導（相談）　92
ジョイントアテンション　98
障害　16, 83
少子化　118
衝動性　28
情報化社会　121
情報のパーソナル化　121
情報リテラシー　121
事例研究　135
人口置換水準　118
身体的虐待　57
心的外傷後ストレス障害　129
人的リソース　123
信頼関係　50
心理劇　80, 96
心理的虐待　57
スクール・カウンセラー　111, 130
スクール・ソーシャルワーク　130
ストレンジシチュエーション法　37

生活機能分類　21
生活単元学習　26
生活の質　34
精神遅滞　22
性的虐待　57
生得説　7
生理的早産　115
世代間伝達　62
選択性緘黙　38
先天性の四肢障害　34
早期発見　91
早期療育　91
相互作用説　7
ソーシャル・サポート　123
ソーシャル・サポート・ネットワーク　123
ソーシャル・スキル・トレーニング　28, 53, 96
ソーシャル・ネットワーク　116, 123

た行

多動性　28
WHO　21
団塊の世代　128
男女共同参画社会　120, 126
チック障害　38, 42
知的障害　23, 25
知的能力　25
知能検査　46
注意欠陥多動性障害　22, 28
注意集中の困難　28
聴覚障害　23, 34
通園施設　91
ティーム・ティーチング　78, 126
ディスレクシア　31
低体重出生　24
てんかん　36
伝承文化　126
投映法　46
統合教育　89
統合保育　89, 91
トータル・コミュニケーション　51
特異的言語障害　32
特別支援学校　93, 95
特別支援教育　91, 95
特別支援教室　93, 95, 125
特別な教育的ニーズ　18

な行

難治てんかん　36
難聴　35
ニーズ教育　125
二次障害　25
日常生活動作　35
認定NPO法人　128
ネグレクト　57
脳性まひ　34
ノーマライゼーション　89, 122
ノーマライゼーションの育ての親　122

は行

パーソナル・エデュケーション　122
発達課題　24
発達検査　46
発達障害者支援法　91
発達段階　24
発達の障害　17, 22
発達の障害の原因　23
発達臨床法　50
場面緘黙　42
反抗挑戦性障害　39
反社会性人格障害　39
バンク・ミケルセン　122
阪神淡路大震災　128
ピアジェ　11,
描画法　46
病弱　23, 35
福祉犯　117
物的リソース　123
不登校　130
フリースクール
プレイセラピー　52
文化的・生活的リソース　123
分離不安　42
分離保育　91
ペアレントトレーニング　30
平均寿命　119
PTSD　129
ベンクト・ニイリエ　122
母子分離不安　36, 42

放課後児童　126
防災マップ　129
ホーム・エデュケーション　130
ボランティア　128

ま行

ムーブメント教育　96
面接法　45
盲　33
文部省の調査　92

や行

夜驚　42
遊戯療法　52
ユビキタス　121

ら行

リソース　123
レスパイトサービス　129
連携のポイント　100
聾　34
ロールプレイング　96

編著者

武藤　安子（むとう　やすこ）　前共立女子大学教授
　　　　　　　　　　　　　　（臨床心理士）

上原　貴夫（うえはら　たかお）　長野県短期大学教授

著者

岩城　衆子（いわき　しゅうこ）　文京区教育センター教育相談室
　　　　　　　　　　　　　　　（臨床心理士）

岡田　智（おかだ　さとし）　北海道大学准教授
　　　　　　　　　　　　　（臨床心理士）

瑞穂　優（みずほ　ゆう）　富士常葉大学講師

矢吹　芙美子（やぶき　ふみこ）　共立女子大学教授
　　　　　　　　　　　　　　　（臨床心理士）

発達支援―ゆたかな保育実践にむけて

2007年10月1日　第1版第1刷発行
2013年 3月1日　第1版第4刷発行

●著　者　武藤安子／上原貴夫／岩城衆子／岡田　智／瑞穂　優／矢吹芙美子
●発行者　長渡　晃
●発行所　有限会社　ななみ書房
　　　　　〒252-0317　神奈川県相模原市南区御園1-18-57
　　　　　TEL　042-740-0773
　　　　　http://773books.jp
●絵・デザイン　磯部錦司・内海　亨
●印刷・製本　協友印刷株式会社

　　　　　©2007　Y.Mutou,T.Uehara
　　　　　ISBN978-4-903355-10-8
　　　　　Printed in Japan

定価は表紙に記載してあります／乱丁本・落丁本はお取替えいたします